王术军　陈海锋　刘常青　　著

VUCA 时代
企业组织能力建设的
五星模型

Making
Strategy
Work

A Five-Star Model
for Enterprise Organizational
Capacity Building
in the VUCA Era

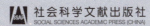
社会科学文献出版社
SOCIAL SCIENCES ACADEMIC PRESS (CHINA)

序 拒绝空洞 把握组织能力关键环节

国内的企业家和高管们在过去十年普遍接受了这样一个公式：企业成功＝战略 × 组织能力。他们也在企业战略发展过程中感受到了组织能力跟不上的切肤之痛。然而，组织能力的塑造与优化该从何入手、如何持续强化？这个问题却是他们中绝大部分人答不上来的。所以，我很欣喜，我的多年老友和事业合伙人王术军先生，根据他多年在组织和人力资源领域的深厚积淀，与另外两位同仁一起写出本书，总结归纳出组织能力塑造方面容易理解和操作的方法、路径与步骤，希望能为众多企业家及高管们提供打造与战略相匹配的组织能力的操作参考。

王术军先生曾经在世界 500 强企业、知名合资保险公司、中国本土大型股份制商业银行等机构担任高管，经验横跨组织运营、人力资源管理和业务管理。正是因为曾经担任过业务单元的一把手，所以他才能够清晰地在本书中阐述战略和业务前台对组织和人力中后台的诉求，反过来扎实做好组织和人力工作，能够更好地推动企业战略和业务的快速发展。在本书中，作者先从企业战略执行的现状分析开始，找到企业战略执行不力在组织能力层面的原因所在，并从企业实践的角度给出了组织能力的定义、结构和一个简单实用的评价模型，便于企业对照评估自身的组织能力。

在王术军先生长期企业实践形成的认知中，组织能力的打造要从员工对于组织的发展愿景及战略认知开始，而不是就组织谈组织。这一点与我多年来的观点高度一致。中国企业的现实是，一谈组织能力，大部分人会在脑海里面闪出"组织架构"这个词，而不是组织全员对于组织存在根本意义及价值的理解。本书作者简要结合伟略达公司倡导的战略三环（规划、解码、执行）方法论，讲述了企业将战略转化为行动计划的主要方法与原则，这也是让广大员工尤其是中层和高管围绕战略打造组织能力的重要体现。

组织的核心是人。有了人才队伍，才能谈组织的塑造和能力要求。本书从组织能力的角度，给出了人才队伍建设的主要观点和关键方法；在此基础上，才深入组织的机制尤其是激励机制、架构设计以及组织文化建设这些组织能力形成的核心要素。本书精心挑选了几个中外企业的案例，帮助读者理解这些要素与组织能力整体形成的关系及其作用，从而让读者能够快速准确地理解其中的观点、逻辑与方法。与商学院从研究角度出发不同，这本书大部分是从企业实践的角度来阐述如何打造与企业战略相匹配的组织能力。因为王术军先生一贯强调"管理是实践的科学"，没有谁能够根据组织能力的"空洞"概念就打造出所谓的组织能力，归根到底，组织的能力包括人员能力、体系建设能力、组织运行效率等方面，及其对企业战略的匹配与支撑。不把这些环节夯实或者根据战略做好优化调整，对任何有关组织能力的努力都会难以衡量其有效性。相信看完这本书的读者也会产生这样的认识和感慨。

我向所有重视组织能力、希望能用高效务实的方法来构建组织能力并将其与企业战略发展匹配的企业家和高管推荐这本书。祝大家开卷有益，收获满满！

王　钺

伟略达咨询公司创始人

2021 年 11 月 18 日于深圳

阅读通篇著述，最大的体会是王术军是一个管理逻辑清晰的实践者。

著述沿着战略、组织、远景沟通、人才队伍建设、人才激励、战略落地和执行的逻辑，从宏观到中观再到微观，让读者跟着作者的思路清晰了解企业管理的关键模块，模块之间相互衔接、条理清晰，企业管理者想具体运用和实践这些模块，可以从书中找到许多有用的实践工具。本书不失为一部值得认真研读和拥有的手边工具书。

管理大师德鲁克先生关于管理有过这样的描述：管理不是科学，也不是艺术，而是实践。如同优秀的医生，对病情的判断力来自丰富的临床经验，作者作为企业管理的实践者，为本书注入了大量的管理"临床"经验，相信会给读者带来不少启迪和有用的收获。

——肖南

曾任中金公司、摩根士丹利（香港）、高盛（中国）人力资源部负责人

认识王术军先生已经将近 20 年，他是我见过的少有的既有业务战略思维又有丰富落地经验的人力资源总监，他最大的特点是不照本宣科，而是实事求是、非常"落地"，擅长为企业制定适合其发展的 HR 体系。我曾经和他参与过本书案例中招商信诺的筹备工作，当时中国的保险业环境很不成熟，招商信诺以电话销售（Tele-marketing）和直复营销(Direct-marketing)为主导的业务模式在国内闻所未闻，再加之业务总部在深圳，招聘难度非常大。术军在此过程显现了强大的专业背景，他采取的不是"头疼医头、脚疼医脚"的方式，而是在筛、选、育、留等方面制定出一系列完整的配套方案。招商信诺发展到今天在行业内名列前茅，术军当时规划的那套体系沿用至今，当时招聘的几名管培生现在已经成长为公司高管。

——花少群

Fintech-HR - 珏妙咨询创始人

非常高兴也非常荣幸地看到王术军老师和陈海锋、刘常青二位的经验总结之作。通读此书让我在帮助企业解决高速发展中的组织建设和人才等问题上获益良多。近年企业越来越关注效能及在 VUCA 时代的适应性创新，在变化中寻求高增长。所以打造组织能力、关注员工成长与发展、激活中高层、勤学习、练内功已成为企业内部管理的核心工作。在本书中，作者主要从人才的选用育留、评估、发展、绩效激励等视角，分析解构企业不同阶段组织能力的要素和进行模型构建；既有高度概括的理论依据，又不乏十分接地气的落地实践，环环相扣，极具实用性。希望读者能够从本书中获得启发和掌握一套开展管理工作的有效工具。

——王婷

北森云计算公司副总裁

目　录

前言　组织能力是一种整体协同能力

近年来，在培训公司、咨询公司和媒体的助推下，企业界掀起了向华为、阿里和腾讯等标杆企业学习的热潮，有的是去学习流程，有的是去学习文化，也有的是去学习组织设计和变革，等等。从表面上看，促成这股热潮的因素大概有几个：一是这些企业的成功获得了企业界和社会民众的广泛认可；二是从这些企业出来的不少人员开始创业，把原来在老东家获得的知识和经验应用到了自己的新事业中；三是培训公司和咨询公司有了新的业务可干，媒体自然有了新的话题。那么，"趋之若鹜"地加入这股学习热潮对于广大企业来说意味着什么呢？这个现象（热潮）背后又隐藏着什么呢？它对我们的组织和管理实践有什么意义，或者说提出了什么要求呢？可能很少有人会做进一步的深入思考。

从经济学的角度来看，这个问题比较简单明了。一个企业选择向标杆企业学习其成功经验，其实是基于"效率机制"的选择。企业不用自己花时间、金钱、人力和其他资源去进行前期的探索，而可以分享他人失败和成功的教训及经验，当然是最好不过的了，尽管有点"拿来主义"的意思。

从组织社会学的角度来看，这个问题稍为复杂难懂一些。一个企业选择向标杆企业学习其成功经验，其实是基于"合法性机制"的选择。这里讲的"合法性机制"有两层含义：一是政府法律法规的要求，即强制要求企业都遵守某一种模式。二是广为社会所认可和接受的规范，这会使企业产生"模仿行为"。如企业在面临竞争压力时推出比竞争对手更好的产品，这在市场上可以说是司空见惯的手法：你的双摄像头手机刚上市，对手马上就"还以颜色"，宣布将生产三摄像头手机，这叫"竞争性模仿"。当大家认为某个企业的管理方法或组织模式是成功的时候，自然都会想去学习去采纳这些已被认可的模式和方法；不然的话，就会承受很多压力，如企业的董事会会给管理层建议："某某企业这方面做得很好，去参观学习一下嘛。"员工们更会在员工大会上不失时机地给管理层提意见："你看，人家企业的流程和薪酬体系早就这样改了，我们的十年来都没变过，拿什么去和人家比啊？"这个叫"制度性模仿"。显然，这里讲的一个企业选择向标杆企业学习其成功经验，其实是基于"合法性机制"的"制度性模仿"。组织社会学用合法性机制来解释组织间相互模仿而趋同的现象。

那企业之间的模仿行为，如向标杆学习反映了一个什么样的社会现实呢？这在很大程度上反映了企业在一个不确定环境下产生的焦虑：到底这件事该怎么办呢？既没有明确的强制性指令，也没有非强制性的理论指导，那就摸着石头过河呗，看谁做得好，咱们先向它们学习。这次向 A 企业学习流程，下次向 B 企业学习文化，再下来还要向 C 企业学习组织设计和变革，等等。但这有点像"头疼医头，脚疼医脚"的做法，我们能不能形成一个理论框架来指导这种学习呢？这不正是社会实践对组织和管理学提出的理论指导要求吗？

首先要明白向人家学习什么。我们要学习的并不是某一项能力，而是整个企业的组织能力，这是一个整体协同的能力，而不是单独某方面的能力，这一点是很多企业在去学习之前没有意识到的。这也恰好解释了为什么这么多企业的学习效果事倍功半，甚至是"东施效颦"，更有把自己原来不错的企业折腾黄了的。这是企业在对外向标杆企业学习时常常会遇到的困境。

而在企业内部，我们也常常会遇到类似的困境。在对企业的调研和咨询过程中，不少企业家或高管经常抱怨："我们精心设计的战略和好的想法怎么就贯彻不下去，得不到有效的执行呢？这帮家伙的能力是不是有问题啊？"你看，领导们很容易就把问题归咎于员工能力了。而中下层管理者们也有一肚子委屈，欲诉无门："领导们的想法老是变化，而且变化还贼快，我们都给绕晕乎了。这年头给我们下的直销任务还没完成，又下了个交叉销售指标，完成直销业务指标的人我们还招不满呢，这新加的指标咋弄？""老大的想法过于超前了，凭咱们现在的技术和人员水平怎么可能实现得了？"我们可以看到，在成功的企业里，领导们做出决定，下面的团队干什么就成什么，颇有点"指哪打哪"的感觉。而在遇到困境的企业里，领导们总有种心有余而力不足的感觉，眼睛看到了（有战略），但手够不着，有劲使不上（执行不了）；而员工呢，有的是有劲不知往哪儿使，有的干脆是有劲也不使了。好的主意和想法（战略）与执行承接不上，这不单单是哪一个环节（或是员工能力，或是业务流程）出了问题，而是企业的整个组织能力出了问题。

近年来，老板和企业高管们对企业战略的重要性给予了足够的关注，这也是咨询公司喜欢干的"高大上"的事，但是对组织能力的关注不够。因为组织能力的建设不是一件一蹴而就的事，不像战略制定那样短时间可以成型；组织能力的建设更是复杂烦琐的"脏活累活"，而不像战略那样"光鲜"。然而再"高大上"的战略，如果没有组织能力的保障，也落地不了，实现不了。

上面提到的企业陷入"困境"可不是虚构的，而是在我的职业生涯中常常遇见的、不断重复出现的经典场面。有些企业还算是现实中行业里比较领先的，当时在中短期的收入、市场规模和利润方面还相当不错的企业。问题出在哪里？问题出在企业的长期战略和目标没有经过"翻译"，成为大家可以理解、可以操作的行动计划和具体指标，大家没有明确的理解和共识，而按照自己的想象去执行；大家也没明白，做好了对自己有什么好处和利益，如何把老板和高管的好想法落地、落实；目标没有统一，各部门间分工合作没有形成合力；企业资源也没有按公司长远战略要求来配置；等等。

这里提到的绝不是个别企业的现象，而是普遍的问题。国外的相关研究显示，在美国大约70%的企业失败并非缘自不尽如人意的企业战略，而是因为这些战略没有能够被有效执行。成功的战略被有效执行的案例不足10%，战略执行而不是战略本身已日益成为投资者研判企业价值中所考虑的最重要的非财务因素。

中国企业战略执行的情况又是怎么样的呢？我们可以看看《中国企业战略执行现状及执行力决定因素分析》[①]这篇文章。这篇调研文章是教育部人文社会科学研究重大项目"公司战略的量化管理方法"及长江管理研究院"中国企业战略执行力研究"的阶段性研究成果之一。所以这个调研的结果应该还是有足够的说服力的。研究结果表明，"中国企业的战略规划能力薄弱，战

---

① 薛云奎、齐大庆、韦华宁：《中国企业战略执行现状及执行力决定因素分析》，《管理世界》2005年第9期。

略执行效果不佳，即使是精心制定的企业战略也不能得到有效执行"。问卷调查发现，大多数精心制定的企业战略并未得到有效执行。战略决策过程中"一言堂"的现象明显，战略形成的偶发性很强且"短时窗"特征显著。在从高层管理者向下传递的过程中，信息损失明显，组织架构、人力资源及信息系统与战略缺乏吻合。战略控制的水平也尚需提高。

结合调查研究的结果和我在实践中的了解，对国内企业战略执行中存在的障碍可做如下总结。

其一，对战略和愿景的沟通不足，企业上下没有达成充分的共识；

其二，未能将战略目标的分解与绩效联系起来，并将其转化为可执行的行动计划；

其三，未能根据战略的要求合理配置相关的资源（管理制度、信息系统、组织结构、流程优化、预算和编制等），未能将资源配置与战略目标协调一致；

其四，未能在战略的执行过程中实施有效的跟进辅导和管控。

这个总结其实和相关论著中对战略执行中存在的四个障碍的分析和归纳大体一致，即"愿景的障碍、行动的障碍、人员的障碍和制度的障碍"[①]，总的来讲是企业整体的组织能力问题。

"企业成功 = 战略 × 组织能力"这个公式如今应该是广为大家接受的，所以仅有正确的战略是不够的，企业还必须有强大的组织能力才能确保战略得到有效执行，而且还要比竞争对手快，因为战略很容易被模仿，但是组织能力在短期内是难以被模仿的。那组织能力是什么？它为什么那么重要？这就是本书试图探讨的第一个问题，接下来就是组织能力是由什么构成的？如何搭建组织能力建设的理论框架？在回顾总结国内外学者的研究成果基础上，本书提出了一个简明的"组织能力建设的五星模型"，在这个模型的指导下，结合作者多年的实际工作经验，用理论和实践相结合的方式来阐明组织能力

---

① 王钺：《战略三环：规划、解码、执行》，机械工业出版社，2020，第82~83页。

建设的具体方法和详细过程，从而给处于焦虑状态的企业界同仁提供一个可供参考的理论框架来指导管理实践。

在"找、抄、改"成为互联网企业成长利器的今天，目前知道"怎么做"固然很重要，但是了解"为什么这样做"及"将来会怎么样"也很重要。标杆企业的成功之道，除了我们表面上可以看到的好东西之外，其背后应该隐含着某种模式或者说规律。我们的目的就是探讨这个规律，将其归纳、总结出来指导实践。俗话说得好，知其然，还要知其所以然，这样才能结合自己企业的实际情况灵活运用，事半功倍；而不是囫囵吞枣，生搬硬套，事倍功半。

在写这本书的过程中，笔者也曾被朋友好心地告知"你不要讲什么理论，现在谁有时间去看那个东西，你就当读者是客户，客户怎么问，你直接告诉人家答案就行了"。我们也明白，在习惯了"片段阅读"和"快餐文化"的时代，有时间又有耐心的读者的确有越来越少的趋势；但是物极必反，快餐吃多了，自然会觉得乏味。当初因为电脑和电子媒体的出现，人们普遍预计打印设备、打印的文件资料和印刷的书籍会变成"濒临绝迹的珍稀物件"，但现实是打印设备和打印的文件资料并没有变少，印刷书籍更没有变成"古董"；相反，随着时间的推移，人们正在回归阅读纸质书籍，有时间又有耐心地看完一本心仪的纸质书正在变成一件"轻奢"的事！

最后要感谢家人和关心支持我们的朋友，特别是老同事柯达、钱之昂、李荣和王清越在资料收集、图画编辑和错漏校正上的付出。另外，出版社编辑老师的专业意见反馈和严谨的工作态度给我们留下了深刻的印象，并使我们受益良多，特此表示衷心感谢！最后当然要感谢本书的两位合作者、长期的合作伙伴及朋友。

王术军

2021 年 4 月 8 日于深圳华侨城

richardwangshujun@163.com

第一章

组织和组织能力

组织是人类社会的基本单元，其角色的重要性可以说是不可或缺的。组织理论的发展影响着管理理论和实践的演化和变迁。对组织和组织理论的溯本求源是为了更好地理解管理理论和实践，此所谓"知其然，知其所以然"。在此基础上，本章分析了组织能力的构成要素，进一步提出了组织能力的五星模型。

第一节　不同视角下的组织

人类社会对组织的研究有着悠久的历史，但是系统性的组织理论研究是从 19 世纪末 20 世纪初开始的。它的背景是英国工业革命和法国大革命引发的社会现代化浪潮。那个时期，以泰勒（科学管理理论）及紧随其后的霍桑（人际关系理论）为代表的学者奏响了现代组织研究的序曲。同时，组织研究是一个多学科介入的领域，不同的学科对组织的研究有着不同的视角。

管理学关注的重点是在一定的资源供给和制度安排之下，如何合理设计组织结构，优化组织各要素的组合和相关的组织流程，从而提高组织效率。

经济学则把组织看成资本与劳动力的一种组合方式，这种资源配置的方式可以产生规模经济效应和范围经济效应，管理只是其中一个环节。管理学和经济学都认为组织的各种行为动机是出于对利益的诉求，而实现利益最大化的最佳模式就是以最小的投入获得最大的产出。

心理学的研究角度则是从人出发，认为人不是机器，也不是自动化生产线上的一个部件。人是有主观能动性的，除了物质诉求之外，人还有情感诉求。著名的霍桑实验说明了这一点：生产设施和条件并不是生产效率的唯一决定因素，良好的人际关系和关怀也会提高工作效率。虽然这里的基本逻辑可用人们行动背后的心理机制来解释，但是对人们心理机制的影响能够改变他们的行动从而提高生产效率，这正是同一个硬币的两面。

总的来讲，以上三门学科都是用效率机制这个基本逻辑来解释组织现象的，即如何提高组织的效率。在这个意义上讲，组织存在的重要原因之一是提高效率。于是，我们在现实中就看到很多人振振有词地讲"企业（组织）存在的唯一目的就是提高效率，获得利润"。其实，这个是极端、片面的理解。除了经济效益之外，企业还承担了社会和环境的责任，有在社会和环境方面的效益诉求。效率机制解决了企业跑得"快和慢"的问题，但是解决不了企业跑得"长和久"的问题。所以大家看到风光一时的企业不少，但"百年老店"并不多。然而，一些非营利组织的寿命却很长，如有几百年历史的大学、上千年历史的宗教机构。这其中的原因，正是值得我们在当今的企业管理实践中学习和借鉴的地方。

从政治学的角度来看，组织过程实际上是一个政治过程，组织内部的个人、群体，组织与组织之间都各自有着自身独特的利益，它们之间形成了复杂的利益博弈关系。政治学是用**竞争机制**来解释组织现象的：组织之间和组织内部的权利关系是如何形成，又是如何调整各种利益关系以使之趋于平衡状态的。

"社会学对组织的研究是综合性的，主要关注组织的生成机制和运作机制。在社会学的角度看来，组织是一种集体行为的结构，它将其中的个体行动有机整合起来，使人们在不确定的环境中获得相对的确定性。"①

虽然不同学科对组织的研究角度不尽相同，形成的理论观点各异，但是都面临着两个基本问题要回答：组织是什么？组织是如何运作的？对这两个问题的不同回答基本上反映了人们对组织及相关组织现象的认识发展过程，了解这一过程对于指导组织管理的实践工作大有裨益。它让我们不仅仅满足于"是什么"，而是要进一步了解"为什么"。所以，以下我们要对组织理论的历史演变做一个简单的回顾，这样才能明白和了解历史上不同时期的组织理论和观点在目前管理实践中留下的印记。

第二节　组织理论的演变

从19世纪末到现在，组织理论的发展可谓精彩纷呈，各学科（学派）的理论层出不穷，形成了百家争鸣的盛况。为了便于记忆和进一步讨论，结合国内外最新的研究发展趋势，笔者把它分为三个时期的四大流派：（1）19世纪末20世纪初，基于科学管理和科层制的古典组织理论；（2）20世纪30年代前后，基于行为科学的组织理论；（3）二战以后的两个组织理论流派——开放系统组织理论和行动者系统组织理论。

一　基于科学管理和科层制的古典组织理论

这一时期的主要代表首先是泰勒和他的科学管理理论，他强调专业化的分工与合作、标准化的工艺、流程和培训等是组织效率的保证，即用最小的

---

① 于显洋：《组织社会学》，中国人民大学出版社，2020，第42页。

投入获得最大的产出。但是，他把人看成机器或自动生产线上的一个部分，认为只要付出了高额的报酬，人就会乐意去工作。

第二位代表是被称为"管理之父"的法约尔。他把工业企业的活动归纳为六大类：技术、商业、财务、安全、会记和管理。而其中的管理活动就是预测和计划、组织、指挥、协调和控制的过程，这一思想至今仍是管理学教科书的主线。在吸收科学管理学派思想的基础上，他提出了组织理论的原则：（1）劳动分工；（2）权力与责任；（3）纪律；（4）统一指挥；（5）统一领导；（6）个人利益服从整体利益；（7）人员的报酬；（8）集权化或分权化；（9）等级制度；（10）秩序；（11）公平；（12）人员稳定；（13）首创性；（14）集体精神。[①]

第三位代表是韦伯，他的科层制理论（官僚组织）思想主要表现在《社会和经济组织的理论》一书之中。他认为任何组织都必须以某种形式的权力为基础，这样才能实现其目标，维持其秩序。他认为权力有三种基本类型，即理性（法律）权力、传统权力（世袭或特权，如君主制或家长制）、感召型权力（产生于人格魅力）。韦伯认为，在这三种形态的权力中，传统权力的效率较差；感召型权力则过于带有情感色彩，是非理性的，不稳定；所以只有理性（法律）权力才是最合适的。因而，建立在理性（法律）权力基础之上的科层制（官僚组织）是最理想的组织形式，具有普适性。国家、教会、军队、党政机关、工商企业等都可以被纳入这个框架。科层制的特征是：（1）专业化的分工；（2）严格的职权等级；（3）稳定的规章制度；（4）职员理性化，处理工作时不能带有主观情绪；（5）按规定标准用人；（6）实现高效率工作；（7）文字记录组织活动的过程和结果。[②]

虽然遭到来自各方面的批评，但实际上至今为止，科层制依然为许多组织所采用，可以说它是各种组织形式的蓝本。

总体来讲，古典组织理论提出了分工与合作、层级制度、权责对等、规章制度和组织目标等观念，从这些组织观念出发，确定了以下的组织管理原则：

---

① 于显洋：《组织社会学》，中国人民大学出版社，2020，第47~48页。
② 于显洋：《组织社会学》，中国人民大学出版社，2020，第49~50页。

— 组织结构的正式化；

— 组织工作的计划化；

— 组织运行的规范化；

— 组织管理的效率化。

正是以上这些观念和原则建构了现代组织管理理论的基石，提供了组织理论的分析框架，揭示了组织发展最基本的要求和特征。

古典组织理论的局限性主要表现在以下几个方面。

— 过分强调"理性"和"效率"观念，把人当成"经济人"而不是"有个性的人"来看待，忽视了人的天性和需求，而过分追求组织的效率。因而也有学者把古典组织理论称为"理性系统组织理论"，这看来也是恰如其分的。

— 过分强调法律、制度、规范、规则的作用，强调对人进行监督和控制，趋向集权式的管理方式，限制了人们的工作主动性和积极性。

— 将组织当作一个封闭系统来看待，只看到组织内部的结构、流程和规章制度，而忽略了组织与外在环境的关系以及彼此之间的相互影响。

在古典组织理论中，三位主要代表所关注的重点各有不同：泰勒关注的是人和机器设备的统一，法约尔关注的是管理的职能和原则，而韦伯关注的是组织结构。他们的出发点不一样，但目标是一致的，即提高组织的效率。

从古典主义组织理论看来，组织是人们为了实现某种特定目标而建立起来的系统。

二 基于行为科学的组织理论

行为科学是运用心理学、社会学、人类社会学等学科的理论和方法来研究工作环境中个人和群体行为的一门综合性和交叉性学科。行为科学的主要理论流派有人际关系学派、激励理论学派、组织协作学派、群体关系学派等。

（一）人际关系学派

人际关系学派的主要代表人物是梅奥、罗斯利斯伯格。他们通过著名的霍桑实验发现：人们的生产效率不仅仅取决于人的生理方面、物理方面的因素，更受到社会环境、社会心理等方面的影响。在霍桑实验的基础上，梅奥于1933年出版了《工业文明的人类问题》[①]，进一步系统地阐述了与古典管理理论截然不同的一些观点，主要有以下几点。

—— "社会人"的观点。霍桑实验表明，人是社会的人，工人工作不只是为了追求金钱，他们还有社会及心理方面的需求，包括友情、安全感、归属感和尊重等。

—— 组织中的非正式群体具有重要的作用。梅奥等人发现，组织中存在大量的非正式群体，他们对生产率的高低产生重要的影响，并且与正式组织有着紧密的联系。

—— 新型领导观念的形成。鉴于以往的领导方式只注重规则管理的情况，梅奥等人提出，要更新领导观念，通过提高员工需求满足度来刺激他们的工作积极性，以达到提高产量的目的。领导应具备综合管理技能，其中人际关系处理能力至关重要。

人际关系学派在纠正古典管理理论忽视人的因素这一点上是有很大贡献的，但它过分强调社会心理方面的作用，强调非正式组织的作用，忽视理性与经济因素。

（二）激励理论学派

激励理论学派的主要代表有马斯洛和赫茨伯格。

马斯洛在其代表作《动机与人格》[②]中提出了"需求层次论"，对人的行为和动机进行了深入的研究，提出人的动机是由需求决定的，这些需求按照人的生存和发展的重要性可以被划分为5个基本的层次，即生理的需求、安全的需求、归属感和爱的需求、自尊的需求和自我实现的需求。马斯洛认为，只有满足了人低层次的需求后，人才会有更高层次的追求。在管理中，应从

---

① 〔美〕乔治·梅奥：《工业文明的人类问题》，陆小斌译，电子工业出版社，2013。
② 〔美〕亚伯拉罕·马斯洛：《动机与人格》，陈海滨译，江西美术出版社，2021。

满足员工不同的需求入手，以激励和调动员工工作的积极性。

而赫茨伯格等人在《工作的动机》[①] 中提出了双因素激励理论，指出影响人的积极性因素主要有两大类，一是保健因素，二是激励因素。在管理中，保健因素起着保证和维持原有状况的作用，它能够预防组织成员产生不满情绪。但是，保健因素不能激发组织成员的积极性，要激发组织成员的积极性，必须采用激励因素，即通过成就、认可、挑战性工作、责任、升迁和发展等因素来调动组织成员的积极性。

（三）组织协作学派

这一学派以美国管理学者巴纳德为代表。他在 1938 年出版的《经理人员的职能》[②] 这本书中，系统地提出了一套独特的组织观念。其主要思想如下。

— 阐明了组织的本质，指出组织是将两个或两个以上的人的力量和活动进行有意识协调的系统，而不仅仅是人的简单集合。巴纳德将组织概念抽象化了，把物质系统从组织概念中排斥出去；

— 提出了对组织基本要素的看法，巴纳德认为，作为协作系统，组织不论其级别的高低和规模的大小，都包含三个基本要素，即（1）有协作意愿的人，（2）这些人愿意为共同的目标而努力，（3）人们之间的信息沟通很重要。

（四）群体关系学派

群体关系学派的主要代表是麦格雷戈，他提出了一个基本的假设：一个人对某个事物所持的态度会显著地影响他对该事物的行为方式。在此基础上，他提出了著名的 X 理论和 Y 理论。

X 理论认为：人的本性都是不喜欢并趋向于逃避工作的，因此必须通过强迫、控制、指挥，甚至以惩罚性威胁的手段来使他们为实现组织的目标而积极工作；一般人宁愿接受指挥，希望逃避责任，野心比较小，对安全的需

---

① Frederick Herzberg, Bernard Mauser, Barbara B. Snyderman, *The Motivation to Work*, New York: John Wiley & Sons, 1959.

② ［美］C.I. 巴纳德:《经理人员的职能》，孙耀君等译，中国社会科学出版社，1997。

求比较强烈。

Y理论认为：人并非天生不喜欢工作，一般人对待工作就像对待游戏和休息一样；外在的控制和惩罚不是促使人们为实现组织目标而努力的唯一方法，人们对其追求的组织目标有自我指挥和控制能力；对目标的参与和获得成就报酬相关，这些报酬中最重要的是自我意识和自我实现的需要得到满足；一般人在适当条件下能够承担甚至追求责任，逃避责任是经验的结果而不是人的天性；多数人有解决问题的想象力和创造力，在现代工业生活中，一般人的智慧潜能只是部分得到了发挥。

麦格雷戈认为X理论代表了传统的指挥和控制的观点，只有Y理论才能在管理上获得成功。按照Y理论的假设，管理者的主要任务是发挥组织成员的潜力，让组织成员在实现组织目标的同时也能满足个人的需要。此外，Y理论还主张给予组织成员更多的工作自由，鼓励组织成员发挥主观积极性和创新精神；减少对组织成员的外部控制，将工作本身所具有的挑战性引起的满足作为激励手段。这些思想至今仍具有重要的意义，特别是在追求创新的新经济时代。[①]

（五）行为科学组织理论的总结

基于行为科学的组织理论在组织问题的研究和管理上都是一场革命，它带来了管理哲学的变革：把人和机器设备从根本上区分开来，把人放在组织中的显著地位，人才是组织中的灵魂。它促使组织管理方式由金钱等物质激励走向心理和社会性的激励，由监督控制走向鼓励发挥主观能动性和创新精神，从专断走向民主，由唯我独尊向聆听意见沟通转化。

巴纳德对组织本质的阐明从行为科学组织理论角度定义了组织：组织是将两个或两个以上的人的力量和活动进行有意识协调的系统，而不仅仅是人的简单集合。

至此，我们不难看出古典组织理论和行为科学组织理论其实是围绕同一个主题发展的两个方向：这一主题就是人和机器的关系。"在工业化的大背景下，工程学家和人文学家针锋相对，前者认为大工业就是要把程序严格化、标准化来提高工作效率；后者则认为应该关心人和人的关系，而不是把人看

[①] 〔美〕道格拉斯·麦格雷戈：《企业的人性面》，李宙、章雅倩译，北方妇女儿童出版社，2017。

作机器的一部分。'人和机器的关系'这一主题始终贯穿在组织管理理论和组织研究领域，此起彼伏，延绵不绝。在一段时间内，人们强调组织的严谨化、效率化，而另外一段时间，人们又会呼吁组织的松懈化，以调动人的主观能动性。"[①] 这段话不仅对前述两个流派进行了精辟的总结，还揭示了组织理论发展中一条不变的主线。

二战之后，组织理论的发展可以说是两个主要理论流派的争鸣。针对之前两大组织理论只关注组织内部研究的局限性，人们开始把目光转移到组织的外部环境上来，并且结合了系统论的观点，认为组织是一个开放性、动态的系统，这就是**开放系统组织理论流派**；另一个流派则继续把关注点放在人上，但重点不再是单个的人，而是人与人、人与组织（或组织的次级单位"群体"）、组织和组织之间的关系及其互动。国内有学者把与这些相关的理论称为**行动者系统组织理论流派**，尽管笔者认为这是行为科学组织理论在新时代的进一步发展。诺贝尔奖获得者西蒙则正是这样一个承前启后的人物，他从巴纳德的组织理论思想出发，不仅提出了"决策理论"，还提出了对各学科（学派）影响巨大的"有限理性"概念。为了方便讨论，以下我们沿用行动者系统组织理论这个划分方法来体现二战后组织理论发展的新动向。

三 开放系统组织理论

开放系统组织理论是在二战以后逐步发展起来的，20 世纪 70~90 年代是其发展的黄金时期。在这一阶段，人们把目光由组织内部转移到组织的外部环境，进而探讨组织与环境的关系，其间形成了权变理论、制度主义、组织生态学等几个很有影响的理论流派。

（一）权变理论

权变理论的基本观点是，组织的最佳结构取决于它的环境条件、技术、目标和规模等因素，所以应根据具体情况对组织进行设计和管理。所谓权变就是因具体环境而变，在管理中要根据组织所处的内外条件随机应变，没有什么是一成不变的、普遍适用的、"最好的"管理理论和方法。权变理论学派是从系统观点来考察问题的，它认为组织系统是由各个不同的子系统构成的，

---

① 周雪光:《组织社会学十讲》，社会科学文献出版社，2003，第19页。

它研究的是组织和环境之间、各个系统之间以及各自系统内部不同部分之间的相互关系。它强调组织的多变量性，并试图了解组织在变化的条件之下和特殊环境中运行的情况。

劳伦斯和洛尔施被称为现代权变学说的创始者。他们在 1967 年合著的《组织和环境》[①] 一书中论述了外部环境和组织结构之间的关系。他们的基本主张是按照不同的形式、不同的企业类型、不同的目标和价值采取不同的管理方法。

—— 组织结构的特点就是分散化和整体化。分散化是把组织系统划分为各种分系统，每个分系统根据与它相适应的外部环境所提出的要求，发展其特有的性质。整体化是努力使各个分系统在完成组织任务时达到统一。

—— 组织外部环境的不确定性程度估计。（1）从外部环境获得信息的清晰程度；（2）对于组织所采取行动的反馈实践；（3）组织活动条件的计划性程度。

—— 在企业内部，组织结构模式分为四种:（1）在市场等外部条件变化快、内部各种产品之间的工业技术差别较大的企业，如美国通用汽车公司，组织设计是按产品划分各个事业部。（2）在外部环境变化较快但工艺技术差别不大的企业，如美国休斯飞机公司，组织设计采取矩阵式组织结构。（3）在外部环境稳定、工艺技术也稳定的企业，如美国大陆包装品公司，组织设计采用直线职能制结构。（4）外部环境十分稳定而且产品结构非常单一的企业，如美国麦当劳公司，采用高度集权结构。

而管理学方面主要代表人物佛里蒙特·E.卡斯特和詹姆斯·E.罗森茨韦克在 1979 年出版的《组织与管理：系统方法与权变方法》[②] 一书中提出了如

[①]　Paul R. Lawrence and Jay W. Lorsch, *Organization and Environment: Managing Differentiation and Integration*, Boston: Graduation School of Business Administration, Harvard University, 1967.

[②]　［美］佛里蒙特·E.卡斯特、詹姆斯·E.罗森茨韦克:《组织与管理：系统方法与权变方法》，李柱流等译，中国社会科学出版社，1985。

下主要观点。

— 组织是个系统，它由各分系统构成，组织与外界环境具有相互影响与相互适应的关系。
— 组织与其环境之间以及各分系统之间都应有一致性，管理的任务就是寻求组织与其环境之间以及组织内部各分系统间的最大一致性。
— 组织与其环境之间会呈现不同的变量形态，即不同类型的组织有其适当的关系模式，管理的目的就是要提出最适宜于具体情况的组织设计和管理行动。

总之，权变理论认为，组织管理没有一成不变的方法和技术，管理必须根据管理的条件和环境随机变化，并寻求与之相适应的管理方法与管理模式。

（二）制度主义

制度主义有新旧之分，旧制度主义认为组织是制度化的，是处在社会环境、历史影响中的一个有机体，组织的发展演变是一个自然过程，是与周围环境相互作用的产物。新制度主义则认为，以往的组织理论过于注重组织的技术环境，因而主张把研究重点放在制度环境上，强调合法性机制的重要性。所以制度主义组织理论最突出的两点贡献就是：（1）组织和人的行为受外部环境的影响；（2）跳出了传统的效率机制的视角，从合法性机制这个新的视角来研究组织的运作。

西斯尼克是早期制度主义的代表人物。他通过对美国田纳西水利大坝工程和管理机构的研究，于1949年发表了《TVA与基层结构》[①]（TVA是田纳西水利局的缩写），揭开了组织社会学中制度主义研究的序幕。研究发现，在这个大众参与的公益性工程中，一些地方性和全国性的利益集团纷纷介入，包括美国农业部、美国农业事务联合会、地方政界和商界名人等。它们通过向田纳西水利局及其所属机构安排代理人，实际上把持了田纳西水利局的各大部门，控制了许多基本政策的制定过程，结果使项目的实施方向与设计目标严重背离：强大的利益集团的介入使贫苦农民得不到应有的照顾，富人却可

---

① Philip Selznick, *TVA and the Grass Roots: A Study in the Sociology of Formal Organization*, Berkeley, CA: University of California Press, 1949.

以从中获利；允许私自开发旅游区，不仅使环境得不到改善，而且破坏了天然景观等。他的研究结果表明，理性模式并非如想象中那样可靠，组织并不是一个封闭系统，它会受到所处环境的影响。从这个意义上讲，组织是制度化的，必须不断与周围环境发生联系，并适应环境的变迁。

迈耶和罗曼是新制度主义学派的代表人物，他们 1977 年在《美国社会学杂志》发表的《制度化的组织：作为神化和仪式的正式结构》一文开创了组织社会学领域中的新制度主义学派。[1] 两位学者的基本思想是在对美国教育制度的研究过程中提出的，即用合法性机制的理论来解释美国各州教育体制越发相似的现象。[2]

在美国，教育是每个州政府的责任，联邦政府没有管理教育的行政权力。但迈耶等人发现，教育机构虽是分权的，但实际上各地教育体制的结构非常相似，这反映了制度趋同的现象。这是为什么？迈耶等人的另外一个观察似乎给出了这个问题的答案。联邦政府给各地学区很多资源支持，比如说学生的午餐是联邦政府出钱。联邦政府在提供财政支持的同时，提出各种制度化的要求，而各个学区得到政府财政支持的条件是它们的行为必须符合联邦政府制定的所有法律。这样看来，联邦政府通过提供财政支持，"利诱"各个学区接受其整套规章制度，所以导致了组织趋同性现象，使各个组织（学区）在适应同一制度环境时表现出相同的行为。另外一个发现是组织制定了很多规章制度，但这和组织内部的运作毫无关系，因为这些规章制度的出台是要满足联邦政府的要求，而不是为组织内部运作设立的。所以，在企业里，如果看到有些制定好了的政策和流程被"束之高阁"，大家也就不难理解了吧？

因而迈耶等人提出如下观点。（1）任何一个组织必须适应环境才能生存。我们必须从组织环境的角度去研究、认识各种各样的组织行为，去解释各种各样的组织现象。（2）如果我们要关注环境，不能只考虑技术环境，还必须考虑它的制度环境（合法性机制），即一个组织所面临的法律制度、文化期待、社会规范、观念等为人们所广泛接受的社会事实。

---

[1] 转引自周雪光《序》，载张永宏主编《组织社会学的新制度主义学派》，上海人民出版社，2007。

[2] John W. Meyer, Brian Rowan, "Notes on the Structure of Educational Organizations", Paper presented at annual meeting of the American Sociological Association, San Francisco, 1975.

因此制度学派提出，组织要面对两种不同的环境——技术环境和制度环境。技术环境要求组织提高效率，按最大化原则去生产，但制度环境要求组织服从合法性机制。这样可以看到技术环境与制度环境对组织的要求常常是相互矛盾的。制度环境要求服从合法性机制，采用那些在制度下广为接受的组织形式的做法，而不管这些形式的做法对组织内部运作是否有效。例如，企业在内部结构上采用科层制，常常不是因为特定技术条件和工艺流程，而是因为科层制是一个广为接受的组织形式。又如我们耳熟能详的"**既要追求经济效益，又要追求社会效益**"的说法，这其实是社会对企业行为的期待，如果企业违反了这种期待，那它就会处在非常不利的社会舆论之下。这个现象就好比大作家加缪笔下的"局外人"一样，企业（组织）和人一样，都不可避免地受到社会约定俗成的力量影响，要想成为一个不受影响的"局外人"，其结果就和《局外人》中男主角默尔索的命运是一样的（选择了死亡）。

合法性是制度学派提出的一个核心概念，它不仅是指法律制度的要求，更是指那些已广为人们接受和认同的社会事实——文化、规范、观念和制度等。

迈耶在强调制度环境对组织和个人行为的强大约束力的同时，也提出了三种应对的策略：（1）同化现象，即组织结构和个人行为趋同以获得制度环境的认可（获得合法性地位）；（2）在面对不确定性的情况下，大家相互学习和模仿，这也促成组织趋同的现象；（3）组织制度和实际运作分离（形式与内容分离）。"上有政策，下有对策"的现象就是对此的最好诠释。

（三）组织生态学

组织生态学是研究组织与其生存环境之间的相互作用和相互促进演化关系的科学，是在组织种群生态理论基础上发展起来的一门新兴交叉学科。组织生态学理论来源于达尔文的生物进化论，强调自然对生物物种的选择和决定性影响，其基本的理念是物竞天择，适者生存。组织生态学理论用生态学的眼光来看待社会组织的生命周期，借鉴生物学、生态学、社会学等学科的知识，结合新制度经济学和产业经济学等学科的理论来研究组织个体的发展以及组织之间、组织与环境之间的相互关系。

最早主张组织生态学理论的学者是 20 世纪 70 年代后期的迈克尔·汉南

和约翰·弗里曼。他们在 1977 年发表的论文《组织种群生态学》^① 是公认的组织生态学开山之作。其认为在一个特定边界内的、具有共同形式的所有组织构成种群，同一个种群中的组织对环境依赖程度的不同影响着这些组织的活动方式及其结构。到了 1989 年，这两位学者又出版了《组织生态学》^② 一书。他们将社会学的研究方法和理念引入商业组织，其所提出的组织种群、组织生态位、密度依赖和环境承载力等均已成为组织生态学的基本概念。

1. 组织生态学派的主要理论观点

组织生态学理论用生态学的眼光来看待社会组织的生命周期，故其发展路径也有一个诞生（设立）、成长、死亡（消失）的过程。

（1）组织设立理论。组织生态学将组织设立理解为生态化过程和制度化过程两个基本的方面，并认为这两个过程具有不同的空间效应。

—— 组织设立的生态化过程。生态化过程主要分析组织种群密度、组织生态位与组织设立率之间的关系。

—— 组织设立的制度化过程。制度化过程强调合法性、社会支持等因素对组织设立成功率的影响。

—— 组织设立的空间过程。地理空间之间的合法性和竞争性对组织设立、死亡和变化的影响是组织生态学理论研究的新领域。

（2）组织成长理论。基于组织生态的经典组织成长理论是吉布莱特定律（Gibrat's Law）。根据这个定律，一个企业的规模在每个时期预期的增长值与该企业当前的规模成比例。同一行业中的企业，无论其规模大小，在相同的时期内，其成长的概率是相同的（如一家销售额为 10 亿元的企业与销售额为 100 亿元的企业一样，可能在一个给定的时期内扩大一倍的规模），即企业的成长率是独立于其规模的变量。吉布莱特定律的两个基本推论：其一，企业的成长是个随机过程，即影响企业成长的有诸多因素，难以对其进行准确预

---

① M. T. Hannan, J. Freeman, "The Population Ecology of Organizations", *The Annual American Journal of Sociology*, 1977, 82:929-964.

② ［美］迈克尔·汉南、约翰·弗里曼:《组织生态学》，彭璧玉、李熙译，科学出版社，2015。

测；其二，不同规模的企业，其成长率并不因为各自的规模不同而有所差异。

（3）**组织死亡理论**。组织生态学将个体组织的死亡视为组织种群自发调节的结果。当组织数量低于最小能生存种群水平时，现存的组织都将死亡。个体组织的死亡是组织种群的一种自我保护机制和进化机制。

— 组织自疏。种群内竞争的确是影响组织死亡的重要因素，但并不是所有的竞争都导致死亡。

— 阿利效应（Allee Effect）。原指群聚有利于种群的增长和存活，但过分稀疏和过分拥挤都可能阻止生长，并对生殖产生副作用，每种生物都有自己的最适密度。许多小种群不稳定，一旦种群密度低于某一水平，种群的相互作用就会消减。

— 种群大小、密度及其增长率之间的相互作用。在组织生态学里，它指的是不同的组织有不同的种群规模适合度，规模小于最低适合度的组织种群不仅不会给个体组织创造宽松的发展空间，最终还会导致该组织种群的灭绝。

— 程序性组织死亡。组织生态学认为，死亡是种群生命周期的一个重要组成部分，对于组织种群来说，组织个体正常的成长和组织数量稳态的维持是依赖于种群内个体组织设立和死亡之间的动态平衡来实现的。

2. 组织生态学的五条主要研究主线

（1）组织种群之间的竞争。如研究分析半导体制造商亚种群之间的互动关系。

（2）分析组织年龄的生态学意义。如组织年龄效应的形成、新创组织不适宜生存、组织年龄与组织规模和组织死亡率之间的关联等。

（3）环境变化对组织设立率和死亡率的影响。如政治变化、技术革新、监管法律和工会对组织的影响。

（4）综合化经营组织和专业化经营组织生存策略的差异。如苹果采用的是专业化策略，每次只推出一个主打系列，如 iPhone 8、iPhone X 等智能手机；而其竞争对手三星采用的是综合化策略，同时推出多个版本的多系列手机，如折叠的 A 系列及直板型的 C 系列。

（5）种群内部竞争与种群之间的竞争对组织设立率和死亡率的影响。

3. 组织生态学理论的总结

传统的管理学着眼于对组织整体的管理问题，过于关注组织内部经营过程中的专项职能活动。但当今时代竞争已经不只是企业之间的竞争，更是企业与其所处外部环境的竞争。而组织生态学将组织管理学的研究对象拓展到组织内单元、组织、组织种群和组织生态系统，这让我们将研究视角从"单体组织"提升到"组织之间及其相互关系"的研究层面。这对传统管理学的发展和提升组织竞争力有重要意义，如在现实中，有的企业已经开始通过其供应链上下游的企业搭建起"生态化"的组织结构，从而获得市场竞争优势；有的企业则通过对组织生命周期的理解而采取与之相应的经营策略（如综合化经营还是专业化经营）和风险管理方式。

从开放系统组织理论来看，组织是一个开放的、动态的系统，它受外部环境的影响而变化。

四　行动者系统组织理论

20 世纪六七十年代以来，与开放系统组织理论并行发展的是行动者系统组织理论。在承认有限理性的大前提下，这一理论重点探讨组织之间、个人与组织之间的互动关系及其结果。其间形成了几个重要的学术流派：决策学派、组织经济学派、社会网络学派和法国学派。

（一）决策学派

决策学派的主要代表人物是西蒙，"有限理性"这个概念正是他首先提出的。西蒙认为管理就是决策，所以他的主要研究兴趣是决策及其实施过程。他的主要思想反映在其著作《行政行为》[①]、《组织》[②]、《管理决策新科学》[③]等书中。西蒙的组织理论受巴纳德的组织理论影响较大，认为组织是为了实现共同目标而协作的人群活动系统，组织行为是人们为了完成一个人无法完成

[①] Herbert A. Simon, *Administrative Behavior*, New York: Free Press, 1957.

[②] 〔美〕詹姆斯·G.马奇、赫伯特·A.西蒙:《组织》，邵冲译，机械工业出版社，2021。

[③] 〔美〕赫伯特·A.西蒙:《管理决策新科学》，李柱流、汤俊澄译，中国社会科学出版社，1982。

的工作而协作进行的团体活动。因此，组织就是为了完成这样的协作而有目的地进行设计的系统。根据西蒙的观点，组织就是一个决策系统。决策有两种极端的类型，一是程序化决策，二是非程序化决策。这是由组织活动决定的。西蒙认为，对于实际中遇到的问题，要找到一个精确的最优解是不容易的，但要找到一个近似的最优解就大大简化而且容易得多了。标准从"最优化"变成"令人满意"，就可大大缩短和降低解决问题的时间与难度。

（二）组织经济学派

组织经济学派的主要代表人物是威廉姆森，他把交易作为基本分析单位，认为人与人、人与组织、组织与组织之间的相互行为均可以被理解为交易活动，而这种交易活动的发生必须付出代价，因而如何降低交易成本便成为组织关系的核心问题。同时，随着经济信息论和博弈论的兴起，它们也从各自的角度出发，为组织研究带来了新的见解。

威廉姆森是交易成本论的集大成者。他在科斯等人的基础上提出了一个理论框架，主要观点集中反映在《市场与等级制度》[1] 和《资本主义的经济制度》[2] 两大著作中。与科斯一样，他将交易成本作为基本的分析单位，主张把节省交易成本作为组织研究的工作重心。总的来说，威廉姆森试图表明这样一个基本思想：交易成本决定经济活动的方式，无论是通过市场动作还是通过组织，两者可以相互转换；交易成本的高低受到制度（防范措施）的约束；交易风险和制度决定合同的内容和形式。

他的研究涉及市场与组织的相互转化、组织之间和组织内部关系等一系列问题，扩大了经济学组织研究的领域，提出了新的见解，比如解决了包括钱德勒在内的新古典经济学家无法解释的组织差异性问题及解释了组织大量出现的原因。因为按照新古典经济学的观点，在同等技术条件和市场条件下，在所有的组织追求利益最大化的情况下，组织的结构规模和发展战略应该比较接近，但事实并非如此，组织间的差异随处可见。根据新古典经济学的解释和逻辑，在完备信息和充分理性的条件下，市场运行会产生帕累托效应，使资源配置自动实现最优化。这就意味着只要满足充分市场条件，无论采取什么样的生产组织方式，效益的最大化都可以实现。所以大家就没有必要花

---

① Oliver E. Williamson, *Markets and Hierarchies*, New York: Free Press, 1975.

② Oliver E. Williamson, *The Economic Institution of Capitalism*, New York: Free Press, 1985.

那么多时间和精力去建立组织、管理组织了。

如果说交易成本论使经济学的注意力从市场转向组织，那么信息经济论主要推动了人们对信息不对称和不确定条件下经济活动的研究。在阿克洛夫看来，要解决信息不对称所带来的问题，比较有效的方式就是借助组织设计和制度，如一套监督和激励机制对合同双方的行为进行约束。[①]

除了信息经济论，在这个时期博弈论的有关研究也异常引人注目。由于博弈论研究的中心问题是个人和组织之间互动的过程和模式，而且参与互动的行动者都具有某些个性特征，因此，博弈论常常被运用到具体的社会互动研究中。另外，沿着博弈论的基本思路，我们还可以更深入地探讨企业中组织规则、组织制度问题。

总之，经济学近几十年来对组织研究的贡献是很突出的，通过一些假设把问题简约化从而得以把问题引向深入并由此发现一些因果关系。它的局限性也很明显，就是能让人看到一些聚光灯照射之下的问题，而忽视了聚光灯之外的问题。比如关于"理性的人"和"资源的稀缺性"的假设都只看到了事物的一面而忽略了另一面，因此许多问题无法靠经济机制来解决。

（三）社会网络学派

齐美尔是社会网络理论的创始人。他的基本思想有两个：（1）个人和群体的两重性。当一个人加入一个群体的时候，他会受到这个群体的约束，个人和群体的基本关系建立起来，这就是所谓的社会网络关系。因此，研究个人时不能从单个孤立的人出发，而应该从他所处的社会网络入手。齐美尔的另一个观点是，一个人同时参与了很多个群体，身上带有多个印记。因此，当一个人加入一个群体的时候，又把他所隶属的其他群体的关系带到这个刚刚加入的群体中，这样就产生了个人和群体关系的两重性。因此，一个人和另一个人建立的关系，不是点与点之间的关系，也不是人与人之间的关系，而是网络之间的关系。所以个人和群体之间的关系具有双重性。（2）自由与约束的二重性。当一个人加入一个群体的时候，固然要受到群体的约束，但他也可以在这个群体中充分展示个性。在齐美尔看来，自由是体现在某种具体的社会关系中的。一个人参与的群体越多，尽管所受的约束越多，但是他

---

① ﹝美﹞乔治·阿克洛夫：《柠檬市场：质量的不确定性和市场机制》，载谢康、乌家培编《阿克洛夫、斯彭斯和斯蒂格利茨论文精选》，商务印书馆，2010。

同时获得的自由也越大。[1]

通过具体的关系网络去研究人的行为，首先要涉及人们所处的社会结构和网络结构（你在哪儿）；其次要描绘个人在网络中的地位，其在网络中的位置是什么样的（你的位置或地位如何）；最后是网络中不同位置之间的相互作用（你与他人的关系如何）。这三个方面通常是从社会网络角度出发研究问题的基本要素。

科尔曼代表了社会网络学派的另一条思路，他特别强调个人利用社会网络争取社会资源以获得社会地位的意义。他认为人们可以通过理性选择建立社会关系，这是一种社会资本。[2] 这在目前最有影响的两位学者——格兰诺维特和伯特的身上表现得很明显。他们基本上把社会网络看成一种社会资本，强调关系网络的公益性和工具性。[3] 后来的学者林南提出的社会资本理论，也是从这一个角度出发的研究和解释，即个人如何利用社会关系网络获得社会资源和社会地位。随着林南的《社会资本——关于社会结构与行动的理论》[4] 和边燕杰等《社会网络与地位获得》[5] 的出版，社会网络理论曾在国内引起了一股研究的热潮，笔者猜想"混圈子"这个词大概就是那时候应运而生的，大家把在国内外那么火红的 EMBA 项目戏称为"混圈子"也不是没有道理和理论上的支持的。社会资本理论其实在管理实践中早就得到了运用，譬如企业要到国外发展新业务，对当地的法律法规和人际关系不了解，那么通常的做法就是在当地聘用一个有相关社会资源的"代办"，通过他来建立关系及拓展业务。改革开放后，我们也见证过许多国外公司在中国的"代办"。

社会网络理论还在发展当中，国外的研究方兴未艾。社会网络理论的贡献，首先在于提出从社会网络结构和个人在网络中的地位角度去理解人的社会行为；其次有效地解释了长期困扰社会学的一个问题，即个体行为的差异。社会网络学派认为，只要一个人所处的网络结构不同、在网络结构中的地位

---

① 参见［德］齐美尔《社会学：关于社会化形式的研究》，林荣远译，华夏出版社，2002。

② ［美］詹姆斯·S.科尔曼：《社会理论的基础》，邓方译，社会科学文献出版社，1990。

③ 参见［美］马克·格兰诺维特《镶嵌：社会网与经济行动》，罗家德译，社会科学文献出版社，2015；［美］罗纳德·S.伯特《结构洞：竞争的社会结构》，任敏等译，格致出版社，2008。

④ ［美］林南：《社会资本——关于社会结构与行动的理论》，张磊译，上海人民出版社，2005。

⑤ 边燕杰等：《社会网络与地位获得》，社会科学文献出版社，2012。

不同，他在行为上就会表现出一些与他人不同的特征。

（四）法国学派

法国学派的代表是克罗齐耶和费埃德伯格。这一学派的主要观点体现在两人合著的《行动者与系统——集体行动的政治学》[①] 以及费埃德伯格的《权力与规则：组织行动的动力》[②] 之中，此外还有克罗齐耶的《科层现象》[③]。法国学派的主要理论和观点有下面几条。

（1）组织的研究方法。组织研究除了占主导地位的盎格鲁－撒克逊模型之外，人们必须要另辟蹊径发展出一种截然不同的策略来对法国的经验事实存在做出说明。克罗齐耶和费埃德伯格毫不掩饰他们对美国人所主导的国际量化模型的失望，指出其"在法兰西的管理内部，出现了一条巨大的鸿沟，这条鸿沟横在理论——越来越趋向于美国商学院的理论——与现实的实践之间。在这类情况之中，美国的范式不可能成功地加以运用"。[④] 盎格鲁－撒克逊模型始终是以理论为目标，以定量分析为方法，美国的社会学者自信能够据此创建具有普遍价值的理论。而克罗齐耶和费埃德伯格对此并不认同，认为这些理论无法解释法国的现实。相反，通过《行动者与系统——集体行动的政治学》一书，两位作者展示了一条"田野研究"的路径，即"采取田野调查、临床诊断、具体描述、定性分析、同类归纳、逻辑推论的方法，而不宜使用量化的、还原的、规范的、演绎的方法"。[⑤]

（2）组织是人为构建的一种极为错综复杂的现象。与美英主流学者的看法不同，克罗齐耶和费埃德伯格认为，组织并非"自然的"原生之物……它们是"人类的建构"。[⑥] 组织不是一个简单的社会功能单位，也并非一个具有整体性的系统。组织作为"人类的建构"，在具体的时空背景之下由人们的集

---

① 〔法〕米歇尔·克罗齐耶、埃哈尔·费埃德伯格：《行动者与系统——集体行动的政治学》，张月等译，格致出版社，2007。

② 〔法〕埃哈尔·费埃德伯格：《权力与规则——组织行动的动力》，张月等译，格致出版社，2017。

③ 〔法〕米歇尔·克罗齐耶：《科层现象》，刘汉全译，上海人民出版社，2002。

④ 〔法〕米歇尔·克罗齐耶、埃哈尔·费埃德伯格：《行动者与系统——集体行动的政治学》，张月等译，格致出版社，2007，英文版序第1~2页。

⑤ 〔法〕米歇尔·克罗齐耶、埃哈尔·费埃德伯格：《行动者与系统——集体行动的政治学》，张月等译，格致出版社，2007，译者序第2页。

⑥ 〔法〕米歇尔·克罗齐耶、埃哈尔·费埃德伯格：《行动者与系统——集体行动的政治学》，张月等译，格致出版社，2007，英文版序第3页。

体行动所塑造（时间和环境在此起着决定性作用），始终处于不断建构和解构的动态过程之中。其边界是模糊的、不清晰的，行动成员的地位在组织中也不断发生变化。组织始终处于开放状态，随着时空环境的变化而发生相应的变化。这其实是否定了美英主流学者所持的二分法组织观，即组织是一种具有整体性的系统，分为正式组织和非正式组织，前者具有合法性、稳定性，功能明确、边界清晰；后者不具合法性、稳定性差、功能不明确、边界模糊、缺乏正向功能。正是基于对组织的不同认识，克罗齐耶和费埃德伯格才提出了前文所提及的不同的组织研究方法和路径。

（3）组织是个"游戏"平台，或者可以说是一个由组织的不同参与者在某种规则之下为各自利益开展互动、合作而形成的博弈平台。人们之所以要建构组织，"其目的在于解决集体行动的诸种问题，而其中要解决的最为重要的是合作的问题，以生产一些公共产品"。①

第一是目标。这包括组织的共同目标（利益）和组织中行动者各自的目标（利益）。

组织的共同目标产生一种向心力、凝聚力，把人们吸引到组织中来，通过合作，运用集体力量试图实现个人所不能单独获取的利益。然而，在追求达到集体的共同目标时，组织中的行动者各自又追逐着不同的利益目标，其利益目标即使不是互相冲突的，也是不同的，由此将产生矛盾、相互疏离乃至最后形成一种对凝聚力产生消解的离心力，使组织变得松懈无力直至最终解体消亡。这一点对管理实践的意义就是，组织和组织成员在组织中的目标（利益）有共同的，也有不同的，组织在追求实现共同目标（利益）之时也要兼顾组织成员的目标（利益），各方合作产生多赢的局面，组织才有活力。

第二是组织规则。开展一个游戏必须要有一定的规则，不然参与者就没法玩下去。任何组织都有自己的规则，一旦参与者加入组织就要在某种程度上遵守这个组织的规则。但参与者在规则之下并不是消极被动的，而是积极的行动者，他始终拥有选择的自由和行动的自由，如当一个组织不利于达到自己所追求的利益目标时，他就会选择退出。组织规则既对参与游戏的行动者进行限制，同时也为他们提供机会和有利条件。参与游戏的行动者在完成

---

① ［法］米歇尔·克罗齐耶、埃哈尔·费埃德伯格：《行动者与系统——集体行动的政治学》，张月等译，格致出版社，2007，英文版序第3页。

组织共同目标的同时，也会利用这种机会和条件最大限度地获得自己希望的利益。这里体现的是组织及其参与者在一定规则下的互动、互益关系。

第三是权力关系。它是规则之下的互动博弈的动力。权力，在这里不是指强制性的权力，而是一种能力，即行动者通过自己的活动而创建的协商谈判能力，或是能够在其他行动者那里调动和使用资源的能力。参与游戏的行动者虽然拥有选择的自由和行动的自由，但如果想继续参与游戏，他会发现自己在和组织互动博弈过程中常常处于相对弱势的地位。为了利用组织这个平台提供的有利机会和条件、最大限度地获得自己希望的利益，参与游戏的行动者会想办法最大限度地获取权力从而获得及支配可使用的资源，以在一种不平等的互动博弈关系中获得优势地位从而实现自己的利益。克罗齐耶在其《科层现象》一书中通过联合工业垄断企业案例生动地展现了这种权力关系及其不确定的状态。[①]

克罗齐耶和费埃德伯格又进一步总结了权力的四个主要来源，"权力来源于诸种特殊的技能与职能的专业化，权力来源于对组织与其环境的关系的控制，抑或更为准确地说，权力来源于对组织与其数种环境的关系的控制，权力来自对交流与信息的操纵。最后，权力来源于对普遍的组织规则的利用。人们可以利用这四个方面对权力进行生产，即在特殊技能和专业化职能方面获得某种垄断，设法左右组织与环境的关系，让交流变得困难，使信息变得不对称，利用合法形式巧妙借用组织的规则获取权力，在不平等的协商关系中获取更多的优势"。[②] 不同的行动者在组织之中能够调动和使用资源的能力不同，因而造成不均衡、不平等关系即权力关系的产生。

第四是游戏的概念。除了受限于组织规则，组织成员的行动还会受到其他成员的制约与影响。他不是独自行动的，他会以别人的反应为参照来做出自己行动的相关决定。组织成员也会形成不同的小组群来参与组织内的互动。这样组织成员在组织中就紧密地联系在一起了。这种由组织成员、组织小组群和组织之间产生的不同组合，在彼此决定高度依赖对方的背景下展开的集

[①] ［法］米歇尔·克罗齐耶：《科层现象》，刘汉全译，上海人民出版社，2002，第58~127、181~189页。

[②] ［法］米歇尔·克罗齐耶、埃哈尔·费埃德伯格：《行动者与系统——集体行动的政治学》，张月等译，格致出版社，2007，第48页。

体行动即克罗齐耶和费埃德伯格所称的游戏。这样的游戏具有集体性和关系性的特征，它让参与行动者（组织成员）的自由、环境和规则的限制、利益的冲突、相互的妥协、彼此的竞争与合作理念通过谈判、协商、讨价还价的方法得以整合。从某种程度上看游戏构成人类组织活动的主要形式，具体而真实，完全对应于现实存在领域中的组织形象，这就是克罗齐耶和费埃德伯格视角下的组织。

由上述可知，法国学派"不仅其基本概念与传统的组织概念大相径庭，而且其观察视角、研究路径也与以美英学者为代表的盎格鲁－撒克逊学派的组织研究迥然不同，其研究有着自己独特的研究框架、概念工具、分析方法与推论方式"。[①]

总之，法国学派从组织现象的复杂性出发，把考察焦点集中于作为行动者的组织成员，从权力关系的角度分析了这些行动者的特质及其行为逻辑，进而展示组织的实际运作过程。在法国学派看来，组织只是行动者的行动依据或背景，而不是实际行动的体系。"他们从科层的重新审视入手，按照博弈论的思路重点考察了权力关系和本土文化对行动者行为选择的影响"。[②]

以上提到的行动者系统组织理论各学派的分析角度不同、观点各异，但共同特点是把组织看成行动者的系统，其解释逻辑也超越了以往组织理论中最关注的效率和合法性问题。

从行动者系统组织理论来看，组织是一个互动的社会平台，是人与人、人与组织、组织与组织为了各自的利益互相博弈的工具。

通过对组织理论发展的简单回顾，对于"什么是组织"这样一个问题，我们基本上有了一个比较全面并能反映最新研究成果的定义：组织是两个或两个以上的人，为了实现某种特定目标而建立起来的系统。它是一个开放的、动态的系统，它协调与平衡人与人、人与组织、组织与组织等各方对目标的诉求。

---

① ［法］米歇尔·克罗齐耶、埃哈尔·费埃德伯格：《行动者与系统——集体行动的政治学》，张月等译，格致出版社，2007，译者序第1页。

② 于显洋：《组织社会学》，中国人民大学出版社，2020，第80页。

第三节　组织的构成要素

由于各自的视角不同，人们对组织的定义也各有侧重，但对组织构成要素的认识是大体一致的。

（1）组织目标。建立一个组织是为了实现某个特定的目标。

（2）组织成员。一个组织必然包含了两个或更多的人。一个人能实现目标，就不用建立组织了，可见单打独斗的力量是有限的。

（3）组织制度。有了组织成员，他们如何行动才能实现组织目标呢？这就涉及组织设计和结构，需要组织成员进行分工和协作；而开展分工和协作就需要建立各种流程和规章制度来规范组织成员的行为；要高效地实现期望的目标，还要创建合适的组织文化环境让组织成员发挥他们的聪明才智和展现他们的个性；等等。我们把这些称为组织制度，即组织中全体成员共同遵守的行为准则，包括组织的结构，各种章程、条例、守则、规程、程序、办法、标准等。

我们可以用图1-1表现构成组织的三个基本要素。我们可以把组织目标理解为组织的战略或愿景，它指明组织"要做的事情"，组织成员在组织体系的支持下把"要做的事情做好"，组织制度的作用体现在让组织成员变得能干，愿意干，干得好。

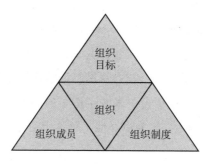

图1-1　组织构成的三要素

第四节　组织能力

理解组织的定义及其构成要素，有助于我们进一步探讨组织能力及其构成。战略管理学学者伊戈尔·安索夫和麦克唐纳在其经典著作《植入战略管理》中提到了"组织能力"（Organizational Capability）这一概念，但没给出明确定义，只是提出了"综合管理能力"（General Management Ability）的概念。[①]

不同学者的定义各有侧重，我们不妨这样理解，**组织能力就是在实现组织战略目标过程中展现的整体协同能力**。注意，我们在这里强调"整体协同能力"，而不是某一项单独的能力。就好比足球比赛和交响乐演奏，足球队的组织能力是协同作战，足球队如果想赢得比赛绝不是买几个超级球星就能奏效的，除了整体比赛策略以及前锋、后卫等各个关键角色（职位）的布局之外，更考验赛场上球员的配合度；交响乐队的组织能力更多体现在统筹协调上，包括总指挥的协调力度、演奏流程机制和配合的默契程度，只有这样才能演奏出优美的乐章，而如果某个乐手要突出自己的表现的话，那么整个演奏就会"走调"。

我们经常把组织能力和组织（企业）的竞争力混为一谈，其实它们是不同的。"企业的竞争力主要是对外的，主要体现在技术和品牌上，竞争力的背后是系统效率。技术和品牌是效率的一种结果体现，而不是资源的直接体现，资源是更基础的东西，这是我所理解的竞争力。如果把企业的竞争力比喻成一辆汽车的卓越性能，那么组织能力就是制造这辆汽车的能力，二者互为因果——汽车的卓越性能（竞争力）来源于造车的能力，只有拥有造车的能力才能造出有卓越性能的车。"[②] 为更好地了解这一定义，我们有必要进一步了解组织能力的构成。

---

① H. I. Ansoff, E. J. McDonnell, *Implanting Strategic Management,* Cambridge: Prentice Hall, 1990, pp. 99-103.

② 夏惊鸣：《二次创业阶段是组织能力建设的关键期》，https://www.sohu.com/a/462147175 761946。

第五节 组织能力的构成要素

剑桥大学贾奇（Judge）商学院学者奇斯·高德尔（Keith Goodall）在2002年7月中欧工商管理学院的课堂上介绍了组织能力构成的三个支柱，笔者刚好记下了当时他对这三个支柱的诠释：通过短期培训可以改变的能力、知识和技巧等（Competence）；通过短期培训改变不了的心态（Attitude）、思维模式（Mindset）；以及治理（Governance），指组织结构、规章制度、管理风格。这是三支柱模型的概念。

2009年6月，因为广发信用卡中心的高管进修计划，笔者有幸在中欧国际工商管理学院的课堂上再次学习了《发展组织能力，推动战略实施》的课程。课程由来自密执安大学商学院的杨国安老师主讲。杨老师的课讲得非常好，他进一步对组织能力做了简明扼要的归纳总结，并分享了他将理论运用于实践的宝贵经验，提出了组织能力的三角模型（见图1-2）。正如他在2010年出版的专著《组织能力的"杨三角"：企业持续成功的秘诀》中指出的，"组织能力指的不是个人能力，而是一个团队所发挥的整体战斗力，是一个团队（或组织）竞争力的DNA，是一个团队在某些方面能够明显超越对手、为客户创造价值的能力"。"那么如何才能打造支持战略实施的组织能力呢？我认为，它必须有3个支柱的支撑……员工能力、员工思维模式、员工治理方式"。[①] 这个"三角模型"在国内广为流传。

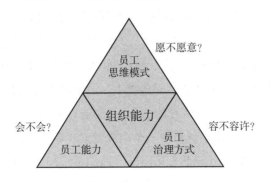

图1-2 组织能力的三角模型

[①] 杨国安：《组织能力的"杨三角"：企业持续成功的秘诀》，机械工业出版社，2010，第17~18页。

我们的理解是，这两位学者对组织能力的研究更多还是从人力资源管理角度出发的。战略性人力资源管理用一个 AMO 模型（Ability/ 能力、Motivation/ 动机、Opportunity/ 机会）（见图 1-3）来说明：如果人力资源管理能够满足员工的能力、动机和机会的要求，组织的利益将最大化。比如在"组织能力的三角模型"里，杨老师把 AMO 模型里的"机会"扩展为范畴更广的"员工治理方式"，将其上升到组织体系的角度来进行探讨，而"员工能力"和"员工思维模式"（态度）与 AMO 模型里的"能力"和"动机"基本是一致的，其逻辑是个人绩效——组织绩效——组织能力——组织竞争力。

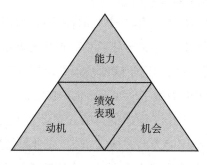

图 1-3　AMO 模型

但是，实际上组织能力不局限于人力资源管理范畴，我们可以在此研究成果之上结合组织战略、运营（流程）和领导力，从开放和动态的角度对组织能力进行进一步的探讨。

首先是组织目标（战略和愿景），组织能力是围绕组织战略而建立的，离开组织战略去谈组织能力毫无意义；对组织发展方向的把握和选择的能力就是战略能力，我们在此称之为战略管理能力，因为战略管理包含战略形成（规划）、分解和执行三个环节。而传统上，战略能力和组织能力是分别作为单独的能力被提出来的，这两种能力相互独立，不存在从属关系。那么，为何把战略管理能力归为组织能力的一个构成要素？我们将在下一章具体说明。

其次是组织成员，包括个人和团队。他们是实现组织目标的"人"的因素、组织内唯一具有"能动性"的因素，是组织能力中的灵魂，离开他们，组织就转动不起来。

再次是组织制度，指组织中全体成员共同遵守的行为准则，包括组织的结构，各种章程、条例、守则、规程、程序、办法、标准等。之前学术界对组织和战略的讨论很多，但对运营流程的关注不够，可能是因为它太具体、太技术化，但是大家可以看到借助现代科技发展而推动的"流程革命"极大地提高了组织的效率，对组织能力的贡献不言而喻，所以对企业管理实践的总结和研究必须把运营流程提升一个高度来认真对待。

最后是组织文化。组织文化在很大程度上是通过组织体系的各环节体现的，但其实它又是自成一体的，所以我们把它单独拿出来讨论。"文化战胜战略"的说法广泛见诸各种商业及学术文献。"文化能把战略当早餐吃"（culture eats strategy for breakfast）是一句流传甚广的箴言，通常将其解释为文化比战略重要。笔者没能找到这句据说是管理大师彼得·德鲁克曾说过的"金句"，倒是找到了一本名为《文化能把战略当午餐吃掉》（*Culture Eats Strategy for Lunch*）[①]的书。战略是写在纸上的，而文化则决定了怎么做事情。每个人都能想出一个不错的战略，却很难创造一个成功的文化。战略很容易改变，但要改变文化则难得多。此外，光有好战略而没有好文化，与"光说不做"没有什么区别，而战略一般但文化很好却可以使企业获得成功。

按以上的分析，得出了组织能力构成的四个要素，但是在实践的过程中我们发现这四个要素好像是四个相对"孤立"和"静止"的小岛，要想让它们"联动"起来，必须有一种推力。这就是领导和管理的能力，这种力量无处不在，贯穿了组织在确定进而实现目标的整个过程。尽管现在领导力是个很热门的话题，但其实它和管理是分不开的。本书中讲的"领导力"也一样，只不过我们更强调它的"引导"、"推动"和"影响"的作用，并不是忽略了管理。分析国内外企业战略执行所遇到的障碍也证明了这一点："沟通、协同、监控不足"是主要原因。比如说在战略执行过程中广泛存在的"对战略和愿景沟通不足导致企业上下没有达成充分的共识"，这是领导力当中的"沟通与动员"能力不足的表现；又如"未能将战略目标的分解与绩效联系起来，并转化为可执行的行动计划"，这不只是"沟通"能力不足，更多是"协调"能力不足；还有"未能对战略执行过程实施有效的跟进辅导"导致的过程管理的"监督、控制、推动"能力不足，等等，都是缺乏领导力的表现。

[①]　Curt Coffman and Kathie Sorenson, *Culture Eats Strategy for Lunch*, Liang Addison Press, 2013.

如果把战略管理、组织制度、人才和文化看成一辆车的四个轮子，那么领导力就是"驱动系统"。领导力不仅能把四个要素联系起来，还整合了它们，从而形成与战略方向一致的合力来推动战略的有效实施。

第六节　组织能力的五星模型

基于以上分析，笔者用一个"组织能力的五星模型"来归纳总结组织能力的构成要素以便记忆和进一步讨论组织能力的建设。这个模型将组织能力的构成简明扼要地归纳为五个部分：战略管理、人才、领导力、文化和组织制度（见图1-4）。组织能力是围绕组织战略而建立的，它的最终目的是服务于战略，即提升组织的绩效。

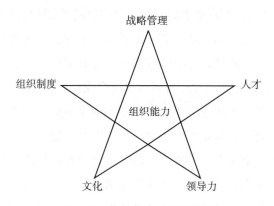

图 1-4　组织能力的五星模型

从自身的实践以及许多学者对国内企业战略执行情况的调研反馈来看，笔者觉得可以用这个模型来指导组织能力建设的实践。本书之后的章节将从以下五个方面来具体探讨组织能力的建设。

（1）战略管理：战略选择、战略共识、推动变革、保持战略灵活性；

（2）人才：招聘、培训、人才发展和留用；

（3）组织制度：组织结构、流程、绩效管理、薪酬激励；

（4）文化：组织文化、员工心态；

（5）领导力：沟通愿景和达成战略共识、协同战略和绩效、执行过程的监督和管控。

第二章

战略管理

在战略管理过程中，对组织战略发展方向的把握、设计和选择的能力被称为战略管理能力。当今的企业组织不缺乏战略，但缺乏有效执行战略的能力，这种能力正是企业组织能力的体现。

战略管理一词最初是由伊戈尔·安索夫在其 1976 年出版的《从战略规划到战略管理》一书中提出的。他把战略管理解释为"企业高层管理者为保证企业的持续生存和发展，通过对企业外部环境与内部条件的分析，对企业全部经营活动所进行的根本性和长远性的规划与指导"。[①] 安索夫认为，企业战略管理是将企业日常业务决策同长期计划决策相结合而形成的一系列经营管理业务。企业战略管理是对企业战略的设计、选择、控制和实施，直到达成预期总目标的全过程。

传统的战略管理学者是把战略能力和组织能力分别作为单独的能力提出来的，认为这两种能力相互独立，不存在从属关系。但是我们知道，组织能力是围绕组织战略而建立的，离开组织战略去谈组织能力毫无意义，两者是互相成就的。战略做得再好，组织能力为零，企业仍然不会有任何战斗力；反之，就算组织能力再强，但是战略方向不对，最终也不会有好结果。

同时，有学者认识到，"组织能力应包括组织对发展方向的把握和正确选择的能力，即战略能力（Strategic Capability）。如果将组织视为生态系统中的一个完整主体组织，不断调整自身以适应外部环境的变化和压力，实现自身的长期存在和发展，这似乎也是组织能力的体现。因此，将战略能力视为组织能力的一部分并非毫无道理。不过，构成组织能力的参照体系发生了变动"。[②] 而我们想说的正是"参照体系发生了变动"，在 VUCA[③] 和移动互联背景之下，组织越来越被视为生态系统中的一个完整主体组织，组织一旦形成，它就有了自己的生命。组织的发展呈现由内而外的"开放化"和"生态化"的趋势。在创业初期，通常是战略决定组织，而当业务达到一定体量时，组织又会形成新的战略，组织能力反作用于战略。所以在实践中，将战略能力视为组织能力的组成部分正当其时。我们更愿意把这种在战略管理过程中体现的对组织战略发展方向的把握、设计和选择的能力，称为战略管理能力。

---

① ［美］伊戈尔·安索夫：《从战略规划到战略管理》，许是祥译，台北：前程企业管理公司，1981，第 9 页。

② 翁杰：《组织能力建设的逻辑》，中国财政经济出版社，2021，第 19 页。

③ VUCA，意指变幻莫测。它是"Volatility/ 易变性、Uncertainty/ 不确定性、Complexity/ 复杂性和 Ambiguity/ 模糊性"四个英文单词的首字母缩写。该词源于 20 世纪 90 年代的美国军方，原意是在冷战结束后出现的多边世界，其特征比以往任何时候都更加复杂以及不确定。

战略管理能力主要体现在以下四个方面：洞悉先机和选准赛道、达成战略共识、推动组织变革、保持战略的灵活性。

第一节　洞悉先机和选准赛道

找到合适的方向，配套相应的资源，事半功倍。方向感来自哪里？来自市场、客户、技术、产业，甚至来自对经济、政治和时代的洞察力。雷军说"站在风口上，猪都会飞"。在创立小米前，他十几年如一日，才将金山带上市。上市不久，身心俱疲的雷军就选择了退休。在复盘金山岁月时，雷军发现，金山聚焦办公软件、杀毒软件，连续错失了互联网时代的几个风口，被新浪、百度、搜狐、腾讯、阿里巴巴等企业远远甩在了身后。再创业，雷军判断移动互联网是大势所趋，很快，小米 8 年做到全球 500 强，10 年营收额破 2000 亿元，小米的成功验证了他的观点。

战略就是把握未来发展的趋势，做出"做什么"或"不做什么"的决定。这就好比赛车手在开赛前首先要选择赛道。马云对互联网电子商务的判断，任正非在创业时期对国内通信市场的判断及近年对华为"生态战略"建设的判断等，无一不是具有前瞻性的商业决断力的体现。改革开放的时代潮流带来巨大的机会，大机会孕育大企业。40 多年来，每个周期都产生了行业龙头企业。第一次是改革开放初期，市场处于短缺状态，资源严重错配，只要肯干敢干就有市场，那些胆大心细、勇立潮头的人成功创业。这些企业以美的、万向为典型代表，其现在依然是行业龙头。第二次是改革开放后的"下海潮"，实业报国的宏伟梦想成就了一批时代弄潮儿，王健林、陈东升就是其中的典范。再往后就是房地产、移动通信和互联网的高歌猛进。房地产作为中国经济的支柱产业，10 年前，招保万金"四大金刚"营收不过千亿元上下，2020 年，万科、恒大、碧桂园各自营收均突破了 5000 亿元。移动通信和互联网行业更涌现了世界级的企业，至今仍然方兴未艾，如中兴、华为、百度、阿里和腾讯。而如今，新能源、半导体和以 5G 为代表的数字技术等行业才刚登场。

每一个时代都孕育着不同的机会，都诞生了一批耳熟能详的行业巨头。方向感很重要。把握时代的脉搏，迅速准确地捕捉市场的机会，这就是选择大于努力的意义。可惜的是，很多企业却不得要领，总是用战术上的勤奋掩盖战略上的懒惰，在时代的关口，一着不慎，就会被远远地甩在后边。

第二节　达成战略共识

企业战略管理，不只是出一份战略规划报告，更重要的是需要连接战略规划与战略执行两个层面。企业的组织能力，企业自己的管理团队比谁都清楚，对市场竞争形势感受最深的莫过于企业的一线员工。因此，如果战略不是经由管理团队达成并赢得员工的共识，那么，这个战略就难以真正得到执行。达成战略共识对组织能力来讲就是获得推动组织向前的动力。

我们先通过一个调研反馈来看一下企业员工对公司战略目标的了解程度。最近笔者对一家中型区域性银行总行某职能部门进行了培训前期调研，其中有 14 名经理参与。问卷中有两个问题与我们要讨论的题目相关。

问题 1：你所在的公司去年的业绩表现是怎样的？比如收入、利润、管理资产规模、人均产能、坏账率等方面的数据。

有 4 人回答：基本了解，并能说出部分具体数据；

有 7 人回答：基本了解，但说不出任何具体数据；

有 3 人回答：部分了解；但说不出任何具体数据。

问题 2：你了解你所在的公司未来三年的目标吗？它包括哪几个主要方面？有哪些定性或者定量的指标？

有 5 人回答：基本了解，但说不出目标包含什么，也说不出任何具体数据；

有 7 人回答：基本了解，但只能说出目标包含的一项或几项具体内容（还不一定对），但说不出任何具体数据；

有 2 人回答：不了解。

其实，大家对这个调研反馈结果不要感到惊讶，这个案例提到的情况在企业里具有典型的代表意义：员工对企业战略和战略的相关内容并不太了解，这个现象和相关的调研情况是一致的。就"达成战略共识"这一点来说，调研显示"基本达成共识"和"明显达成共识"的企业各占 12.5%。"基本达成共识"是指企业有 65%~75% 的员工达成共识，"明显达成共识"是指企业有 75% 以上的员工达成共识。[①] 综合来看，只有约 25% 的企业里有 65% 及以上的员工对自己公司的战略"基本达成共识"。要知道大名鼎鼎的合益集团调研的对象都是跨国知名大企业，可想而知一般的中小企业对企业战略共识度的情况只会更糟而不是更好。

越到基层和一线，对于企业经营的各种目标就越缺乏认知，很多时候，我们看到企业创始人或总经理在热情洋溢地宣讲企业 3 年（或 5 年）之后的规模有多大，拥有多少收入和员工，而坐在台下听的员工们却不为所动，似乎没啥感觉。原因在于企业没有让更多的员工参与目标的设定。目标定下来以后，要么公司没有和员工沟通说明，要么员工觉得这些干巴巴的数字与自己没什么关系，所以也不在意。

因此，在制定战略的实践过程中，企业的高管团队首先要发动员工参与，获得他们对企业愿景和战略目标的认同和接受，这样他们才会热情高涨地全身心投入。传统的战略是自上而下形成的，战略规划更多地体现了高层领导的意志。在传统的战略框架下，企业上下对战略的认识往往存在较大差异，如同高层设想建神庙，中层带动大家盖房子，基层则只是感觉自己在砌墙。

快速变动的环境和对人性化管理回归的要求决定了员工自下而上地参与战略管理也是不可或缺的。环境快速多变，只有及时采集最新信息才能洞察未来趋势，而只有接近市场的人员才能准确掌握此类信息。同时，还要采取更开放的形式，如鼓励正式会议、工作组、正式访谈以外的非正式沟通，以便获得更充分和及时的重要信息。如今领先企业更是让外部利益相关者如客户、外部专家、战略合作伙伴等参与进来。

"在亚马逊，令人感到意外的是，除了贝佐斯富有远见的领导力，许多引发全球战略选择的成功想法是通过自下而上的形式，由各层级的员工提出和确立的。这些想法包括极度成功的产品或服务，比如亚马逊 Prime 会员服务、亚马逊云计算服务、亚马逊智能音箱 Echo 和亚马逊无人智能零售商店。Prime

---

① 合益（Hay）集团企业战略共识的调研结果，2013。

会员服务，最初是由该企业一名叫查理·沃德（Charlie Ward）的软件工程师于 2004 年发起的，通过内网的意见箱（点子工具），他提出了免费运送的服务理念。通过对航空行业常飞旅客忠诚度计划的观察学习，沃德建议依据客户对产品配送时间的敏感度提供服务。"[1]

戦略管理其中一个重要行动就是要通过沟通和宣导，号召和动员企业的所有员工，让他们了解和认同企业战略，企业上下达成共识，这样才能激发全体员工的工作热情和动能，从而提高组织能力。阿里巴巴"让天下没有难做的生意"这一战略愿景，成功地激励了组织内的员工，让员工引以为豪，让员工找到了工作的动力和发现了自己的价值，同样阿里巴巴的成功也成就了其组织内的员工。"让天下没有难做的生意"，作为一种表达整体抱负和雄心壮志的愿景和战略具有无形但巨大的价值，它毫无疑问地赢得了客户（广大中小企业）和其他利益攸关方的支持和认同。

第三节　推动组织变革

对组织能力来讲，达成战略共识不仅是为了获得向前的动力，还是为了减少或消除组织在前进过程中遇到的阻力。

战略要落地执行，必然涉及组织变革的问题。推动组织变革的第一个挑战就是抗拒，原因是个人和部门担心既有的利益由于变革而变得具有不确定性。例如，业务范围的重新划分及集权分权之间的取舍，必定造成一部分的权利或利益的损失。如果没有之前达成战略共识的基础，以战略构想为依据的理性沟通与说服就难以进行，组织变革就难以顺利推行。原本合理的组织变革很容易演变成办公室政治和各小团体的利益博弈。当妥协、利益交换等取代了战略构想、组织变革的理性后，企业的战略构想就无法落地。企业中原本用在对外求发展的一部分力量，也被转移到内耗上。长此以往，有限的资源得不到合理的配置，企业的效能不断下降，企业必然逐渐走向衰亡。

---

① 杨国安、〔美〕戴维·尤里奇：《组织革新》，袁品涵译，中信出版社，2019，第 73~74 页。

第四节　保持战略的灵活性

传统的战略规划都被定义为较长时期的顶层设计，提起战略，大家不免会联想到"三至五年，八至十年"。因为在中国，国有企业一般会跟随国家的五年规划进行五年期战略规划，民营企业的战略规划周期相对较短，一般为三年到五年。长周期的战略规划也使企业普遍强调"一张蓝图绘到底"，战略实施一般严格按照规划方案执行。

突如其来的新冠疫情和俄乌冲突，让世界步入了后 VUCA 时代：变化、动荡、不确定性进一步升级，世界面临百年未有之大变局。从企业实践的角度来看，相对于稳定环境下的传统战略管理理论与方法，新时期的战略管理比以往任何时候都更重要。在快速多变的环境下，战略管理需要进行适应性调整以敏捷地应对客户需求、市场环境和竞争格局随时都可能发生的变化。"战略不是一成不变的，随时需要调整"的观念逐渐得到企业的认同。战略实施过程中强调对内外部环境的实时跟踪，并据此对战略进行动态的管理以保持其灵活性。

阿里巴巴就是个很好的案例。从 1999 年成立伊始，"让天下没有难做的生意"成了阿里巴巴的使命和愿景。围绕这一使命和愿景，阿里巴巴在不同时期采取不同的战略从而成就了今天的格局，彰显其组织的战略灵活性。大卫·尤里奇和杨国安在《组织革新》一书中对此做了详细的分析。

> 1999 年，马云创立中国首个 B2B（企业对企业）电子商务平台——阿里巴巴批发网。愿景是依托电子商务平台，帮助中国小微出口企业实现贸易全球覆盖。

> 2003 年，阿里巴巴开通了 C2C（个人对个人）电子商务平台——淘宝网。新的愿景是使中国中小企业能够抓住国内消费者市场的巨大商机。

> 2004 年，阿里巴巴发布支付宝（安全支付系统）和阿里旺旺

（买家与卖家用于协商合同条款的即时通信软件）。新愿景是建立电商基础设施，提升顾客对于线上交易的信任度和安全感。

2010 年，阿里巴巴开通在线零售服务平台——全球速卖通。通过此平台，中国企业可以向国际买家提供货物。新的愿景是全球化。

2011 年，淘宝被拆分为三部分，C2C 电商平台淘宝网、B2C 电商平台天猫商城和促销类导购平台——一淘网。新愿景是探索未来线上电商中多元的商业模式。

2013 年，阿里巴巴构建从事国内外物流服务的菜鸟智能物流网络。新愿景是为电子商务接力物流基础设施。

2014 年，阿里巴巴决定将支付宝拓展为蚂蚁金融服务集团。新愿景是优化电子商务平台的支付和金融基础设施。进军支付功能之外的新兴领域——消费金融、中小型企业贷款、理财产品和理财服务。

2015 年，大力发展阿里云。新愿景是通过科技对企业进一步赋能，拓展和深化电商基础设施，助推线上线下业务。

2017 年，提出"五新"战略，包括新零售、新技术、新金融、新制造和新能源，利用数字技术升级传统产业。新愿景是建立全新的商业生态，拓展基础设施，推动传统行业转型。

关键战略的数次转移，重大事件的多次锤炼成就了阿里巴巴的今天。一直以来，阿里巴巴所秉承的使命是一致且明确的：将中小型企业定义为自己的目标客群，"让天下没有难做的生意"。从 B2B 电子商务平台（阿里巴巴批发网）到 C2C 电子商务平台（淘宝网），从支付宝（还有蚂蚁金融服务集团）到物流（菜鸟智能物流网络），再从天猫商城迈向新零售，这些一直展示了阿里巴巴的战略灵活性。[①]

总之，战略管理能力是组织能力中具有指向性的能力，是推动组织变革成功的先决条件，更重要的是，在复杂多变的环境下，企业通过战略管理保持了战略的灵活性。

---

① 杨国安、[美]戴维·尤里奇：《组织革新》，袁品涵译，中信出版社，2019，第61~62页。

第三章

人才管理和培养

"我们能做的是把赌注压在我们所选择的人身上。因此我们的全部工作是选择适当的人……如果我们不是一直拥有最好的人才——那些永远追求做得最好的人才，光靠我们的技术、我们巨大的规模、我们的影响力和我们的资源是不足以使我们成为世界上最佳的公司的。这要求我们有严格的规章去评估公司的每一个人，做到完全公正地对待公司的每一个人。"

——〔美〕杰克·韦尔奇、苏茜·韦尔奇：
《赢》（余江、玉书译，中信出版社，2010）

第一节　如何找到合适的人才

人才队伍建设的第一步就是找对人！"对的人"是指"合适的人"。但是在现实中，很多企业的管理者还停留在找"最好的人，最能干的人"的认识上。

多年以前，在为企业招聘市场和品牌的经理人时，笔者面试过好几名来自宝洁的候选人。当时宝洁在国内的业务可谓如日中天、蒸蒸日上，所以，大大小小的公司都试图从这家公司挖人，特别是市场营销和品牌管理的人才。笔者与一名被从宝洁挖到某品牌洗发水的候选人有过详细的探讨。她说当初该品牌洗发水从宝洁挖了不少营销和品牌管理的人才，其用意不言而喻：欲复制宝洁的成功模式，因为大家都生产销售同一种产品（洗发水）。但是大家被挖过去之后发觉新东家在经营理念、企业文化、物流体系、销售策略和管理机制等方面与宝洁有很大差别。宝洁是一个在全球开展业务、成熟的国际化大企业，各种与营运配套的系统和体系都非常健全，而且在文化上是一个"强势"的企业；而该品牌洗发水还处于发展初期，正开始创立自己品牌，与企业营运配套的系统和体系尚在建立或尝试中。被挖过去的人才就发觉自己的才干在这里无从发挥，而重新搭建相关体系也不是他们的所长，一年之后这些人开始陆续离职另谋高就。与另外几名被不同公司从宝洁挖去不久又萌生去意的候选人的面谈也反馈了类似的信息。

这个例子反映的是现实中的一个代表性问题：我们在招聘的时候很容易把大部分注意力放在候选人所掌握的知识、技巧（技术）和过往经验，即专业能力上，而忽视了候选人是否与企业文化（核心价值观）相匹配的因素。这种基于公司战略和文化、影响组织能力的相关行为和素质，我们称之为能力素质或胜任力。简单来讲，具有专业能力（知识、技能）并与企业文化（核心价值观）相匹配的人才是企业要找的"对的人"或"合适的人"。对此，杨国安老师用一个模型进行了很好的总结（见图3-1）。

要招聘到合适的人才，除了清晰定义企业所需要的人才标准以外，面试官的技能及专业素养也是重要的一环。

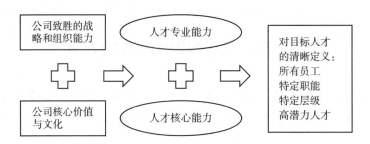

图 3-1　清晰定义企业所需要的人才

资料来源：杨国安：《组织能力的"杨三角"：企业持续成功的秘诀》，机械工业出版社，2010，第84 页。

一　能力素质及能力素质模型

要找到与公司文化（核心价值观）相匹配的候选人，我们首先要根据这个企业（组织）的核心能力建立能力素质模型，有了标准才能给我们的招聘提供指导。

能力素质（Competency / Competencies，又译为胜任力）最初在管理学中出现，可以追溯到 1911 年由管理学之父泰勒提出的"管理能力素质运动"（Management Competencies Movement），在对工厂工人的研究中，泰勒将复杂的工作内容拆解成一系列简单的行动来识别不同岗位的行动对能力的要求。[①]在这里，能力素质被理解为可以通过观察得出的身体素质与肢体技能，这一研究在后来被称为"时间—动作研究"。

现代能力素质研究的兴起源自美国政府在人力资源管理工作中对分析的重视。心理学家罗伯特·怀特在 1959 年发表了《再谈激励：能力素质的概念》[②]，首次提出了与人才识别、人格特征相关的"能力素质"概念。正是受到这一启发，戴维·麦克利兰开创性地提出了以"素质"而不是"智力"为核心的思想体系。20 世纪 70 年代初，戴维·麦克利兰受美国政府委托，帮助美国外事服务机构挑选派往中东的"驻外联络官"。经过调研，他发现原来采用"驻外服务官测试"方法所挑选出的驻外联络官在进入当地后往往难以胜任工作。为了有效地选拔驻外联络官，麦克利兰放弃了这种基于智商、学历、

---

① 〔美〕弗雷德里克·泰勒：《科学管理原理》，马风才译，机械工业出版社,2007，第 29~41 页。

② Robert White, "Motivation Reconsidered: The Concept of Competence", *American Journal of Applied Psychology*, 2017,5(1):7-11.

文化背景开发的面试甄选方法。他选择深入现场进行调查，通过获取过往工作中高绩效驻外联络官的行为特征，将其与表现一般的驻外联络官进行对比，识别出高绩效者的关键要素，并以此为指导来选拔驻外联络官。1973 年，麦克利兰在《测量能力素质而不是"智力"》[①]一文中明确指出，预测职业成功的指标不是智力，基于智力与学历的测验无法预测职业或生活的成功，并主张使用能力素质代替智力和学历的测验。这一观点标志着基于能力素质的人才测评体系正式确立。

戴维·麦克利兰是哈佛大学的心理学教授，他的咨询公司后来被著名的人力资源咨询机构合益（Hay）收购，他也加入了这家公司，基于能力素质的人才测评体系由此得以推广并得到广泛的认可。

麦克利兰以漂浮在水面上的冰山为喻，提出了"素质冰山模型"（见图3-2）。所谓"素质冰山模型"就是将人的个体素质的不同表现形式比喻为"水面以上的冰山部分"和深藏在"水面以下的冰山部分"。其中，"水面以上的冰山部分"包括知识、技能，是外在表现，是容易了解与测量的部分，相对而言也比较容易通过培训来改变和发展的。而"水面以下的冰山部分"包括社会角色、自我认知、行为动机和个性特征，是人内在的、难以测量的部分。它们不太容易通过外界的影响而得到改变，但对人的行为与表现起着关键性的作用。

图 3-2　素质冰山模型

资料来源：David C. McClelland, "Testing for Competence rather than for 'Intelligence'", *American Psychologist*, 1973, 28(1):1-14。

---

① David C. McClelland, "Testing for Competence rather than for 'Intelligence'", *American Psychologist*, 1973, 28(1):1-14.

一般来讲，"冰山上"的知识和技能一般与学历、工作经历直接相关，能够在短时间内进行识别、判断，例如查看简历、相关证书验证、面试提问、考试等，这些素质一般可以通过学习、培训得到提升和改善，具备这些素质只能说明候选人拥有做事的基本素质，但是否能够做好并持续下去，更多考察的是"冰山下"的素质。所以在招聘人才时，不能局限于对知识和技能的考察，而应从应聘者的求职动机、个人品质、价值观、自我认知和角色定位等方面进行综合考虑。如果没有良好的求职动机、个人品质、价值观等相关素质的支撑，能力越强、知识越全面，对企业的负面影响可能会越大。根据素质冰山模型，大致可以把素质概括为以下 6 个类别（见表3-1）。

表 3-1 素质的 6 个类别		
素质类别	定义	内容
知识	学习和实践中获得的认知和经验	会计知识、工程知识等
技能	所具备的某项专门技术	商业策划能力等
社会角色	个人对社会规范的认知和理解	管理者、专家、教师
自我认知	个人对自己身份的认知和评价	乐观、外向、内向、开朗等
行为动机	为达到目标而采取行动的内在驱动	影响他人，控制他人
个性特征	一个人的个性、心理特征	善于倾听、处事谨慎

资料来源：David C. McClelland, "Testing for Competence rather than for 'Intelligence'", *American Psychologist*, 1973, 28(1):1-14。

对于级别较高的管理和专业技术人员来说，其知识、技能一般都已经成型，足够解决特定场景下的问题，影响其工作决策的往往是组织内外部环境的变化，当环境发生变化时，能够迅速反应，拥有敏捷的思维、强大的抗压能力和坚定的意志力等"水面下"的素质才是解决问题的关键。除此之外，候选人是否拥有符合企业文化的价值观，更是重中之重。如果候选人的价值观与企业文化不匹配，往往对企业的伤害巨大。"水面上"的素质，容易影响人的短期成功；而"水面下"的素质，才是决定一个人长期发展的关键所在。这样，我们可以用图 3-3 描述"水面"上、下的素质对长短期成功的影响。

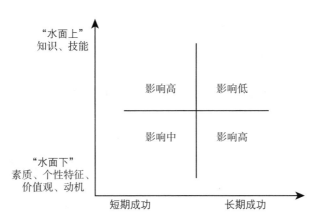

图 3-3 "水面"上、下的素质对长短期成功的影响

总结一下，能力素质的概念包含以下几点。

（1）能力素质是个体特征的组合，不仅包含显性的知识与技能，还包含不易判断的素质、个性特征、价值观、动机；

（2）能力素质是可以被衡量、分级的，即使是不易判断的"水面下"的特征，也可以对其进行分类和评估；

（3）能力素质与员工的绩效相关，能力素质的高低最终体现在员工的工作绩效差异上，只有对高绩效起作用的特征才属于能力素质。

"素质冰山模型"的有效运用需要遵循一定的步骤。

首先，不同类型的工作对能力素质的要求是不一样的，确定能力素质主要有两条基本原则。

（1）有效性。判断一项能力素质的唯一标准是能否显著区分工作业绩，这就意味着所确认的能力素质必须在优秀员工和一般员工之间有明显的、可以衡量的差别。

（2）客观性。判断一项能力素质能否区分工作业绩必须以客观数据为依据。

其次，在确定能力素质后，组织要建立个人能力素质水平的测评系统，这个测评系统也要经过客观数据的检验，并且能区分工作业绩。

最后，在准确测量的基础上，设计出能力素质测评结果在各种人力资源管理工作中的具体应用办法。

二　如何建立本企业的能力素质模型

构建能力素质模型有多种方法，但这是一件专业性比较强的事，最好由外部有经验的咨询顾问主持，企业高级主管参与，并配以被验证有效的能力素质模型字典作为参考，如智睿咨询公司（DDI）总结出来的通用能力素质模型字典。在此基础上结合所在企业的具体情况，总结归纳出适合本企业的能力素质模型。

构建能力素质模型一般可以按照以下步骤：

— 企业资料的收集和分析，如所在行业特点，公司战略、文化和核心价值观等；

— 组织行为事件访谈，选取优秀员工和各级主管进行面谈，分析他们成功或失败的行为，进而找出业绩优秀者的能力素质特点及行为特征；

— 初步确定公司的能力素质模型字典；

— 与企业高级主管讨论，形成共识，并最终确定企业的能力素质模型字典；

— 对能力素质分级以适用于企业不同层次的人群；

— 培训、宣传、推广、运用。

具体的构建过程我们不在此赘述，之后将附上一个实践案例供有兴趣的读者进一步参考。在此我们可以先看看一些具有代表性的企业总结归纳出来的能力素质大概是什么样子的（见表3-2）。

表 3-2　具有代表性的企业能力素质	
IBM	万科
对客户的洞察力	职业操守
创新思考	客户导向
达标的动力	结果导向
直言不讳	开放合作
团队精神	学习成长
决断力	理想激情
建立组织能力	前瞻思维
乐于分享	持续创新
工作奉献和热情	追求卓越

资料来源：根据公开资料整理。

　　我们常常看到这样的情况：人力资源团队自告奋勇向老板请缨要自己来建立公司的能力素质模型。老板也觉得自己的人力资源团队能干这个事，那何必要花钱呢？于是，人力资源团队开始了一系列头脑风暴会议，提炼出一些支持公司战略发展和企业文化的核心员工能力，但最后做出来的能力素质模型不一定符合公司真正需要的人才标准，又因为没有高级主管的参与而得不到他们的支持，最后执行的阻力很大。所以人力资源团队不要过于自信，闭门造车。还有不少企业，老板特别喜欢独自拍板，自己想出一些天马行空的东西来，好一点的情况下，会请高级主管开会讨论一下。但是他们不具备专业的知识，最后出来的能力素质模型不一定被验证为有效。有了能力素质模型，我们就可以清晰定义企业所需要的人才。

案例：某国企能力素质模型构建

一　企业的背景介绍

　　F 集团是市级所属国有企业，历经 25 年快速发展，由原来以地产业务为主发展成为一个拥有九大内控部门、三大业务平台、两大业务板块的多元化集团公司。近年来，该集团坚持以重大项目建设和创新驱动为抓手，规模和营收成倍增长。2022年资产规模超300亿元，营收规模超200亿元，净利润超5亿元，员工总人数近4000人。

随着业务和规模不断扩大，新的发展形势要求F集团突破区域限制，面向未来确定适应市场竞争要求的战略定位和发展目标。F集团加快推进产业化经营和市场化运作，提升集团品牌影响力，打造辨识度高、专属性强、与市场接轨的企业形象，致力于成为湾区优秀的城市综合运营商。

2021年末，F集团完成了对国内装饰百强企业（某上市公司）的收购，形成区域性的战略协同，强化产业链上下游业务联动，壮大了现有资源资产。F集团通过上市公司定向增发等方式以合理溢价注入上市公司，增强国有资产保值增值能力，促进上市公司的业绩提升，形成公司资源—资产—资本闭环的良性转化提升机制；政府招商引资的号召力增加，带动更多高质量的企业落户本市，带动工业产值、就业、税收的增长。

该集团具体特点如下。

— 自成立以来，积极参加国有企业改制工作，在履行对政府的承诺方面有较好的口碑，关注民生事业，凸显国企担当，具有极高的社会责任感。

— 充分利用资源获取与政府合作的机会，实现企业规模、收入、利润的快速增长。

— 形成了多元化的业务布局，涉足领域广泛，在区内完成了重点项目布局，具有较好的营商环境，并在此基础上寻求跨区域发展。

— 重视企业人力资源管理，但缺少切实可行的人力资源管理模式及应对策略。随着公司的快速发展，人员规模迅速扩张，现有的人力资源管理手段无法充分发挥人才优势，缺乏内部培养机制。

二　该集团的快速发展产生对通用能力素质模型的需求

在 F 集团的迅速发展过程中，产业布局的优化往往伴随着组织架构的调整，集团内部对于用人标准始终没有统一。2022 年，集团对经营合并、组织建制、流程再造方面进行了相应的调整，并在此基础上，对现有问题进行了总结。

（1）战略传递缺乏穿透力，不能凝聚全体人员的力量，集中资源，坚决地、自发地将战略执行下去，企业发展持续能力不足；对组织战略的理解不足，导致各级管理人员对各模块工作推进目标和要求不清晰、支撑不到位，组织的整体效能偏低。

（2）战略解码能力待提升，各级管理人员对公司战略理解的表现不足，战略传递衰减快；业务保障能力待发展，业务的组织推动依靠主要领导班子的躬身入局，出现管理错位，缺少前瞻性经营思维、系统化管理保障机制（如科学的职位职级体系等）和体系性人才梯队。

（3）公司基因中蕴含社会责任的底层文化，但随着业务高速发展、组织快速裂变，文化浓度被稀释，对组织支撑力不足；业务发展大量引进外部高能级人才，在如何将外部先进的文化因素和原企业文化融合、实现企业文化迭代升级方面缺少思考和实践。

（4）数字化平台板块是集团型组织管理效能倍增器，统一的、量化的管理平台板块缺乏，会造成组织越庞大，管理效能越低下。F 集团现有的系统承载的业务流程以国企规范化管理要求为导向，节点繁多、效率不高、缺乏自主，不利于组织的管理效能释放。

如何优化"两能两化"，提升组织能力，打造组织"免疫力"，成为集团亟待解决的问题。基于当前的挑战，集团对内部人员尤其是管理人员，提出了更深入、更综合的要求，进行了一系列探索和尝试，但仍存在困难和不足，需要通过明确对人的要求、建立和优化人才甄选识别机制来建设人才队伍，优化整体人才供应机制，从而产生对通用能力素质模型构建的需求。

三　通用能力素质模型构建

为更好地巩固快速发展成果，打造企业持续造血能力，助力业务发展与人才管理"同频共振"，F集团聚焦未来业务支撑，通过明确对人的要求、建立和优化人才甄选识别机制来建设人才队伍，优化整体人才供应机制，为后续人才梯队建设及培养提供依据和方向。

F集团通过对标行业趋势、解码企业战略文化、人员访谈、焦点研讨等多种方式印证构建通用能力素质模型，由公司经营决策层、人力资源管理团队确认、拟定最终模型。通用能力素质模型构建思路见图1。

在构建过程中，F集团结合集团业务、组织发展方向和工作分析手段，对建模对象角色定位及在工作中遇到的关键挑战／任务进行分析，从而推导出该角色应该具备的胜任能力；从组织、岗位及外部三大视角进行梳理，通过资料分析、访谈、群体研讨等方式，不断提炼核心能力要求，最终搭建出F集团通用能力素质的完整模型。

图1　通用能力素质模型构建思路

四　通用能力素质模型的构建方法及路径

1. 资料收集

通过对集团战略规划、文化价值观的研读，F集团明确了集团的发展观和对人员的要求及期待，挖掘公司组织业务方式背后蕴藏的行为属性。值得一提的是，F集团在各种场合和文件中不断提及领导者"躬身入局"的态度和"国企担当"的企业文化这两个概念，包括在后来的行为事件访谈中，我们也多次听到了相关的描述和阐释。

2. 行为事件访谈法

行为事件访谈法是能力素质模型开发中最为客观和系统的方法，通过行为事件访谈法，对公司高层团队进行访谈，能够明确F集团未来可能面临的转变，以及这种转变对组织及人的要求变化；通过对各层级绩优员工、人力资源团队进行深入访谈，可以搜集成功与失败的行为做法，从中分析绩优者的能力要求和典型行为特征。

选取超过50个最具代表性的访谈样本，与每个访谈对象的访谈时长为1个小时左右，访谈结合具体的访谈大纲开展（见表1）。

表1　访谈大纲		
维度	序号	具体内容
工作内容要求	1	请您简单介绍一下您的工作经历以及您现在主要的工作职责。
	2	结合F集团未来3年的战略规划，请您谈一谈您所负责的组织在未来1~3年的发展愿景和目标。
	3	结合F集团未来发展，您认为您所负责的组织可能面临的挑战是什么？例如业务方面、管理方面、用人方面。主要突破口在哪里？会给人带来哪方面的要求？需要员工在工作中倡导什么行为，反对什么行为？
	4	在过去一年中，您克服的最大的困难/挑战是什么？您是如何解决的？
	5	请分享2~3个您在F集团工作期间最满意/最遗憾的具体事例。
人员能力素质要求	1	结合企业的管理现状与发展战略，请您谈谈对直接下属在组织中的定位是什么？需要承接您哪方面的工作？
	2	您觉得当前直接下属遇到的最大的挑战是什么？希望他们做出哪些关键应对行为？
	3	您认为直接下属需要具备的最重要的素质是什么？这些素质在哪些典型行为上体现？请举例说明。
	4	对照您对直接下属的要求，您对他们工作的哪些方面最满意？请具体描述他/她的相关工作行为事例：他/她遇到了什么情况？他/她是如何处理的？具体是如何行动的？您为什么认为这种工作行为是优秀的？
	5	对照您对直接下属的要求，您认为他们需要提升工作的哪些方面？请具体描述他/她的相关工作行为事例：他/她遇到了什么情况？他/她是如何处理的？具体是如何行动的？您为什么认为这种工作行为是需要提升的？
对本次项目成果的期望	1	对于能力素质模型构建项目，您有些什么样的期望或者对我们有些什么样的具体要求？
	2	非常感谢您的配合，您还有什么需要补充的吗？

在整理访谈素材的过程中，我们对其中的关键事件进行记录、分析，提炼出了岗位要求、行为事例、人物事迹3个主题，并对这3个主题进行了解码（见表2）。

表2　解码示例		
维度	能力要求	回答内容（举例）
岗位要求解码	求上进	目前我们的方向是把国企的改革作为公司未来"双千亿"发展的一个动能。改革就要有勇于接受这种变革的团队，没有这样的团队，我们就是一个传统的国有企业，你怎么去迎接创新和变化的环境带来的挑战？体现到人才素质方面就是创新能力与求变这两点。
	秉专业	对专业性的要求目前非常迫切，特别是操盘的专业性，尽管单项冠军我们也需要，但其实更多是缺总经理这样的角色。过去五六年，我们的利润和人员规模都增长比较快，可以说我们一直在跑步中前进，团队其实是处于一个快速更替和跟进的状态下，不是说淘汰，而是不断有新人进来，因为它能消化得了。
	担责任	我们一直强调的就是对公司的认同感、对企业文化的认同。不管是在哪一个维度，都要有企业担当、企业责任、良好的企业口碑，这也是对人的要求。
	凝团队	要求也是在不断变化的：一要有国企职业经理人的做事方式；二要有不断自我学习发展的能力。以前可能管一个项目，现在可能管十个项目。以前管一家公司，现在可能要管一个业务板块。我们需要很多这样的职业的团队领袖，虽然不是所有的人都能够当团队领袖，但有些人经过培养可以成为企业领袖，这就需要发掘和内部培养。
行为事例解码	求上进	在我们的努力之下，L部门由原来的边缘部门走向中心：之前L部门是一个服务和支持部门，合同送到这儿审一下，其他部门有问题来咨询一下，但不会主动去开展工作。但现在，L部门一方面主动介入业务，给业务提供专业指导，然后才是检查督导；另一方面在流程管控上，项目如果没有法务及风控等支持部门的专业意见，就不能上会推进。这种主动的管控，从项目初期就可以清除很多可能存在的隐患。
	明方向	之前管理模式在很多环节流程上都不经过相关支持部门的专业评议，而直接到经营班子和董事会，开会讨论时，大家一问才发现其实还有很多没解决的问题，大大降低效率。所以现在在立项的时候就要相关支持部门及时介入，在前置环节处理这些问题。我们梳理了相关事项清单，并明确在这些事项里面哪些是要重要把关的。我们也调研了市里的其他国企，这方面我们还是走在前列的。

		续表
维度	能力要求	回答内容（举例）
行为事例解码	担责任	为了保证项目的实施节点，我们几乎不可能准时下班。去年到今年累计调休30多天，还有10天年假没时间休。这也是靠付出，靠大家的贡献。
	凝团队	另一个就是把下面的人员培养得强大一点，各个平台板块的项目，得让自己的工作人员去跟。有些重大项目由集团派人下去指导或参与，而不是所有的项目都依赖集团这边来做。
人物事迹解码	求上进	超越自己：谈起行走职场，是什么能够指引着自己不断向前突破，A同事给出了"学习"的答案。"在F集团这个大家庭，我每一天都感觉到自己的能力还不够，还有很多值得去学习的地方。"对于早已把突破边界作为自己前进动力的A同事来说，他又迎来了一次超越自己的机会。为了尽快上手项目管理工作，他一边招聘得力助手，一边制订工作计划；从头梳理十几个接手项目的细节，核查项目合同，敲定项目团队……在不断学习的过程中，他逐渐熟悉了新的战场。他带领团队深耕业务，顺利推进市政某民生工程；借鉴同行业优秀管理经验，牵头举办集团的首届项目质量观摩会；积极开拓市场资源，帮助公司加入省、市级行业协会。
	明方向	（略）
	保执行	在F集团，建设平台板块的同事们拥有一个特别的称号——F集团铁军。这个称号源于每当公司面对急难险重项目时，上上下下都会拧成一股绳，保证高质量准时完成任务的行事作风。

3. 对标行业能力需求

在对国企人才的能力要求进行研读时我们发现，创新、战略思维、合作、影响他人、发掘人才等能力要求关键词高频出现，在房地产/建筑行业，高频出现的能力要求关键词更侧重于团队合作、有效沟通、专业素养。这与我们在对F集团行为事件访谈结果进行解码分析时得到的结论是有一定相似之处的。

4. 各层级能力要求定位

通过对F集团战略规划与组织架构的研究、行为事件访谈结果的解码及对标行业能力需求，我们将F集团的职位层级划分为5个梯队，分别是 L1 管理组织——集团决策层、L2 管理模块——平台板块经营管理层/集团职能总经理、L3 管理管理者——平台板块业务/职能负责人、L4 管理团队——业务/职能单元管理人员、L5 管理个人——个人贡献者。在层级划分的基础上，我们为每个层级的角色定位、职责要求找到对应人和事、内和外的关键挑战（见表3）。

表3　各层级的角色定位			
角色	定位	职责与要求	关键挑战
L1 集团 决策层	管理组织	对整个企业的整体运营与发展负责，主要职责是确保企业基业长青 具体要求：建立高绩效组织，使企业的管理与运营有效支持战略目标的达成，并把握商机，与时俱进，持续发展，领导组织成功	长远、全局、平衡的思维方式；为组织设定方向；做出艰难决策；赢得他人对绩效的承诺……
L2 平台板块经营管理层/集团职能总经理	管理模块 （平台板块/职能）	对所辖职能部门/事业部的各项事务有直接决策权，主要职责是确保职能部门/事业部有效运作，且能够有效支持企业战略的实施 具体要求：塑造和发挥平台板块/职能的优势，使之能帮助企业建立差异化的竞争优势，领先于竞争者，支撑企业持续发展	建立职能部门/事业部在行业内的竞争优势；保证企业短期和长期盈利的能力……
L3 平台板块业务/职能负责人	管理管理者	管理多个一线经理（偶有部分个人贡献者），主要职责是管理一线经理，确保一线的执行与企业战略方向保持一致 具体要求：联结企业高层管理与一线执行，确保一线保持高效生产力，并按照企业的目标、重点和推进节奏做出对应的贡献，做好中枢链接	整合工作、策略、流程化思考；执行复杂工作；重视管理、职能性工作；处理跨部门关系……
L4 业务/职能单元管理人员	管理团队	管理一个团队（由个人贡献者组成），主要职责是对团队的工作结果负责，并对团队人员有直接的人事决策权（或至少能影响团队成员的人事决策过程） 具体要求：使众人行，让正确的人在正确的位置用正确的方式按时按质、做对的事	通过他人完成工作；关注团队发展；激励下属……
L5 个人 贡献者	管理个人	管理自己（不带人），对自己的工作结果负责 具体要求：发挥自己的专业特长，在期望的时间内交付预期的结果	提高效率、达成绩效；与他人开展工作合作；展现职业化能力……

5. 各层级行为等级定位

组织不同管理层级在同一类工作上存在要求上的差异，因此，为了更好地评估某一个体是否符合当前层级的工作能力要求，我们在建模中采用行为等级定位的方法来区分同一类工作不同管理层级的能力水平，从实践角度出发，行为等级分为五档（见表4）。

				表4 行为等级定位
等级	水平	描述	对应层级	行为内容（以"明方向"为例） 明方向：结合目标和现实的资源状况，深入分析思考问题，对相关因素进行考量，指导问题解决
5-专家级	领导创新	战略规划，确定业务整体和长期的经营策略	L1	全局战略 理解公司战略，将业务策略拆解成可落地的行动事项，设定优先级；把控重点方向和关键环节，不纠缠于个别问题和细节；跳出本位，考虑公司整体，以组织利益最大化为根本目标，必要时牺牲局部/个人利益
4-指导级	指导	战术落地，承接公司中长期策略，制定战术策略并实施	L2	系统思考 根据公司业务战略拆解行动事项，设计达成路径及规划；结合当下和未来，以长远和发展的眼光考虑问题；处理系统性问题，抓住局部与整体的关系，从实践中提炼方法用于处理同类问题
3-熟练级	扩展	专业运营，基于具体任务目标，交付工作成果	L3	复杂应对 结合自身所负责领域的特色分解目标，设立阶段任务，明确优先级；透过现象看本质，抓住问题的根本规律，思考创新解决方式；处理复杂问题，合理分类归纳零散信息，进行逻辑串联
2-掌握级	应用	独立执行，根据岗位细致要求进行操作和服务	L4	主动解决 关注公司业务调整或执行方面的动态；敏锐发现问题、界定问题，提出解决方案；通过梳理掌握问题关键信息
1-入门级	初学	学习操作，了解岗位细致要求，在他人帮助下进行操作和服务	L5	问题分析 根据工作中的问题广泛收集信息；把问题的相关因素考虑完全，避免以偏概全，聚焦信息中的关键点

6. 通用能力素质模型

结合角色定位、关键挑战和建模解码，包含愿担当、会思考、能战斗、促人际四大构面的 F 集团通用能力素质模型最终形成，并对四个构面的不同维度进行了划分与定义。

（1）愿担当　认识到个人在组织中角色的职责与要求，设定自己的目标并持续改进，包含担责任、求上进、快适应三个维度。

（2）会思考　理解商业的本质，具备经营思路，能从经营视角去规划和开展工作，包含明方向、懂经营两个维度。

（3）能战斗　提升组织体系化能力，通过计划、组织、监控和复盘，确保目标达成，包含保执行、秉专业两个维度。

（4）促人际　建立必要的人际连接，积极寻求共识，承担协同职责，形成高效团队，包含凝团队、增协同、拓关系三个维度。

四个构面的不同维度又分别对应着不同层级的行为指标，最终形成了完整的 F 集团及各层级通用能力素质模型（见表 5）。

表 5　各层级通用能力素质模型示例

业务 / 职能单元管理人员模型			
构面	构面定义	维度	行为指标
愿担当	认识到个人在组织中角色的职责与要求，设定自己的目标并持续改进	担责任　积极主动	1. 权责不清时，乐于多承担一些工作，不一味划分边界 2. 为团队的工作结果负责，主动承担不利后果，自发采取行动解决问题 3. 事先做好准备，即使时间紧迫或有其他压力，也竭力保证工作质量
		求上进　持续改善	1. 以高标准要求自己，不满足于"差不多"或"刚刚好" 2. 识别给员工造成工作障碍、导致工作低效的原因 3. 借鉴最佳实践，优化现有的工具、方法和流程
		快适应　适应变化	1. 一种方法行不通时，换一个角度或方式思考和解决问题 2. 能迅速从挫折中恢复，调整好状态，遇到困难不退缩，能不断尝试去努力克服 3. 直面问题，积极展开行动

续表

构面	构面定义	维度		行为指标
会思考	理解商业的本质，具备经营思路，能从经营视角去规划和开展工作	明方向	主动解决	1. 关注公司业务调整或执行方面的动态 2. 通过梳理掌握问题关键信息，敏锐发现问题 3. 界定问题，提出解决方案
		懂经营	市场敏感	1. 理解公司内部的经营模式及商业运作机制 2. 理解关键的经营指标和财务指标，能从中掌握经营状况并发现问题 3. 理解自身工作与组织业务的关系，从对组织业务及内/外客户有益的角度开展工作
能战斗	提升组织体系化能力，通过计划、组织、监控和复盘，确保目标达成	保执行	推动执行	1. 为工作设定明确的目标及衡量标准，将团队目标与个人目标及收益联系起来，使员工认同 2. 制订计划时能将变动因素考虑在内，事先准备应对方案，察觉下属遇到问题和挑战时，及时采取措施干预 3. 及时主动向上沟通反馈进度，为策略优化调整提供参考
		秉专业	专业执行	1. 注重拓展自身的专业外延，完善与工作相关的复合性知识储备 2. 将各种知识、经验融会贯通，能用浅显易懂的方式讲解专业问题 3. 运用专业的视角、思考方式和工作方法，分析和解决工作中的问题
促人际	建立必要的人际连接，积极寻求共识，承担协同职责，形成高效团队	凝团队	辅导推动	1. 分析员工能力现状与期望目标间的差距，让员工清晰认知，明确需提升改进的重点，获得员工的认同及改善承诺 2. 表达正向的期望，相信员工有提升和改变的可能，及时肯定和认可员工行为和能力的改变，鼓励员工持续发展 3. 安排时间定期对重点员工或直接下属进行直接辅导，定期评估员工发展效果
		增协同	团队合作	1. 主动与他人分享经验，提供资源和支持 2. 主动承担"灰色地带（职责和角色划分不清）"的工作，不计较得失 3. 出现问题时，专注于解决问题，而非指责错误
		拓关系	有效沟通	1. 通过察言观色，正确把握他人的情绪，洞察他人言语之外的想法和意图 2. 根据沟通的对象、内容和场合采用合适的沟通方式 3. 通过适当的提问或澄清，总结复述他人的观点以确保理解正确

业务/职能单元管理人员模型

三 能力素质模型的应用

能力素质模型在人力资源实践中可以被用在三个地方。

第一，帮助公司系统地进行战略转型。通过明确界定人才要求，模型可以帮助公司实施新战略，建立新的组织能力；让大家用统一框架、朝同一方向有系统、有重点地改善行为、提升能力。当企业业务战略发生变化时，组织能力要随之变化，这也会对员工能力提出新的要求。我们的任务是找到期望与现实的差距，并想办法弥补。如三一重工是传统的机械制造商，原来只在国内开展业务，新的战略是成为全球领先的企业，那就得在海外建厂并在全球开展销售和提供服务，这一业务方向的改变自然会对组织能力和员工能力提出新的要求；又如传统银行开展消费金融业务，房地产公司要开展造车业务等，那么就得评估目前的人才是否具备实施新战略所需的能力。通过比较，如果目前的组织能力与所要求的能力有差距，或与新的业务战略要求有差距，那我们就要在人员数量和质量上弥补这样的差距。这就是我们常说的提升组织能力的"5 个 B"。

（1）对外招聘（Buy）；

（2）内建（Build）：培训和培养；

（3）解雇（Bounce）：淘汰表现不好的；

（4）留才（Bind）：留住表现好的；

（5）外借（Borrow）顾问。

第二，系统地协调人力资源工作的重点。通过对模型的运用，公司的人力资源工作如招聘、培训、考核、晋升都可以围绕需要聚焦的能力来进行。这样，可以在一定程度上避免各主管凭自己的主观臆断和不同标准来选择和评判人才，如招聘环节不把关，员工培训就事倍功半。

第三，指导个人发展需求。通过针对各项能力的 360 度评估、问卷调查或其他能力评估工具，员工可以了解自己要改善的重点，并制订符合自己发展需要的个人计划，做到有的放矢。

案例：某城商行的能力素质模型运用：由个人到部门的升级

一　TRIP+个人能力模型

A行信用卡中心引进外部专家，组织管理层、员工多轮研讨达成共识，确定基于TRIP+的人才评估标准。TRIP+模型将从T—团队建设（团队合作）、R—结果导向、I—创新、P—激情和专业维度对员工的能力进行评定（见图1），以帮助员工发展、提升团队能力。

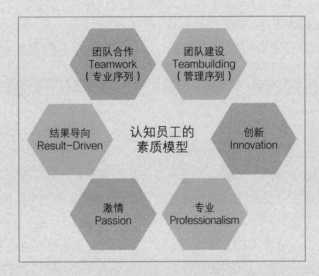

图1　TRIP+个人能力模型

确定将TRIP+作为人才评估的核心工具后，该信用卡中心持续将其运用在人才的"选、用、育"方面。

1. 选人

希望找到具有内驱力、积极主动、客户导向、与公司文化匹配度高的人，在面试环节加入TRIP+个人能力模型的评价（见表1），面试的环节会重点考核以下能力。

（1）团队合作/团队建设能力强；

（2）结果导向，能推动目标达成；

（3）创新，学习能力优于已有经验；

（4）富有激情，乐于挑战；

（5）专业，符合岗位需求。

表 1 面试评估记录			
姓名：_____ 部门：_____ 岗位及职级：_____ 上级：_____ 面试官签字：_____ 日期：_____			
TRIP+ 能力项评分说明：5 分—远超出岗位要求；4 分—超出岗位要求；3 分—符合岗位要求；2 分—基本符合岗位要求；1 分—远未达到岗位要求			
Trip+ 能力项	优势行为	待发展行为	评分
T 团队建设 / 团队合作			
R 结果导向			
I 创新			
P 激情			
P 专业			

2. 用人

除了要求员工能结合业务需求展现专业性以外，团队合作、结果导向、有激情、持续改善是对其日常工作永恒不变的能力要求，而对于管理人员，团队建设能力是首要关注的能力项。

为了确保 TRIP+ 模型的落地，该企业每年会组织对在岗半年以上的员工进行述职，围绕员工在工作中展现的以上能力进行评估，确定员工在"绩效—能力矩阵"中的九宫格位置（见图 2），发现员工优势与不足。

在这个过程中，述职是一个非常好的方式，每一场述职会有 3~5 名的述职官，主述职官是员工上级的上级，员工的上级只能旁听，不可提问——不得不说这是一个很有趣且巧妙的设计。上级的上级可以更大程度地维持公正性，而且员工在述职过程展现的专业性以及各项特质，也部分投射了其上级辅导的有效性，所以，我们经常可以看到员工述职时，他的上级比员工更紧张的情况。述职评估记录包括以下几个方面内容（见表 2）。

（1）团队合作，积极参加内外部门的沟通；

（2）结果导向，能够找到问题关键并推动解决问题；

（3）创新，持续学习，改进工作流程；

（4）激情，对工作难题有用之不竭的精力；

（5）专业，不断提升技巧并提供专业意见。

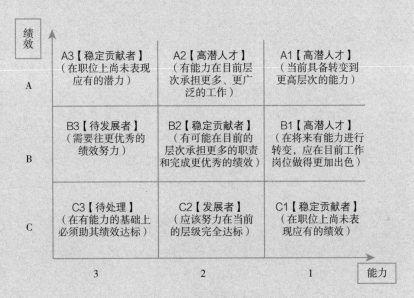

图2 绩效—能力矩阵

表2 述职评估记录			
姓名：_____ 部门：_____ 岗位及职级：_____			
上级：_____ 述职官签字：_____ 日期：_____			

TRIP+ 能力项评分说明：5分—远超出岗位要求；4分—超出岗位要求；3分—符合岗位要求；2分—基本符合岗位要求；1分—远未达到岗位要求

Trip+ 能力项	优势行为	待发展行为	评分
T 团队建设 / 团队合作			
R 结果导向			
I 创新			
P 激情			
P 专业			

3. 育人

围绕TRIP+模型培育员工能力，通过上级一对一、轮岗、挑战性任务、培训等方式帮助员工发展。在这里重点介绍一对一工具的配合落地，述职后直属上级与述职者进行一对一沟通，反馈述职结果，根据员工在述职中体现的能力弱项，共同制订述职者个人发展计划。通过一对一沟通，发展高潜——给予其更高的授权／更具挑战性的任务，或培养后进——制订有针对性的提升计划：

✓ **评估（Assesment）**：参与下属的述职并根据述职结果分析下属的TRIP+待改进项；

✓ **计划（Plan）**：实施一对一沟通，制订发展计划；

✓ **行动（Do）**：为下属的目标达成提供帮助，如提供培训机会、手把手帮带下属、跟踪行动计划等；

✓ **检查（Check）**：按目标要求追踪行动计划并进行定期回顾。

TRIP+模型在A行信用卡中心最重要的作用是，统一了对"人才"的定义和评估维度。对人的评估是人力资源"选—用—考—育—留"的基础。没有基础，就谈不上有规划地选拔和任用，更不必说有针对性地培训提升和留任。有了TRIP+模型之后，在评估某个员工表现的时候，大家会说，这个同事的结果导向有待提升，之前交代的某项工作晚于预期完成，但一直没有反馈进度。这样的评估就非常明确、有针对性，设置行动方案的时候也会更有套路，针对不同能力缺失项的同事给予哪些课程及辅导也逐步明确起来。

二 部门能力模型：ASTAR模型

为配合战略落地，践行"客户第一"（含内外部客户）的文化价值观，A行信用卡中心借鉴A.O.史密斯公司的做法，引入ASTAR模型以促进部门间有效合作。ASTAR整体原则是平行职能部门根据日常合作情况给对方部门提供的服务评分。从内部客户的感知和需

求响应质量出发，ASTAR 工具区分了五大关键维度，评分区间从 1
分到 5 分。各职能部门的评分在企业内部进行排名公示以提示各部
门要提高内部客户服务水平，形成主动服务与协作的良性循环，以
统一思想、上下合力，推动公司战略的落地执行。

1. 五大关键要素
   ✓ A（Attention，关注）：客户希望获得尊重，他们想要知道
     我们很重视他们，并珍惜为他们提供服务的机会；
   ✓ S（Speed，速度）：客户期待准时的服务及快速的回应，
     而所谓的"准时"与"快速"是由客户来定义的；
   ✓ T（Trustworthiness，可靠）：客户想要感受到为他们提
     供服务的人员有业务水平且能够信守承诺；
   ✓ A（Accuracy，准确）：客户希望事情在第一次就做对；
   ✓ R（Resourcefulness，有能力）：客户不需要你"一视同仁"
     般的服务，他们期望服务人员具有高效解决问题的能力。

2. ASTAR 项目开展形式
   ✓ 确定各部门间的服务关系，每年年中和年底进行问卷调查；
   ✓ 卡中心根据调研结果，出具调查报告；
   ✓ 各部门分析调查报告，拟订改进计划；
   ✓ 各部门落地改进方案，并持续跟进迭代。

　　ASTAR 评估在该城商行信用卡中心内部是一项非常关键且常
规的工作，ASTAR 分数是映射职能部门推动战略落地的有效性、反
映职能部门服务一线部门质量的核心指标。经过数年的积累，该工
具在企业内部具有较高的知名度和权威性。员工习惯于利用 ASTAR
工具，对服务质量好、专业程度高的部门表示认可，对服务响应慢、
不实际解决问题的部门表示不满。

　　每个部门的评分和历年分数变化情况会被罗列出来并进行内部
公示。各被评分部门会收到相应的分数解读报告，并根据落差维度
制定改善现状的可行方案。排名靠后的部门需要定期向管理层汇报

解决方案的进度。ASTAR 评估从收集评分到改善方案落地的循环式推进，有效推进了企业各部门员工的服务意识提升，形成主动服务与协作的良性循环。

当然也会有一些比较例外的部门，如合规、财务等，这些部门的职责是制定并监督底线规则，而不能被纯粹定位为服务性部门。这一类需要坚守底线、对部分需要"说不"的部门，在评分上容易吃亏，毕竟评分有较浓的个人意识。对于这些部门来说，要重点观察分数的变动，而不是绝对值。另外，我们也关注在 ASTAR 评估过程中除评分外收到的文字反馈，每一年都会有同事在 ASTAR 评估中收获被服务部门的认可和鼓励。

第二节 面试

一 面试官和相关理论的准备

对于招聘来说，面试是影响招聘结果的重要环节。要真正做好招聘工作，需要面试官具备心理学、社会学、行为学等多方面的知识储备，他们要接受相关的培训和得到专业机构的认证，只有这样他们才能通过对候选人语言、行为的分析，了解候选人的思维方式、行为逻辑，对候选人拥有初步判断。除此之外，对需求岗位用人标准的分析能力、候选人与用人标准的吻合度的判断也同样重要。

关于面试的理论，我们在前面已经详细讨论过，就是"素质冰山模型"，即招聘人才时，不能局限于对技能和知识的考察，而应从应聘者的求职动机、个人品质、价值观、自我认知和角色定位等方面进行综合考虑，看他们是否符合本企业能力素质的要求。如果没有良好的求职动机、品质、价值观等相关素质的支撑，能力越强、知识越全面，对企业的负面影响可能会越大。

二 面试方法和工具

提高面试官的技能及专业素养，是企业提高人才甄选成功率的关键，而提高面试准确性离不开恰当的面试工具。在人力资源管理发展的过程中，学者及人力资源管理从业者从实践中总结了许多受到广泛认可的方法，例如结构化面试、非结构化面试（情景面试法、行为事件面试法、无领导小组讨论）等。在一场面试中，不同的岗位特点、参加面试的人数、面试官的素质等，都影响着面试方法的选择。

一般来说，面试官使用结构化面试方法和非结构化面试方法相结合的方式来挑选符合本企业要求的人才；通过结构化面试了解候选人所掌握的知识和技能，通过基于行为的非结构化面试方法了解候选人的潜在能力素质，最后确认这些潜在能力与企业的能力素质模型是否匹配。

（一）结构化面试

结构化面试是在传统的面试基础上发展起来的，是指在面试前必须进行系统设计的标准化测试。结构化面试根据岗位的胜任标准，对面试的内容、要素、方法、程序和标准等方面都做了严格统一的设计，在面试前，考官也必须经过科学合理的配置与系统的培训；在面试过程中，面试官将依据候选人对面试题的回答，测评其与招聘岗位胜任素质要求匹配度。面试的题目，可以口头问答，可以书面作答，也可以实际操作。过程对所有候选人相同，采用统一、规范化（几乎皆为事先确定）的相同问题、测评要点和评分标准，主要是通过一些与应聘者过去的工作（生活）经验有关的问题，了解候选人所掌握的知识和技能。

（二）非结构化面试

非结构化面试是在结构化面试的基础上衍生出的简化版面试方法，面试过程不受特定的题目约束，面试官可以根据岗位的胜任标准自行设计面试题目，并通过候选人的回答判断候选人是否符合岗位要求。非结构化的面试有很多种，如行为事件面试法、情景模拟、压力测试、角色扮演、无领导小组讨论等。通俗地讲，非结构化面试其实是一种基于行为科学的面试方法，无非是通过各种方式方法去了解候选人藏在"水面"之下的那部分潜在能力和性格特征，及其与企业要求的能力素质模型是否匹配。以下简单介绍一下具有代表性的行为事件面试法。

行为事件面试法是由麦克利兰结合关键事件法和主题统觉测验而提出来的（简称BEI，是Behavioral Event Interview的首字母缩写）。虽然它是在进行能力素质模型研究过程中被提出来的，但是对于人才的招聘选拔有着非常重要的借鉴意义。行为事件面试法是面试官通过候选人对过往经历中的某个具体情况的描述，判断候选人的能力素质特征是否符合岗位胜任标准的面试方法，行为事件面试法的基本原理是通过过去的行为来推测未来的行为（见图3-4）。

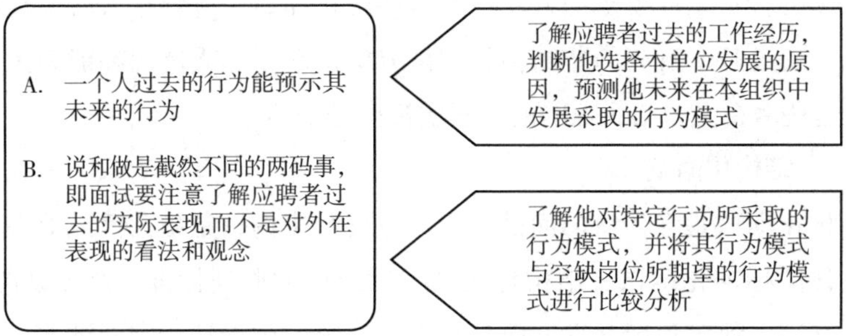

A. 一个人过去的行为能预示其未来的行为

B. 说和做是截然不同的两码事，即面试要注意了解应聘者过去的实际表现，而不是对外在表现的看法和观念

了解应聘者过去的工作经历，判断他选择本单位发展的原因，预测他未来在本组织中发展采取的行为模式

了解他对特定行为所采取的行为模式，并将其行为模式与空缺岗位所期望的行为模式进行比较分析

图3-4　行为事件面试法的理论假设

行为事件面试法通过对被访谈者主导的一系列行为事件进行反复的提问和探究，追究事件发生的细节，从而采集到有效行为数据，如让被访谈者找出和描述他们在工作中最成功和最不成功的三件事，然后详细地报告当时发生了什么。具体包括，这个情境是怎样引起的？牵涉哪些人？被访谈者当时是怎么想的，感觉如何？在当时的情境中想完成什么，实际上又做了些什么？结果如何？然后，对访谈内容进行分析来确定被访谈者所表现的胜任特征。

在面试中询问候选人的过往行为事例时，要确切了解事例的来龙去脉，即事情发生的背景、候选人的行动及其行为所导致的后果。为了帮助全面了解候选人的行为事例，在此我们使用一个大写的英文单词"STAR"以方便我们记忆各项要素（见图3-5）。

1. 情景任务（Situation Task）

情景任务是指候选人在某一背景或处境下的行为，可解释他为何有这样的表现，构成情景任务的因素包括候选人的职务或工作程序有所变更，主管或客户对候选人提出特别要求，要应付紧急的工作限期，或需要与一名同事合作完成工作等。

情况/任务（S/T）=为什么会发生?
行动（A）=做出了什么实际行动?怎样做的?
结果（R）=行动的成效如何?

图 3-5　STAR 要素示意

2. 行动（Action）

行动是指候选人针对某个情况或某项任务所做的和所说的。通过这些行动，了解候选人过往的工作表现，是行为事件面试的关键，行动也包括候选人没有做或没有说的部分。行动包括以下各项：

—　完成某项工作的步骤；

—　如何筹备进行工作项目；

—　如何应付紧迫的工作限期，或如何避免工作延误所带来的损失；

—　说过的触怒同事的话；

—　本应做但没有去做的预防措施。

3. 结果（Result）

结果指候选人行动所产生的效果，以显示候选人的行动是否适当和有效。

通过"STAR"面试要素发问的四个步骤，一步步将求职者的陈述引向深入，一步步挖掘出求职者潜在的信息，为其更好地决策提供正确和全面的参考。一般来说，每项能力素质至少有 3 个或以上行为事件支持就足以做出判断了；同一个行为事件也很可能同时支持几项能力素质。"STAR"说明和提问技巧如图 3-6 所示。

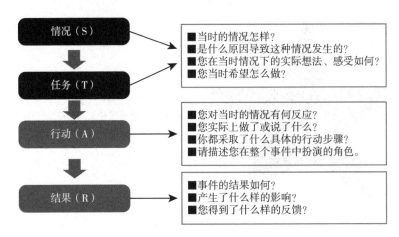

情况（S）
- 当时的情况怎样？
- 是什么原因导致这种情况发生的？
- 您在当时情况下的实际想法、感受如何？
- 您当时希望怎么做？

任务（T）

行动（A）
- 您对当时的情况有何反应？
- 您实际上做了或说了什么？
- 你都采取了什么具体的行动步骤？
- 请描述您在整个事件中扮演的角色。

结果（R）
- 事件的结果如何？
- 产生了什么样的影响？
- 您得到了什么样的反馈？

图 3-6　STAR 的说明和提问技巧

面试前我们要做好相关准备，如对需要测量的能力进行界定，获得与该能力相关的关键行为，设计基于该能力关键行为的面试问卷提纲，对问卷提纲进行修正补充等。基于能力素质模型编制行为事件面试官手册的示例见图3-7。

定义	认识到个人在组织中角色的职责与要求，设定自己的目标并持续改进					
关注要点	具有国企担当，认知在组织中的角色和要求，不满足于现状，不断寻求更大的挑战，心态开放，适应及拥抱变化，采取有效的方法补齐短板，通过复盘主动发掘问题，采取切实的行动推动他人创新，不断提升组织能力					
评分标准	优秀 5	较好 4	符合 3	尚可 2	较差 1	得分：

参考题目：

1.（担责任）您在工作中如何通过推动组织和文化的变革，以从策略上适应不断变化的市场需求？请根据您过往经历举例说明。

　　追问：在组织内推动变革或采取不同举措时实施情况如何？遇到哪些阻力？您当时如何处理？最终结果是什么？

2.（求上进）请您分享一个在工作中通过改进自己的方法，达到提高工作（服务）品质的事例。

　　追问：您如何为自己改进的工作方法设置工作目标，并采取了哪些措施促进目标的达成？

　　追问：过程中是否有超出您当时能力范畴的挑战？并采取了哪些措施？最终结果如何？

3.（快适应）快速变化的商业环境需要我们不断改变工作方法去迎接变革、适应新形势，请分享一个具体的例子。为了应对新的业务范围和工作要求，您采用了哪些和以往不一样的工作方式？

　　追问：这些不一样的工作思路是怎么产生的？推进过程中遇到哪些困难？您是如何解决的？请结合具体事例谈谈。

图 3-7　面试官手册示例

三　面试过程

（1）开始询问有关素质能力的问题，让候选人先简单地描述关键事件的概要；

（2）引导候选人按事件发生的时间顺序来报告，一旦发现其叙述中有跳跃就要提出来，请其提供详细的资料；

（3）注意完整性，在候选人详细讲完一个工作事件之前，不要让其转到别的事件上。

在面试过程中，每个问题都能得到候选人具体的回答固然是我们希望看到的结果，但在实际操作中还需要进一步识别。我们一起来看看可能会出现的一些情况。

假行为事例。如果候选人每次回答问题时都引述出完整的行为事例，面试的过程便能顺利进行。然而，这并非常见的情况。很多时候，候选人回答问题时所说的都是假行为事例。

假行为事例或非具体事例，这些事例流于含糊、主观、理论性或是空谈。有时候，我们会误把这些资料当真，并以此来选才。假行为事例可分为下列三类。

（1）含糊的叙述。候选人侃侃而谈，却没有具体说明实际行动。

（2）主观意见。候选人个人的信念、判断或观点。这些都是候选人对某件事的看法或感受，而非行动。所以这与含糊的叙述一样，对说明候选人的实际行动并无帮助。

（3）理论性或不切实际的叙述。一些候选人打算办但尚未办到的事情，不可被看作过往的行为事例。

面试官很容易混淆假行为事例与完整的行为事例，因为候选人引述这些事例时头头是道，如果面试官容许候选人夸夸其谈，将无法成功地在面试中获得有用的资料，有时面试官会因候选人给他留下良好印象而对这些资料做正面的解读。

在面试中，如果候选人讲述的是假行为事例，面试者应提出跟进问题，引导候选人回答具体的行为事例，由此判断行为事例的真伪。

不完整的行为事例。候选人在讲述行为事例时，往往只交代了部分资料，例如只谈论情况和所做出的行动，却没交代结果；或只叙述情况和结果，却粗略地讲述采取的行动。在这种情况下，面试者应提出跟进问题，让候选人补充更详尽的信息，以求获得完整的行为事例。

识别人才是一项看似简单，但实际上需要大量经验和理论支撑的工作，即便是拥有丰富招聘经验的人力资源管理从业者，也未必真正掌握正确的面试方法。在面试中，面试官仅通过一个小时左右的面试交流，就要将简历中的人具象化，这是一个挑战。现实中，许多面试官并不能充分地获取精准、有效的信息，并对以上信息做出判断，主要问题有两类。

（1）提问不精准。多体现在认知类问题、假设性问题和封闭式问题中。

其一，认知类问题。一般以"你怎么认为……""你觉得……"为主要提问方式，得到的回答多为候选人的主观看法，而并非实际行动和经历。一个人的认知无法替代其具体行为，说一套做一套的情况也多有发生。

其二，假设性问题。一般以"如果……""假设……"为主要提问方式，面试官希望通过模拟某个场景中存在的问题，让候选人给出解决方案，从而推断出候选人是否拥有解决问题的能力。但在面试中，候选人应该更多展现自身在具体的、实际工作中的能力，而并非通过过往经验（甚至并非本人经验）判断想象的情景。

其三，封闭式问题。一般指面试官对候选人的提问内容回答空间有限，面试官能够通过回答获取的信息也有限，例如，"你遇到困难时是直接上网找答案，还是咨询同事或者自己想办法解决呢？"这类问题对候选人的回答范围有一定的局限性，面试官能够获取的信息也就达不到预期。

（2）追问不深入。足够的信息是支撑面试官对候选人进行判断的基础，但是一些面试官在面试的过程中，往往浅尝辄止，对于问题的挖掘不够深，获取的有效信息也相对较少。因此，面试官只是在沟通中确定话题，打造获取信息的场景，然而追问才是获取有效信息的关键。

无论是行为事件面试法还是STAR面试要素，相信人力资源从业者都不陌生，但在面试的过程中，什么时候应该追问，应该追问什么内容，追问到什么程度，如何判断候选人的回答，则是每一个面试官都需要修炼的能力。

小结：通过建立企业的能力素质模型，我们得到了为企业找到"对的人"的清晰指引；而使用科学的面试方法，让我们"找对人"的成功率提高。

第三节　如何面对人才匮乏的持续挑战

然而，现实中的事情往往比较"骨感"。在人才市场供应处于持续匮乏的情况下，我们按照企业对人才需求的"精准画像"找不到足够的人才，找不到完全符合要求的人才。相信这个现象是大多数招聘经理正面临的"常态"。更有企业在开始发展新型业务时，发现所需的人才在市场上基本不存在，就像以前我们不知道什么叫"酒店试睡员""旅游体验师""宠物美容师""时尚买手"一样。最近还看到一个新兴职位是"UX Writer"，看到这个就懵了吧？这是国外刚刚兴起的一个交互设计细分领域中的职位，主要职责就是处理 App/ 网页等服务类产品当中的文案撰写问题，这类文案还有专门的名称"Microcopy"（微文案）。面对这样的挑战时怎么办？

作为一个 HR 的"老江湖"，笔者常常会接到 HR 圈子里的招聘经理、猎头朋友更有不少老板的电话。电话那头说：帮忙推介优秀的候选人。末尾还少不了附带一句：急！这不，早几天一个知名国内三方财富管理集团的招聘经理给我电话：

招聘经理：我们在华南区大力招聘财富管理人才，目标是银行里私人银行的理财经理，您在银行干了那么多年 HR，您给我们推介一下。

我：那除了银行的客户经理之外呢？

招聘经理：证券、信托的人可以看看，其他就免了吧。

我：嗯，明白了。

哈哈，这个场景，不少 HR 小伙伴都很熟悉吧？大家怎么看这个招聘经理呢？

如果一个业务的主管或公司的老板这样讲，我觉得很正常，他们对招聘不一定那么专业，也没想那么多，他们只想尽快把能干的人招回来；而作为一个招聘经理，这算不上优秀。作为一个猎头，他们想的是如何尽快把能吃的肉先吃上，哪里肉多、哪里容易下手就从哪里开始，这个是由市场和竞争的现实决定的，无可厚非。但是作为一个企业里的专业招聘经理，我只能讲：这样的招聘经理是懒惰的招聘经理，是平庸的招聘经理。为什么呢？不妨从实践中遇到过的不同场景来看企业的业务发展要求一个招聘经理所达到的层次。我们大致可以把人才市场的供给情况分为以下三种。

其一，**供给充分的市场情景。**需要寻找的职位在市场上已形成成熟供需关系，如财务、人事、大众消费品或工业材料的销售、银行理财经理、客服中心的客服人员等。简单地讲，这种职位早已存在，有充足的供给，这种职位的工作内容和性质大同小异，相似程度很高，可替代性也很强。

其二，**供给不足的市场情景。**分几种情况。第一种是由于新兴行业的出现而产生新的职位，整个行业处于起步的阶段，所以市场上出现人才供给不足的情况，如跨境电商对网上跨境业务人员的需求，三方理财公司对理财师的需求等。第二种是某一行业遇上发展的好时机，突然爆发式的扩张对人才的巨大需求引起市场供应不足的情况，如多年前保险公司的大发展对精算师和理赔专业人才的需求、地产行业的大发展对建筑师和项目管理人才的需求等。第三种是行业玩家（企业）很少，但职位需求又非常专业，如国内几家合资的航空发动机维修公司的市场营销人才，这样的人才不仅要弄明白发动机上的成千上万个零配件，还要懂英文、商务合同、市场开拓和大客户维护，想想都难！哪家有多余的人才？

其三，**供给缺失的市场情景。**因为一个新行业和新商业模式的出现而产生新职位的情况。如多年前保险行业引入电话保险销售这一模式产生了电话销售系列的职位，当时对国内保险公司来讲这是个完全陌生的事物，国内人才市场上自然是没有这样的人才储备和供应的。

现在让我们回到之前提到的那个三方财富管理集团招聘经理招聘理财师的故事上来。的确，在这种情况下，很多招聘经理和业务团队老大都会讲：你从银行找。但这个是地球人都知道的常识，不应该是一个专业的招聘经理的话，这其实是懒惰的表现。好的招聘经理一定明白，银行对私理财经理这个"富矿"早已为各大财富管理公司的招聘经理所"觊觎"，僧多粥少，大家都会去争夺，能招聘回来的数量多半满足不了业务需求。那怎么办呢？懒惰的招聘经理就会开始为不能及时找到人而准备诸多的说辞了，但专业的招聘经理一定不会止步于此！

专业的招聘经理会后退一步来分析隐藏在业绩好的理财师后面的行为和思维模式，正是这种行为和思维模式（能力）决定他们的业绩，而不仅是他们有银行客户资源（充分但不必要）。专业的招聘经理一定会记得他们受过的专业培训：冰山理论、素质模型和基于行为的能力评估方法。那业绩好的理财师隐藏的核心能力（素质）是什么呢？

首先，可以对理财师开展业务的几个主要行动（典型场景）进行拆分。

（1）寻找潜在客户；

（2）拜访准备；

（3）拜访客户建立关系；

（4）介绍产品和服务；

（5）跟进和成交。

接下来，我们可以用 HR 熟悉而又简单的 KSA（Knowledge，Skill，Attitude）和能力模型来分析完成上述关键行为需要什么样的知识、技巧、态度和能力。

（1）知识（Knowledge）：基本常识、金融产品知识、法律法规等。

（2）技巧（Skill）：沟通、表达、引导、说服、计算等。

（3）态度（Attitude）：渴望成功和获得认可，通过努力获得经济回报的欲望。

（4）能力（Competency）：寻找、开拓潜在客户所需要的能力——观察分析、人际关系处理、适应变化等；坚持努力、不怕挫折、不轻言放弃的性格（承受压力在逆境下工作的心理能力）；热情、精力充沛（身体的能力）；善于学习和总结的能力（归纳演绎、逻辑推理等抽象思维能力）。

附加的可选条件：有行业经验，有客户基础，最好从事过相关产品的销售。

这样一来，我们就基本弄清楚了要找的成功的理财师候选人是什么样子的。知识、技巧是可以通过面试观察到的，也是可以通过培训短期掌握的；

但是态度和能力不是那么容易通过面试可以观察到的，也不是通过培训短期可以掌握的。所以后者比前者更重要，这才是候选人不可或缺的东西。当然，从事过相关产品销售、有客户基础、有行业经验是成功的有利条件，但不是必要的东西，而是"蛋糕上的奶油"。所以我们得按优先次序排列一下招聘条件：

（1）态度和能力；

（2）技巧；

（3）知识；

（4）有客户基础；

（5）有行业经验，从事过相关产品的销售。

那么，在招聘的时候，面对不同的人才市场供应情况，我们得有不同的策略和行动。现实中的市场不总是处于供给充分的情景，因此你也不可能按图索骥找到完美和足量的人才，但是不能就此止步，业务发展的刚需要求招聘经理找出办法和付诸行动来补足这种差距（见表3-3）。

表3-3　不同市场情景下人才招聘策略		
情景	策略	行动措施
供给充分的市场	优中选优	挑选满足前述1~5项条件的候选人
供给不足的市场	聚焦核心能力	只要满足前述条件1及4~5项中任一项的候选人即可，2~3项通过培训来补足
供给缺失的市场	进一步聚焦核心能力	只要满足前述条件1即可。2~3项通过培训来补足，4~5项只能逐步积累，因为这是个新业务

这样讲起来比较抽象，让我们重新回到招聘理财师的案例中来。

在供给充分的市场情景中，自然不必多说了。

在供给不足的市场，我们是可以找到合格的候选人的，但是数量肯定是不能即时满足业务需求的。这时候，我们就要拓宽思路，聚焦这个岗位的核心能力要求，眼光不能局限于银行里的对私客户经理了。满足前述条件1及4~5项中任一项的候选人在哪里？除了银行和金融行业外，其他行业的销售和各种咨询顾问也具备和理财师一样的核心能力和技巧，只要这些人是有意愿寻找新工作机会的，那其他的可以通过培训和逐步积累来实现。

在实践中，即使是银行对私理财经理加入三方财富管理团队，也需要对其进行一系列的培训，因为这两个职位的技巧和能力不完全相同，这个转换过程需要 6~12 个月。传统的银行理财营业模式是被动地等客上门进而提供咨询服务，交叉销售多，主动出击少，属于守株待兔型，是"农场主"（Farmer）模式，符合银行一贯的保守风格。三方理财的理财师要出去找客户，主动去销售，是"猎户"（Hunter）模式，客户积累多才有交叉销售。

实际上在理财团队里，有不少业绩突出但没有金融行业从业背景的人。在与以上提及的这名招聘经理沟通的过程中，我们也了解到这一事实：在他服务的财富管理集团里这样的人比比皆是。其中一个突出的案例就是，A 君毕业后就在某招聘网站做销售（主要是开展拉招聘广告、人力外包等业务），业绩很好，因此拿到股权了，兑现股权后成功上岸（离职）。后来 A 君加入国内头部财富管理集团，前半年是在后台工作，接下来转成理财师做业务，一干就是 6 年，业绩在 1000 名理财经理里排名前 50。

而笔者了解的财富团队里也不少这样的人，其中有两个突出的例子。其一，B 君是从事营养调配的咨询师（接触不少高净值客户），业绩属于前 10%那种。其二，HR 同事转做理财师，他不但自己的业绩好，还在两年内发展了30 名理财师，所以自己就成了团队的领导者！所以说 HR 其实是一种销售工作，卖出的产品是公司的职位。

小结：在供给不足的市场，我们必须有所取舍，聚焦核心能力，找到合适的人将其快速打造成才。在理财师这个案例中，销售的能力和技巧、接触客户的能力再加上个人的意愿是成功的关键。

供给缺失的市场则对招聘经理提出了更大的挑战，但是不能因为挑战难度大就放弃业务。CEO 不会这么想，就是换一个招聘经理，他也不会放弃企业决定的业务战略！就是他放弃了，董事会还会请新的 CEO 来继续干。所以还是得想办法，办法就是回到 HR 的专业上来，还是聚焦新职位所要求的核心能力。以下是笔者亲历的一个案例。

案例：我们招聘那些通过培训能改变的人
（We hire who we can train）

2003年元旦后的第一个工作日，我到深圳加入了正在筹建中的某人寿保险公司。当时我们的整个筹备团队只有屈指可数的5个人，待在招行总行大厦的一个临时办公室里办公。那时有一个笑话至今让人记忆犹新：第一个月月底到了要发工资，大家才发现公司都还没来得及办理工商注册，因而也就没有公司账户发工资！

来了才知道，这个保险公司要在国内开展电话保险销售这一新的营销模式。对当时的国内保险行业来讲，这是个完全陌生的事物，国内人才市场上自然是找不到这样的人才的。深圳是平安保险总部所在，国内外大大小小的保险公司彼时纷纷进驻。同行了解到我们准备开展电话保险销售时，纷纷摇头说："和客户都不见面，怎么可能把保险产品卖出去？"我们都不知道怎么回答，就是说了，保险业的同行也不信啊。正应了我当时刚从老外那儿学到的一句俏皮话：Don't play new tricks before the old dog！直译的意思是别在老狗面前玩新花招。意译就类似于我们讲的：不要在关公面前耍大刀。怎么办呢？

首先要确定电话销售人员的核心能力。

到海外参观合资方股东的电话销售中心，看人家是怎么干的；和当地公司的招聘经理沟通讨论他们的电话营销员的核心能力（基本素质）是什么样的；面对面访谈一批他们的优秀营销员，看看他们实时在线上的表现，听听他们的电话销售录音，查看他们的员工档案。

回来后，结合公司的业务战略和核心价值观的要求，我们提出了以下几点核心能力（当然之后有不断优化）。

—— 热情、精力充沛、年轻；
—— 愿意学习，渴望成功；

—　清晰的表达能力；

—　能承受和应对压力；

—　流利的国语或粤语，好嗓音；

—　职业教育或以上资历。

简单吧？和保险行业及产品没有任何关系。但是必须制定好详尽和强大的培训方案来支持，因为在电话里和潜在客户讲清楚保险产品并不容易。电话销售的技巧、话术以及发声技巧都得一一培训。一个新人需要 2~3 个月的培训和不断的模拟练习才能上线迈开自己的电话销售职业发展的第一步。

事实证明我们的招聘和培训尝试是成功的。接下来我们也成功地复制了这种模式，进行批量化的招聘和培训。三年后，也就是2005 年，这家人寿保险公司获得了由《财富》杂志和华信惠悦联合评选的"卓越雇主奖"。这个模式也为行业的新进入者所采用。当然，后来者有个优势：他们可以在市场上挖我们的电话销售人员了。这就变成了我们当时的烦恼。

通过这个案例，大家应该明白优秀的招聘经理和懒惰平庸的招聘经理的区别在哪里了吧？优秀的招聘经理懂得坚持不懈地应用专业的理论和技巧来应对实践中遇到的挑战，懂得在不同市场环境下有所取舍、灵活应对，而不是按图索骥、僵化被动。优秀的招聘经理懂得利用团队力量，而不是单兵作战，如前文所提到的，与培训发展部门联手，将具备目标职位核心能力（基本素质）的候选人迅速培养成能胜任该职位的人。

除了招聘经理知道求助于培训的力量之外，这个案例再一次告诉我们建立企业能力素质模型和了解候选人"藏在水面下"的那些能力和性格特征的重要性，同时强大的招聘和培训能力是一个组织（企业）不可或缺的能力，对外的表现就是该组织的核心竞争能力。如保险行业的友邦通过强大的招聘和培训能力打造自己的业务代理人团队，餐饮行业的麦当劳通过强大的招聘和培训能力把一个连锁店成功复制到世界各地，这样的案例比比皆是。

第四节　培训和人才发展

在现代人力资源管理实践中，人力资源管理的功能也在细分和发展。传统意义上的培训现在被细分为两个不同的领域：学习发展（Learning Development）与人才发展（Talent Development）。学习发展基本上继承了传统意义上的"培训"，不过是用了一个新名词（所以以下我们还是称之为培训），它偏重于员工技能、能力水平的提升，核心目标是根据组织需要提升员工的层次。培训的主要工作通常包括课程开发、讲师培养、培训实施、培训评估与考核，以及对应的资源运营管理和制度体系搭建，从而形成较为完善的课程体系、讲师体系、效果评估体系和培训管理体系。

人才发展偏重于人才获取、人才开发、人才职业生涯发展，核心功能和目标是为组织打造完善的优秀人才供应链。人才发展的主要工作通常包括建设职业发展通道、胜任力模型、任职资格体系，开展人才盘点、人才梯队建设、继任者计划等活动。

培训可以被看成人才发展的基础，人才发展是培训的进阶和扩展，它们之间的关系和各自的构成如图 3-8 所示。

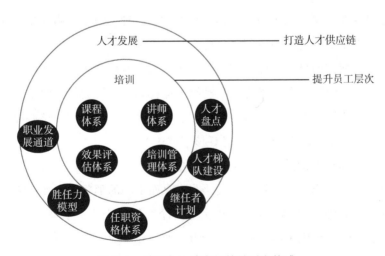

图 3-8　培训与人才发展的关系和构成

一 培训和人才发展的重要性和意义

（一）培训和人才发展的重要性

人类社会进入 21 世纪，全球经济的知识密集化、信息网络化和全球一体化的特征越来越明显，作为市场微观主体的企业面临越来越激烈而无情的市场竞争，如何在这种激烈的竞争较量中"适者生存"并长期持续发展，是每个企业的管理层时时刻刻梦萦魂牵的首要问题。新时期的市场竞争，归根到底是人才的竞争；是如何开发并有效调动人力资源的潜能，以适应快速变化的社会环境、经济环境、组织环境和技术环境，并能动性地为企业创造效益的竞争，人才竞争已成为企业之间的核心竞争内容。任何企业的创新、变革和发展，都源于企业员工的不断学习和进步，员工的能力将最终决定企业的竞争优势。"有效的培训和发展项目增加了个人成为成功的战略领导者的可能性，随着知识成为获取和保持竞争优势不可或缺的一部分，这些项目还将促进公司的成功。"[①]

伴随着企业的高速发展和大规模扩张，很多公司遭遇人才匮乏的尴尬，人才培养不仅是人力资源管理的第一要务，也是企业的头等大事。任何一家企业都想在激烈的竞争环境当中脱颖而出，获得更大的市场份额。要实现这一目标，就必须建立起可靠持续的人才供应链为企业各条线输送足够数量和质量的人才，没有一个完整且运行良好的企业培训体系是做不到这一点的。

从外部引进一些有经验的人才，虽然可以解燃眉之急，但是外部市场人才毕竟供应有限而且竞争激烈，单靠这一途径远远不能满足企业的人才需求。即便不计较引进人才的较高成本，外来"空降兵"与原有团队及企业文化的融合也是个问题。另外，过度依赖外部"输血"也会给企业带来一些挑战与影响，如影响内部员工士气。更重要的是只依赖"输血"而自身"造血"功能不健全的企业是没办法跟上 VUCA 背景下企业发展节奏的。要在今天的商战中获胜并为明天的成功奠定基础，企业必须建立有效的人才培养机制，重视人才培养的文化，以"造血"为主、"输血"为辅，这样才能支持企业的高

---

① ［美］迈克尔·A.希特等：《战略管理：概念与案例》，刘刚等译，中国人民大学出版社，2012，第 311 页。

速发展或适应战略转型。

（二）培训和人才发展的意义

培训和人才发展都是为了解决组织中"人"的问题，为组织提供能力更强、更匹配组织需求的人才。在科学技术飞速发展、人才自我实现意识不断增强的VUCA时代，培训和人才发展对于组织的意义主要表现在以下几个方面。

1. 提高员工的能力

在VUCA环境下，组织对员工的要求和期望呈现高标准、高复合性的特点。培训可以帮助员工提高工作技能和能力、更新知识、转变心态、革新理念，为组织提供更高素质的人才，增强员工对企业决策的理解和执行能力，使员工掌握组织的管理理念和先进的管理方法，使其更好地胜任现在和未来的工作任务。

2. 建立持续可靠的人才供应链，提高组织的竞争力

组织之间的竞争不局限于自然资源、生产工具等物质方面，人力资源作为一切资源中最主要的资源，天然就是组织竞争的重要因素。培训和人才发展一方面对人进行培养和开发，可以快速提高员工素质，加快其知识和技术积累；另一方面对人进行识别、甄选和评价，把合适的人放到合适的位置，把优秀的人放到更好的位置。这样其实就是为企业建立起了持续可靠的人才供应链，一方面为组织"造血"，另一方面为组织输入"新鲜血液"。组织将以最快的速度持续获得合适的人才供应，并实现人岗匹配，使组织得以高效和稳定的运转，从而获得竞争优势。

3. 培育良好的企业文化

企业文化培训是培训的重要组成部分，通过企业文化培训，企业可以向员工灌输企业价值观，树立良好的行为规范，增强企业凝聚力，能够让员工自觉地遵守各种规章制度，从而形成良好、融洽的工作氛围，增强工作满意度和成就感。

4. 培训和人才发展是员工激励的重要措施

在自我实现意识不断增强的当下，获得良好的培训，提升自身能力和素质，得到合理的职业发展是员工的内在需求。当组织建立了一个能够充分激发员工活力的培训和人才发展机制，让员工看到组织对他们发展的期待的时

候，会对员工起到持续的激励作用，这是一种正向的激励和期望管理工具。对于许多年轻的员工来说，他们希望通过企业提供的平台和相关机制，在企业得到发展的同时，自己也得到发展，从而实现自身的价值，这样员工才会对企业产生归属感。

二 培训开发体系的构成

随着组织管理水平的提升，对培训的要求不再是简单地搞几场培训，而是需要有计划、有方法、有目标地进行顶层设计、资源整合和有效实施战略，这就需要构建培训体系。

通常一个完整的培训体系可以被理解为一个平台、三个层面、五大模块。具体而言，一个平台就是指培训需要有一个具体的责任部门，通常在组织中由人力资源部或者专门的培训中心（企业商学院）负责；三个层面指的是培训所涉及的制度层面、资源层面、运营层面（见图3-9）；五大模块一般包括课程体系、讲师体系、制度体系、效果评估体系和培训管理体系。

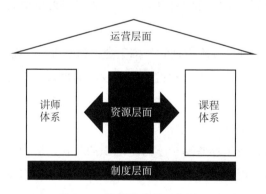

图3-9 培训体系的三个层面

制度层面是组织对人才培训的政策规则或者具有导向性的思路策略，通常包括培训策略、培训管理制度等。资源层面是对企业内部可调配的培训资源进行管理，包括经费、师资、课程、硬件设施等。运营层面是指保证培训有效有序开展，是对培训策划的实际贯彻以及对培训资源的合理应用。

培训体系五大模块之间是一个动态平衡的关系。课程、讲师、效果评估是培训最核心的三个要素，没有好的课程就无法达到培训目标，没有好的讲师就无法正确传递培训内容，没有评估就无法检验培训效果。培训管理体系则是课程、讲师、效果评估三要素的黏合剂和润滑剂。课程和讲师的优化，激发学员的培训意愿，开发和管理培训供应商，培训课程的标准化和规范化，这些都是培训管理体系要考虑的内容，可通过制定相关制度加以落实。

三 培训开发体系的搭建

如何建立一个较为完善的培训体系？要回答这个问题，首先要清楚培训的几个重要属性。

第一，培训不是公益活动，培训是为了支撑组织发展战略而开展的培养训练活动，培训是有明确目的的。培训可以做到大而全，覆盖全体员工，也可以做到小而精，针对关键人才，具体情况需要根据组织的实际情况确定。

第二，培训是需要资源的，"零投入"做好培训是不现实的。培训是一种资源投入（是投资不是成本），需求调研、培训计划制订、课程开发、讲师培养、运营实施各个环节都需要投入一定的人力、物力和财力。培训需要做好资源的整合和计划，确保资源合理利用，并得到良好的监督，对资源投入的结果要进行评估。

许多企业在对硬件设施投资时一掷千金，毫不吝啬，而忽略对人的投入，视培训为成本和负担。其实，对员工培训发展的投入，不应该仅仅被视作成本，而应该被视作企业最有价值的可增值投资。据美国教育机构统计，企业每投入1美元用于培训，便可有3美元的产出。美国《财富》杂志指出：未来最成功的公司，将是那些基于学习型组织的公司。培训不仅可以提升员工的个人素质和技能而使员工受益，而且可以提高员工的自觉性、积极性、能动性、创造性和企业归属感，从而提高企业产出效益和组织凝聚力，并为企业的长期战略发展培养后备力量，使企业长期持续受益。员工培训已渗透到现代企业运营的方方面面，成为企业解决实际和潜在问题、提升竞争能力、扩大市场份额、制定发展战略的核心工具之一，如员工入职时，需要培训；员工绩效考评结果未达标时，需要培训；员工轮岗晋级时，需要培训；新技术、新工艺应用时，需要培训；新的管理制度、工作模式和系统出现时，需要培训；新工作岗位出现时，需要培训；出现高成本、高故障时，需要培训；研究开发技术落后时，需要培训；市场推广不利时，需要培训；顾客频繁投诉时，需要培训……

第三，培训是需要标准化、规范化运营的。从培训主管部门的角度看，要确保培训目标和培训效果的达成，必须要有一套完整的方法来组织实施。同时，为了激发学员参训的积极性，培训还需要与人力资源管理等其他模块相衔接，例如将培训考核结果应用于员工的绩效考核、职业晋升、奖金发放等。这些都需要通过一系列的制度来予以固化。

培训体系建设是一项复杂的系统性工程，不可能一蹴而就，必须有清晰的指导思想和工作计划，分步实施。从制度层面入手，建立标准，整合各项师资、课程、人财物资源，才能让培训运营有依据、有管理的对象。但在实践中，在培训和发展这个问题上，大多数的企业还是处于"头疼医头、脚疼医脚"、临时抱佛脚、缺啥补啥的状态。也有不少是跟风、赶时髦，到标杆企业参观回来后，一时心血来潮，脑袋一拍、大笔一挥就要轰轰烈烈地开始建企业培训学院或大学，结果几年过去，只有个空架子在那儿，再也不提培训学院或大学的事了。这就是培训没有与企业发展战略需要联系起来的典型例子，既缺少系统性，又没有持续性。

（一）制度层面

培训体系建设的第一步，通常是建制度，通过制度明确培训的策略和指导思想，圈定培训对象和资源投入，规范培训组织实施标准和要求。

培训的制度体系通常涉及以下制度内容：培训管理制度、培训经费管理制度、内训师管理制度、课程开发管理制度、培训考核评价制度、培训奖惩制度、培训协议管理办法、培训档案管理制度、新员工入职培训制度等。

培训制度为培训活动提供制度性的框架和依据，促使培训沿着标准化、规范化的轨迹运行。体系内的各项制度不一定各自独立成文，可以根据实际情况融合在若干个主制度里，只要制度体系里含有相关内容、起到预期作用即可。制度体系建设是一个逐渐完善的过程，根据组织的情况，先建立最急迫的制度，其他细化的制度随着培训推进的深入而自然形成，不可为了建立制度而建立制度。

（二）资源层面

资源层面主要涉及培训经费、课程、师资、场地设施、资料库、E-learning 平台及资料库等。

1. 培训经费

培训经费是培训质量的重要保障，组织对于培训经费的投入体现了其对培训的重视程度。有了较为充裕的培训经费，在培训体系建设和培训实施过程中可以更多地引进先进的外部经验和师资课程，培训的质量和效果也会相应提升。

2. 课程

课程是培训的灵魂。课程既可以来源于外部培训机构和讲师，也可以由组织内部开发。不论课程来源于外部还是内部，其始终必须满足组织战略要求和岗位任职资格要求。

组织战略要求指的是从组织整体的利益和发展方向出发，对全体或某一群体员工提出的知识、技能、理念提升要求，这就要求培训责任部门要有针对性地引进和开发课程，例如组织战略要求实施全员营销，则培训需开设营销基础知识和常用技能课程。

岗位任职资格要求一般包括知识、技能和能力三个方面。知识和技能方面的内容主要解决各岗位需要完成哪些工作（任务），需要哪些专业技能和知识，以及与此相对应的培训需求。这部分内容可以通过知识和技能要求的演绎，形成员工上岗所必须掌握的专业技术课程。从专业条线看，本专业的岗位由于责任大小形成了职级差异，并串联成了岗位序列。这一序列的岗位所对应的培训课程就形成了本专业的专业技术课程学习地图。这一类课程通常是胜任岗位的必备条件，在岗位晋升前需要完成学习并考核通过。企业文化导入课程的开发比较简单，这里主要讲讲各业务部门的专业技术课程的设计和开发（见图3-10）。

能力方面的课程设计则需要借助能力素质模型，每个岗位对能力的要求是不同的，每个层级对能力的要求也是不同的。能力素质模型的构建要根据组织情况，既可以按照横向的岗位层级构建，也可以按照纵向条线构建，还可以按岗位逐个构建。出于模型构建成本考量，一般情况下，会采取横向的岗位层级构建，对于有特别要求的特殊岗位，在通用能力素质模型的基础上进行有针对性的调整和优化。一般通用能力素质模型的构建会区分普通员工和管理者，其中管理者进一步细分为基础管理者、中层管理者和高层管理者。某些组织会根据自身情况对高层管理者进一步细分为运营高层和战略高层。

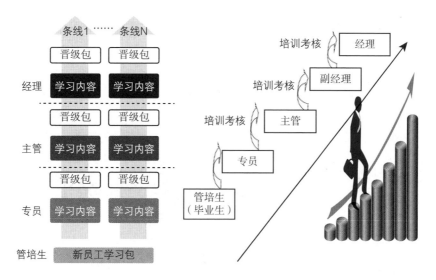

图 3-10 岗位任职资格培训和职业发展通道示意

在完成能力素质模型构建后，针对每个层级对能力要求的不同，结合行为指标释义，就可以确定每一层级的能力培训课程。这部分的课程通常会被应用于领导力培训和人才梯队建设。能力培训课程的开发同样要结合组织的实际情况，分重点、有先后地开展。在内部没有开发能力的情况下，可以走"引进—吸收—再创新"的道路。

前文提到的 F 集团，为了满足业务对人才的需求，建立了企业能力素质模型（见图 3-11），在企业能力素质模型的指引下，结合企业特性，设计了一系列能力培训课程。同时，结合能力素质的关键跨越和集团课程开发资源，对能力培训课程采取了外部引进与内部开发相结合、分步走的策略。

构面	维度	L1	L2	L3	L4	L5
愿担当	担责任	中国共产党党史、时政解读与政策分析、党纪党规解读及警示教育、预防职务犯罪			承担管理责任	公司发展历程与企业文化
	求上进					
	快适应				管理者角色转换	
会思考	明方向	战略规划与实施	系统化思考	时间管理	授权与监控	问题分析与解决
	懂经营	商业经营与创新	行业趋势与观察			公司主营业务
能战斗	保执行	多元化集团管控	优化工作流程	计划与目标管理	工作分析与过程控制	工作效率
	秉专业	推动变革				
促人际	凝团队	构建人才梯队	构建高效团队	有效激励他人	辅导员工进步	团队合作
	增协同	卓越领导力	跨部门沟通与协作	发挥影响力	高效职场沟通技巧	工作汇报技巧
	拓关系					

图 3-11　F集团企业能力素质模型

3. 师资队伍

培训讲师是最稀缺的核心培训资源。讲师资源一般分为两种：内部讲师和外部讲师。内部讲师通常指组织内的专职培训人员，以及内部选拔出来的由骨干员工、中高层领导所组成的具有教学能力和教学条件的兼职讲师。内部讲师的选拔一般会经过发布资格条件、员工申请或组织推荐、试讲、讲师培训、资格认证等流程。外部讲师一般是咨询公司专业讲师、本专业专家学者、高校教师或者行业标杆公司的兼职讲师。

组织在构建能力素质模型时，可以为内部讲师这一特殊群体单独构建一个模型，应用选拔工具完成内部讲师的选拔。如某公司为内部讲师制定了由"愿意分享、进取心、感染力、应变能力、把握需求、逻辑思维"六项能力组成的内部讲师能力素质模型，作为内部讲师培养和考核的参考基准（见表3-4）。

维度	行为表现
愿意分享	有表现欲，喜欢在众人面前演讲
	乐于主动告知他人自己掌握的新资讯、新知识、新技能
	乐于主动分享自己总结提炼的经验或心得
进取心	讲义完整，基本结构清晰，讲解内容饱满流畅
	讲义准备充分，针对性强，工具完备，案例充分恰当 主动听取意见，不断评估自己的授课情况，并做出调整
	知识和案例丰富、新鲜、总结精炼 案例、视频、故事安排充分得当，追求完美
感染力	仪容仪表得体（服装、头发、配饰等没有不妥之处） 站在讲台上情绪饱满，能吸引学员注意
	肢体语言运用合理；授课清晰流畅，易于理解 能影响学员的思路和掌控现场气氛（或娓娓道来，或情绪激昂，特点突出，引人注目）
	现场能感受到其独特的人格魅力（例如亲和、威严、幽默等） 可以轻松地带动现场气氛，能有效影响学员的情绪和思路，并产生强烈的吸引力
应变能力	培训准备能够应对变化，调整培训内容 在培训过程中，对学员的提问、要求能够应对得当
	很好地掌握授课内容，并能随时根据新要求做出重点调整 能很好地应对培训现场突发事件，有能力结合现场重新组织授课语言
	临场应变能力较强，能够灵活地根据不同的受众人群及时调整培训方式与方法 对新信息的掌握与反应非常迅速，并能及时结合实际调整授课方案
把握需求	课程内容结合公司情况
	有能力针对公司经营需要开发培训课件，培训内容与公司需要结合度较高
	善于进行需求调研，能够很好地把握公司战略，开发相关课件 培训课件体现思路、方法，能很好推动需求点问题的解决
逻辑思维	课件内容逻辑清晰
	能够对培训需求进行逻辑分析，针对需求点梳理讲义逻辑
	无论讲义还是现场语言都体现流畅的逻辑性 培训方法运用得当，可成功地将课程的逻辑思路展现，并使之易于接受，取得良好效果

表3-4　内部讲师能力素质模型

如果组织还不具备为内部讲师单独构建能力素质模型的条件，至少应该为内部讲师的选拔设置一定的资格条件，选拔那些文化水平较高、具备丰富工作经验、在组织内有一定资历、有意愿和精力投入、乐于分享的岗位层级较高的人员，以保证讲师在经过企业内部讲师培训（TTT）后具备应有的教学能力。如某集团对内部讲师选拔的资格条件设置如下：

— 大学本科以上学历，在公司工作半年以上；

— 在管理、业务、专业知识等方面具备丰富经验；

— 具有较强的语言表达能力和感染力；

— 有意愿和精力投入培训工作中，乐于分享；

— 优先从 1~5 类管理干部中选拔内部讲师，集团经营班子定为荣誉讲师，其他定为讲师。

讲师选拔认证后，培训主管部门应建立讲师库，对讲师进行管理，并根据讲师的特点和专长匹配对应课程。讲师除了承担一定的授课任务外，还应当承担课程开发的职责。组织可以根据讲师的授课和课程开发情况给予相应的补贴。

讲师作为最稀缺的培训资源，培训主管部门应当做好对其的日常管理和培养。既要做好对讲师授课和课程开发的激励与辅导，还应搭建讲师交流学习平台，形成讲师的"比学赶帮超"氛围，为讲师组织授课技术和课程开发培训课程，提升讲师队伍的整体能力。

对讲师的激励不仅仅是物质方面的，更多的是要运用精神奖励和荣誉激励。每年教师节前后，该集团会开展教师节活动，组织讲师进行交流学习，并根据讲师的授课情况和课程评估情况，评选优秀讲师。

在企业讲师队伍建设方面，我们的经验和有意义的总结如下。

首先，要实施"管理者就是培训者"活动，把公司现有的管理者培养、吸纳到讲师队伍中来。公司领导和管理团队要带头，以身作则投入时间和精力，担任内部讲师讲课，把管理理论和公司的实际情况相结合，把自己和企业的成功经验和失败教训变成可传授的东西与员工们分享。如联想的"搭班子，定战略，带队伍"；原万科总裁郁亮和副总裁解冻都是企业内部的"五星级"讲师；格兰仕创始人梁庆德走遍全国，在实际工作中手把手地指点下一代同行。笔者所服务过的招商信诺保险公司的 CEO 是外籍人士，每当新员工培训开始时，他都要来讲公司的战略、文化和核心价值观，五年多几乎没有间断。

其次，把业务能力优秀、认同公司文化和价值观，又有意愿多方面拓展自己才能的人纳入兼职讲师团队，把他们培养成企业内部兼职讲师或课程开发师。这些员工可能是自己岗位上的服务明星、业务精英、技术专家，很多还是各部门或业务团队的"意见领袖"，他们对公司内部的运作情况有着较深入和准确的把握，可以根据企业实际情况进行"量体裁衣"式的培训，更容易帮助受训者提出针对性强的解决问题意见和方案。通过他们，企业不仅可以将自己的最佳实践在公司内迅速分享，还能带动企业文化的传承。

最后，公司的专职讲师要发挥"孵化器"的作用，要组织 TTT 培训把服务明星、业务精英、技术专家等发展成为合格的讲师，促使其或走上讲台，或开发课程。考试合格者（包括试讲）由培训部确认其资格，颁发助理讲师聘任书，以后根据讲师晋升条件将其晋级为讲师、高级讲师和资深讲师等。

4. 场地设施

培训活动的实施需要相对固定的场地，为开展培训辟出一个相对独立、不被打扰的空间，保证培训活动不被一般事务影响和干扰，以保障培训效果。某些大型企业会设置独立的企业大学或培训中心，其在办公楼和厂区内拥有独立办公层或办公楼，这就较好地保障了培训的场地需求。如果企业还处于起步阶段，在培训资源还不够的情况下，可以找一个灵活布置的会议室，配上相应的设施，满足基本的培训需求。

5. E-learning 平台及资料库

根据培训"721"法则（即 70% 的问题用服务手段解决、20% 的问题用管理手段解决、10% 的问题用执法手段解决），在信息化高速发展的当下，培训不再局限于集中授课，知识、技能的学习提升更多地会利用碎片化的时间完成，这就需要培训部门搭建一个良好的 E-learning 平台及资料库。通过 E-learning 平台及资料库可以实现课程线上化，打破授课的空间限制，还可以通过各种监控技术，监督和记录学习情况。一个好的 E-learning 平台及资料库应当具备以下几个特征：课程丰富且符合需求，对培训过程有监控，能在线进行效果评估，能自动记录和生成培训档案，允许分享和上传优秀课程。

一般来讲，由于 E-learning 平台及资料库的搭建会涉及很多的信息专业技术，非 IT 类企业搭建 E-learning 平台及资料库通常会寻求外部专业机构的帮助。市场上的 E-learning 平台及资料库基本已做到可以根据企业的发展阶段和需求进行模块化定制，用搭积木的方式完成平台搭建。

（三）运营层面

运营层面主要是基于培训制度体系，整合各项资源，落实组织的培训任务。运营层面大致分为以下几个部分（见图 3-12）。

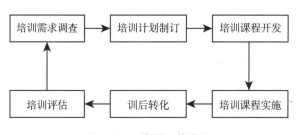

图 3-12　培训运营流程

1. 培训需求调查

评估完成企业战略目标和未来发展所需要的员工能力和目前员工的能力之间的差距。找到这个差距，我们才有可能制定出相应的培训方案，否则培训方案和计划就是脱离实际业务发展的无根之木。通过企业人才盘点可以找出组织总体上在人才数量和质量上的缺口，然后根据各岗位职位说明书的要求了解各职位所要求的培训，这样企业对培训的需求就清晰了。但是，不要忘了组织的需求要与员工个人发展的需求相结合，所以我们要对绩效评估系统反馈的成果加以运用（其中包括员工个人发展计划）。将员工的需求与公司的需求匹配，这样才能形成一个完整的培训需求方案。

2. 培训计划制订

在明确了培训需求以后，就可以制订培训计划了。培训计划主要包括培训的课程体系、实施培训的路线图（包括培训对象、实施日期、所需时间、培训方法以及培训预算等）。在公司层面上，培训的课程体系一般可分四个大类：企业文化的导入、各业务部门的专业知识和技能、管理技能和领导力发展。以笔者为某企业制定的培训课程体系框架（见图 3-13）和培训课程实施路径规划（见图 3-14）为例。

图 3-13　培训课程体系框架

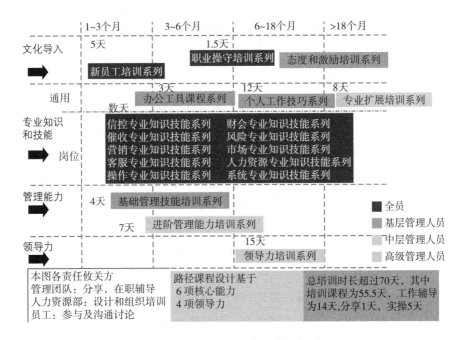

图 3-14　培训课程实施路径规划

3. 培训课程开发

培训课程开发由培训主管部门牵头，既要关注骨干员工和核心人员，也要照顾到广大普通员工的培训和发展需求（企业文化的导入、专业知识和技能）。根据培训发展计划，编制课程开发工作计划，明确课程名称、培训对象、培训目标、课程主要内容、开发周期，指定课程开发责任人。一套标准化的课程应当包含课件、讲师手册、学员手册、案例集、考试题等全套资料，并且每一门课能配备2名以上讲师，基本实现"换人不换课"。

企业文化导入课程的开发比较简单，这里主要讲讲各业务部门的专业技术课程的设计和开发。专业技术课程的设计和开发要保证每个员工在不同的岗位上都能接受相应的训练。这就要求在设计课程体系时，需要从横向和纵向两个方向去考虑。横向要考虑新员工由初级、中级到高级及由个人贡献者到团队贡献者（团队管理者）的提高和发展。事实上这也指明了员工职业发展的路径和方向。纵向则说明各岗位需要完成哪些工作（任务），需要哪些专业技能和知识，以及与此相对应的培训需求。

我们必须让员工在加入公司时就明白自己目前处在公司哪个岗位，这个岗位需要干什么和需要接受什么样的培训，未来的职业发展是怎么样的，要往上一步发展需要做什么，有什么样的培训发展计划能帮助员工实现自己的职业生涯发展。这是培养员工归属感、引导员工将个人目标的实现与公司目标的实现相结合的有效途径。

除了基本的技能与技巧培训外，还要把企业文化导入的课程合并进来一起考虑，注重员工思想观念的调整和心态的改进，通过培训来创建具有卓越凝聚力与执行力的团队以及塑造合适的企业文化。

专业技术课程的设计和开发是培训发展部门要推动和主导的一项非常重要的、长期的和繁杂的工作。但这不只是培训发展部门的事，而是要发动所有部门和业务单元一起来完成。比如专业技术课程的开发，就要在业务部门的协助下，找到熟悉业务的行家里手来一起开发。大多数业务专家并不一定擅长将自己所掌握的知识、技能和"诀窍"用书面甚至口头的方式表达出来，但是专业的课程开发人员可以帮助他们：通过访谈，一起回顾分析岗位的关键任务及内容、每个任务的关键场景、每个场景下的行为和动作以及每个行为和动作后面的思维方式等，把某个岗位或某个业务流程的"最佳实践"萃取出来，形成书面的甚至是视频化的岗位操作或业务流程"宝典"来培训新员工。这一开发过程可用一个流程来总结："课程定位—经验萃取—课程设计—内容开发—评估完善"。培训主管部门应当组织课程试讲试听，对课程进行评估认证后将其纳入课程库。

课程开发不仅耗时耗力，也是一个持续迭代的过程，需要随着外部环境的变化、学员需求的转变、工作要求的调整而做出相应的调整和优化。在笔者曾经工作过的一家全国性的股份制银行，人力资源部团队和各业务部门经过长达两年多的愉快又艰辛的合作，为十多个部门开发了 46 个涉及业务知识、系统培训、管理技能提升等的课程体系模块。这些模块配以讲师手册、学员手册、演示文稿、活动挂图、业务仿真模拟、案例录音库等形成体系化的培训课程。可以说这个项目为公司的专业技术类培训奠定了基础。笔者在离开这家公司时和人力资源部的经理们说："希望你们以后要定期检视并升级这套专业技术课程体系，不要在我十年后回来看你们时，公司还在继续用它。现在可以和你们打个赌，十年后，十之八九你们还是躺在现在这套体系上睡觉。"在离开这家公司八年后的一次与老同事们聚会的交流中得知，笔者赢得这个赌注是大概率事件。分享这个插曲，并不是要笑话他们，而是想让大家明白：专业技术课程的开发是一项多么耗时耗力的艰苦"工程"，愿意做和能坚持直到完成的公司不多。这样的项目，除了参与项目的人之外，公司高层的支持、部门经理的配合、课程开发小组的努力、专家的贡献一个都不能少！更重要的是坚持，坚持，再坚持。

课程开发有一个重要前提，就是要有具备课程开发能力的讲师。如果组织内部不具备这样的条件，可以考虑委托外部专业机构来开发课程。

为了更好地激发组织内部的课程开发热情和活力，可以设置课程开发补助，根据课程开发成果质量和该课程培训实施效果，评选"优秀开发课程"，对其开发人员给予一定的奖励。

4. 培训课程实施

一花独放不是春，百花齐放春满园。一门课程就像一朵花，一个花圃不可能只种一朵花。花圃既要百花齐放，还要根据主题对花朵进行组合。课程也是一样，想要取得好的培训效果，不仅要把每一门课程开发好，还要根据人才培养主题对课程进行统筹考虑、项目化运作。

根据人才培养的需要，培训主管部门应当对培训项目进行精心设计，从课程库中选取相应的课程，以项目的方式运作培训。比如，营销精英班的授课重点要放在获客渠道、营销策略、话术技巧、商务礼仪等方面；战略高管训练营的授课重点要放在战略制定与解码、创新经营、行业发展趋势等方面。一个好的培训项目，不仅包括课程的教学，还应当考虑在岗学习、轮岗锻炼等实践层面的统筹。

5. 训后转化

某一个体或部分群体接受了培训只是一个开始，训后转化才是培训所期望达到的效果。训后转化一般可以通过组织分享会、合理化建议、工作改善小组等方式来实现。

— 分享会：培训结束后组织学员进行讨论，或者组织学员与未参加培训的人员进行讨论，分享各自的心得、体会，进一步巩固和延伸成果。

— 合理化建议：根据培训所学，结合公司或部门现状，提出解决问题的实际措施，以合理化建议方案的形式呈现。

— 工作改善小组：针对具体问题，组成专项研讨小组，最后以现状得到改善、问题得到解决为目标。

越来越多的企业愈发重视训后转化，不再局限于谁参加了培训，参加了什么培训，而是参加了这个培训之后取得了什么效果，可以为企业输出哪些更新的商业计划，为组织解决了哪些重点问题。随着这一理念的深入，企业大学不再是培训的终极形式，有些企业选择成立学习与创新中心，为企业发展提供人才和创新技术的双重保障。一些企业对培训的定位已经从开发人的潜力发展到了打造"产、学、研、用"一体化的"人才培养＋科技研发"的开放式创新平台。

6. 培训评估

培训课程结束之后，一般会对培训管理质量、学员参与程度、培训效果等进行评估，这是为了改进培训管理质量、建立培训教材档案、进行培训需求鉴定等。

培训评估一般分为四个层次（见表3-5）：反应评估（授课满意度）、学习评估（授课吸收程度）、行为评估（实际应用程度）、结果评估（对个人与组织的业绩影响）。

— 反应评估（授课满意度）一般可以通过评分表完成，由学员对讲师和课程进行评价，以便讲师改善自己的教学，优化课程内容。
— 学习评估（授课吸收程度）一般可以通过考试测验、成果展示等方式进行评价，主要考核学员对课程内容的吸收情况。
— 行为评估（实际应用程度）一般可以通过观察学员的行为是否改变完成。
— 结果评估（对个人与组织的绩效影响）则需要在课堂之外借助专业的工具和机构完成。

表 3-5　培训评估层次

层次	评估内容	评估方法	评估时间	评估主体
反应评估	员工对培训课程、讲师等的满意度	问卷调查、访谈、座谈	课程结束	培训部门/培训组织者
学习评估	学员对培训内容的掌握/从培训项目中学到了什么	提问、笔试、口试、心得体会……	课程结束、课程进行	直接主管
行为评估	通过培训，学员的行为是否发生了变化	问卷调查、观察、绩效评估、360度评估	三个月或半年后	直接主管
结果评估	培训对公司业绩的影响/行为的变化是否对组织产生了积极的影响	事故率、品质、生产率、流失率、士气、成本、收益	半年或一年后	企业

案例：广发信用卡客服中心课程开发

背景介绍

在银行信用卡行业，好的客户服务更能彰显企业的竞争力。秉承"给您更多，为您看更远"的服务宗旨，广发信用卡客服中心在客服人员职业发展上也同样具有长远眼光——公司为给客户服务人员提供一条清晰的成长路径，专门搭建了客服培训发展体系（员工们形象地称之为"客服发展树"），培养优秀的服务人员和管理人员。走进广发信用卡客服中心，最引人注目的就是这样一张宣传海报（见图1）。对于每个客服员工来说，自己就是树上的一条枝桠，在这个体系中慢慢成长，寻找自己的最佳发展空间。

图1 "客服发展树"培育体系

中心分项目调研、体系设计、课程实施及验收发展四个阶段，开展了客服培训体系的搭建。首先，公司通过项目调研确定了培训的切入点；其次，在体系设计和构建实施阶段，从岗前培训、在岗培训、能力发展方面详细确定了培训的内容，并分类展开；最后，公司将紧抓客户的反馈意见，对客服人员进行评估，最终提高服务质量。

一　项目调研：了解培训需求，寻找切入点，确定培训策略

在项目调研阶段，公司首先明确了业务部门的发展战略和人才培养需求。随后，在分析期望目标和现状差异的基础上，归纳出了客服业务的重点，以及培训体系建设的切入点——提高员工的技术和能力，提高一线管理人员整体管理水平。另外，培训体系建设还要侧重于提升培训团队的专业度和优化现有培训体系，以提升客服部门在业务迅速发展下的运用能力（见图2）。

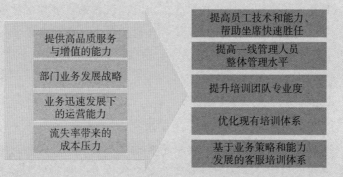

图2　部门业务重点及培训切入点

二　体系设计

中心首先深入分析了各岗位核心任务的成功要素，通过运用教程系统设计（ISD）方法，经过与各业务资深同事反复讨论、试行验证，最终确定了岗前、在岗和能力发展三个阶段的培训及发展目标。同时，根据不同阶段的特点，规划设计课程，建立起基于"业务发展策略、以岗位任务为导向"的全新客服培训体系（见图3）。

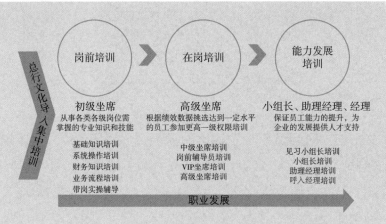

图 3　客服中心员工培训规划

　　该体系开发了 46 个涉及业务知识、系统培训、管理技能提升等的课程体系模块。这些模块与客服岗位任务和职业发展紧密结合，配以讲师手册、学员手册、演示文稿、活动挂图、业务仿真模拟系统、案例录音库等教材。在课程实施时，课程采用学员主导型学习的全新培训模式，帮助员工快速胜任岗位要求，提升客服中心的生产力。

三　课程实施

（一）岗前培训：一线和管理层共荣

　　新员工培训是客服中心金牌服务形成的第一步。因此，中心根据各级别岗位的任务要求，制定了对应的培训课程。为实施学员主导型学习的培训、帮助员工快速胜任工作任务、提升工作效率，中心将岗前培训分为一线员工培训和管理层新员工培训两个层面。

　　1. 一线员工培训

　　一线员工培训的内容分为四个方面：企业文化政策制度类培训、业务知识类培训、软技巧培训及线上带岗辅导实操培训。

　　首先，新员工入职后了解企业文化、政策及相应的制度要求。这类培训将增强员工的归属感、责任感、使命感，确保新员工清楚自己的岗位任务及培训达成目标。

其次，在业务知识类培训和软技巧培训中，新员工需要掌握"理解客户需求""提供准确信息""满足或超越客户需要""跟进及反馈服务结果"等内容（见表1）。

表1　业务知识及软技巧培训		
顺序	学习任务	课程名称
1	理解客户需求	天籁之音——录音分析
		电话沟通技巧
2	提供准确信息	信用卡小百科——基础知识
		无所不知——知识库
		核实身份
		Michelle操作使用、卡户资料、精打细算——账务查核
3	满足或超越客户需要	理财专家——分期付款业务
		用卡百事通——用卡业务
		广发卡的生命周期
		更新换卡四部曲——换卡业务
4	跟进及反馈服务结果	解读工单1——工单系统
5	处理情绪客户	烈火雄心Ⅰ——投诉处理四部曲

再次，由于信用卡业务知识繁多复杂，客服中心在安排新员工学习业务知识时，还参考了认知心理学理论及处理客户业务需求的步骤，制订了系统的培训计划，帮助新员工快速胜任岗位要求。

最后，在业务知识学习完毕后，公司将为新员工安排线上带岗辅导实操培训，边学边实操，学以致用，以达到培训的最佳效果。

2. 管理层新员工培训

管理层新员工除了要掌握一线员工的培训内容外，还需要熟悉管理岗位的业务，掌握管理技能。例如，在组内的任务中，管理层的员工要监察服务质量、处理团队业务；而在管理任务中，他们需要具有管理团队、管理KPI、辅导与训练员工等能力（见表2）。

表2　管理层新员工培训		
学习任务／目标		
个人业务		一线员工所有培训课程
组内任务	监察服务质量	计算员工绩效效率、复核差错、管理电话质量
	处理团队业务	处理上升个案、回访客户满意度、批核业务需求、当值经理
管理任务	管理团队	组织和管理团队、甄选人员
	管理KPI	时间管理、分析数据和原因、制定方案、制定绩效目标与考核、排班与优化人力资源
	辅导与训练员工	辅导业务解答疑问、召开组会、培训组内员工、管理员工情绪与激励员工

（二）在岗培训：助力员工职业发展

在岗员工已不满足于业务知识类的培训，他们更渴望得到有助于职业发展的技能提升类培训，因此，中心在设计在岗员工培训方案及目标时，主要从员工综合技能提升及业务知识巩固两大方面着手。

在综合技能提升培训中，中心会定期举办技能提升类课程，由在岗员工根据自身条件及需求自愿报名参加。例如，公司安排了针对从基层员工、团队小组长、经理、资深经理及入门级主管到部门主管各个级别的培训课程，内容涉及"呼入坐席技能权限提升培训课程""办公软件技能提升培训课程""管理技能培训课程""后备人才培训课程"（如管培生培训、内训师技巧培训、课程开发设计培训、管理技能培训课程）等多个方面（见图3）。

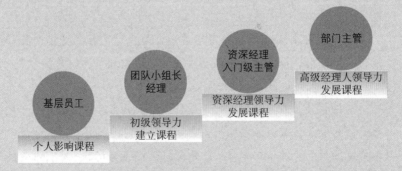

图4　综合技能提升课程安排

为了保证服务质量、巩固员工的业务知识，公司还会定期安排班会培训、每月专题培训等内容，提升员工能力。班会培训的目的在于第一时间将最新发布的业务知识及品质管理组公布的话务质检评定、工作质量反馈等内容传达至每个在岗员工，确保培训的及时性。每月专题培训是对当月业务重点内容的一次汇总性培训。培训结束后，公司将进行二级评估，保证在岗员工对业务知识的熟悉运用。

（三）能力发展培训：员工晋升的绿色通道

由于业务的高速发展，公司也非常关注那些团队负责人的发展。在员工晋升为小组长之前，他们必须参加为期两天的领导力入门培训，体验"新任领导成功之路"及"六个沟通的好习惯"两门课程。

课程结束后，为了更深入地了解员工的性格特点、组织能力及协调能力，广发卡会组织员工参加一个场景面试。在面试中，公司会预先基于客户服务中心业务设计的一个场景，由员工和业务处主管或培训导师共同完成角色扮演。

组织及培训发展团队会在就员工是否晋升给出意见的同时，为员工匹配一份完整详细的发展建议。针对已经晋升的承担管理职责的员工，公司将根据不同层级的发展需求，继续为员工提供6~18个月的定制化学习方案及领导力课程。

四　验收发展：巧用反馈进行评估

客户的反馈意见是促使培训工作完善的重要途径。为了给客户提供更优质的服务，客服中心会定期收集客户的反馈意见和建议，并对此进行回顾、分析和评估，从而重新调整员工培训需求，重新设计培训项目。

另外，公司还为员工提供持续的客户体验培训，让客服人员更接近客户的感受，更了解客户的需求。例如，公司会定期进行"客户分群策略及服务体系项目专题培训"，基于客户体验的差异化，为客户提供独具特色的贴心服务，以保持客户满意度。除此以外，"优质服务录音分享培训""101服务语主题培训""服务营销业务培训"等，都将为员工提供直观的培训体验。

> 　　客服中心的未来任务是持续提供高品质的服务，提升运营能力。客服中心建立的"人才发展树"，将为公司输送满足发展需要的高效高质人才，提高客户满意度。
>
> 　　资料来源：根据《广发卡四步培育人才发展树》重新整理。原文刊登于《培训》2012年第2期，技术·案例·银行专题，作者王术军。

第五节　人才梯队的建设

　　"千军易得，一将难求"，特别是在企业的快速扩张阶段。某保险公司在扩大电话销售团队的时候，其招聘团队每个月要招 60~80 名电话销售员；而在某信用卡中心全国扩建销售团队的时候，其招聘团队每个月要招 100~200 名销售员。尽管招到这些优秀的基层员工已经是很不容易的事，但更令人头疼的是一时没有那么多的一线销售经理来带团队。一般来讲，一名销售经理能管理一个十人左右的团队，招回一百名销售员就要有十名销售经理来带。开始只在销售部门会出现这样的情况，接下来客服、营运、市场、技术部门也会随着业务的增长而出现同样的情况。无论是内部提拔还是外部招聘，一时也满足不了业务发展对一线经理人的要求。

　　很明显，必须有针对性地根据不同层级的能力要求来设计不同的关键岗位的人才培训发展计划。从招收管培生计划开始，2009 年，我们启动了以下三个大型人才发展项目：

— 管理培训生项目；
— 骨干领导（直营老总 / 副总经理）发展项目；
— 中欧商学院高管发展项目。

　　经过两年的运作，有了初步效果，工作效果也获得了公司上下的认同和支持。到 2010 年底，我们总结经验，提出了未来三年的人才发展计划（见表 3-6 和表 3-7）。

表 3-6　2011~2013 年营销管理类人才发展计划

项目名称	项目内容		年份		
			2011	2012	2023
迈向新里程总行管理培训生计划	对象	6 级以下非主任级的内部员工或优秀应届硕士生：	7 月开展	7 月开展	7 月开展
	人数	20×3 =60 人			
	时长	18 个月			
新锐领导计划	对象	组长经理级	5 月开展		5 月开展
	人数	10×2=20 人			
	时长	15 个月			
精鹰计划	对象	小组长			11 月开展
	人数	12×1=12 人			
	时长	12 个月			
志在顶峰计划	对象	主管、总监（约 24 名）	不定期	不定期	不定期
	人数	24 人			
	时长	12 个月			

表 3-7　2011~2013 年通用管理类人才发展计划

项目名称	项目内容		年份		
			2011	2012	2023
迈向新里程总行管理培训生计划	对象	6 级以下非主任级的内部员工或优秀应届硕士生；	7 月开展	7 月开展	7 月开展
	人数	20×3=60 人			
	时长	18 个月			
新锐领导计划	对象	组长经理级	5 月开展		5 月开展
	人数	10×2=20 人			
	时长	15 个月			
精鹰计划	对象	小组长			11 月开展
	人数	12×1=12 人			
	时长	12 个月			
志在顶峰计划	对象	主管、总监（约 30 名）	不定期	不定期	不定期
	人数	30 人			
	时长	12 个月			

这个计划有以下三个特点。

（1）公司高管和部门主管以身作则，担任内部讲师和导师，将自己的经验和教训讲出来和项目成员分享。

（2）培训和实践结合，边干边学。比如行动学习项目组利用业余时间3~6个月内完成公司指定的来自实际业务中的真实项目；营销管理类的项目成员就是要到一线先见识，再带团队，完成销售任务才能过关。

（3）跨部门、跨地区轮岗工作。如通用类管理培训生在18个月内要到3个不同的部门轮岗学习，考核符合要求才能过关。

事实证明，这个前后5年的人才发展计划为当时全国业务的扩展提供了有力的支持，销售团队由2000多人扩张到6000多人，公司的利润由2008年的3亿元左右增长到2012年的约27亿元！人才的留存率以参加中欧商学院"志在顶峰计划"项目来看，8年后留存率在58%左右（31人参加，目前留下的18人仍留在公司的管理岗位上且大部分得到了晋升，离开的同事大多数是被其他公司挖去做了更高级的职位）。这比很多国际性大企业的人才发展计划的留存率还高，一般的水平在35%~40%，如当年这方面的标杆公司（贝尔）的留存率在37%左右。[①] 管理培训生项目和骨干领导项目的效果同样令人欣慰，目前留下来的不少人成为公司独当一面的业务经理、总监、业务条线负责人。当然，也避免不了有不少的人员离开，离开的人当然也在其他行业里得到了适合自己的发展，如在银行、证券、基金、互联网、地产等公司里成为高级经理人。

第六节　人才的评估和选拔

根据不同层级能力要求设计不同的人才培训发展计划，必须要有一个识别人才的标准和流程。这方面国内外不少企业做得很出色。这其中包括选拔标准、评估工具和选拔流程（见表3-8）。

---

① Paul Osterman, *The Truth about Middle Managers*, Harvard Business Press, 2008, p.23.

公司	选拔标准	评估工具	选拔流程
ABB	业绩，8 项全球领导力	领导力发展评估，3 小时面谈，360 度评估，1 小时反馈	业绩回顾，能力测评，培训和发展，接班人计划
联想	业绩（2~3 年），能力，潜力，专业经验	360 度评估，挑战式工作（责任）的结果	候选人的上司及上司的同级，以及更上一级的管理层
IBM	业绩（3 年），潜力（基本能力和领导力）	主管集体讨论，员工问卷调查	跨部门主管讨论

表 3-8　人才识别的标准和流程示意

不仅要看候选人到目前为止的业绩表现，还要看他未来的发展潜力。对候选人以往的表现，我们可以从每年的年度业绩管理系统里面获取；而对他们未来发展的潜力，我们可以通过测评中心的不同工具来评估。这又让我们回到了公司的能力素质模型的运用上来，这里对不同职位不同层级的岗位都有相应的指引。

如国内某著名 IT 企业从四个方面来看个人的潜力：成就动机（是否愿意把事情做好）、聪慧（如敏锐的判断、快速的决策）、学习能力（愿意接受新事物并能快速掌握）和前瞻力（对事物未来发展趋势的洞察）。针对每一方面的潜力，公司都有具体的行为指标，供评估者观察判断。某国际石化集团从三个方面来看：分析力、成就力（获得成就的持续动力）和关系（团队沟通合作及个人影响力），其中分析力是智力和合理性，成就力指获得成功的动力和坚持不懈，关系在于团队合作及个人影响力，这些都可以通过测评中心那些基于行为的面谈方法和工具来做出评估。

通常来讲，个人的发展潜力大体可以从三个方面来看。第一是看他有没有"野心"挑战一个较高的目标以及后面的成就动机是什么。如果一个人胸怀大志，不满足于已有的成就，就会有较强的内在动力和学习意愿，驱动他不断地挑战更高的目标。第二是看他的学习和适应变化的能力，是否愿意学习新的知识技能并迅速掌握。第三是看他是否具有优秀的理性分析能力和果断做决策的能力。

结合候选人到目前为止的业绩表现和他未来的发展潜力，我们可以用人才盘点九宫格来进行一个综合的判断。它适用于企业业绩比较稳定且人员的整体能力水平都不错的情况。盘点着眼于未来，目标是发现高潜人才。这种九宫格也被广泛使用（见图3-15）。它由绩效和潜力两个维度组成，绩效和潜力分别被设置为矩阵的横纵坐标轴，纵坐标轴的潜力指未来的发展速度。与人岗匹配九宫格不同，人才盘点九宫格用来甄别高潜力人才，特别适合基于未来变化的人才盘点项目，用于了解未来的人才供应情况。

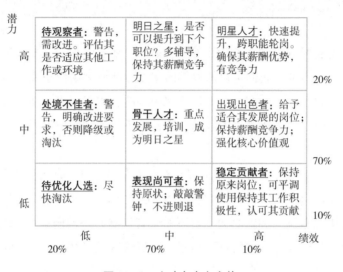

图3-15　人才盘点九宫格

　　在人才盘点九宫格中，人才被分为四个梯次。第一梯次是明星人才，绩效和潜力都很高，是高潜力员工也是组织重点培养的对象，组织会有针对性地倾斜培养资源，加速其发展；第二梯次是高绩效—中潜力或高潜力—中绩效的人才，是组织重点关注的对象，可以根据他们集中的短板设计有针对性的培养计划，以期进一步提升他们的能力，使其走向第一梯次；第三梯次包括高绩效—低潜力、中绩效—中潜力或中绩效—低潜力的人才，针对这个梯次的人才，可以请高绩效的人做导师，或者对中绩效的人提高绩效要求；第四梯次是指潜力和绩效都比较低的人员，可以根据情况适时淘汰。

　　在日常管理中，人才盘点九宫格的使用使企业不仅统一了内部人才选拔的语言，也更有效地匹配上了培训资源。不少企业还会配合360度反馈、测评中心的各种结果来进行多方面评估。

案例：F集团的人才评估和选拔

一　九宫格的使用

在人才盘点时，采用"绩效＋胜任力"双维度九宫格的方式，对员工进行定位，找出高潜力高绩效人员，有针对性地制定人才培养方案，搭建人才梯队（见图1）。

胜任力			
高（A）	**CA待观察** 业绩偏低但胜任力较好的员工，可能工作方式方法存在问题或职位影响发挥，或动力不足	**BA高潜人才** 业绩良好、胜任力较高的员工，是企业培养发展对象	**AA双优人才** 业绩与胜任力高，有能力，承担高层的任务/岗位
中（B）	**CB业绩待提升** 业绩偏低，具有一定胜任力，但胜任力未转化为绩效的员工	**BB骨干人才** 业绩与胜任力合格的员工，是企业坚实的基层力量	**AB核心人才** 业绩优秀但胜任力合格的员工，是企业的业务核心
低（C）	**CC未胜任** 业绩与胜任力双低的员工，界定为不胜任，考虑优化	**BC能力待提升** 业绩良好但胜任力偏低的员工，发展潜力有限	**AC稳定人才** 业绩优秀但胜任力偏低的员工，发展受限
	低（C）	中（B）	高（A）　绩效

图1　人才盘点九宫格

在进行胜任力评价时，主要由上级根据胜任力模型进行评价，最终在人才盘点环节会进行校正和确认。

二　多维度的人才评估尝试

作为锐意改革的国有企业，F集团结合自己的企业背景在人才评估和选拔上做出了新的尝试，按照"德、能、勤、绩、廉"五个维度对国有企业党政领导干部进行选拔评估。

德： 主要指干部在思想政治素质和个人道德、职业道德、社会道德等方面的表现。重点在于其是否有正确的价值观、权力观、事业观，是否公正、真正地工作、敢于负责，是否坚决执行公司的决策配置等。

能： 主要指干部履行职责的综合素质和业务能力。综合素质主要包括个人素养、专业知识、政策水平、创新意识等，业务能力主要包括履行职责所需的工作能力和解决实际问题的水平等。对"能"的评估着重于其对公司决策部署的学习理解能力、贯彻执行能力和创新能力等。

勤： 主要指干部事业心、责任感、工作态度、工作风格等表现；是否勤奋、积极、履行责任，在基层第一线开展工作的力量和效果。重点在于其在推进分管工作过程中的事业心和责任感、工作努力程度。

绩： 主要指干部完成工作的数量、质量、效率和利益，包括干部在完成任务目标和履行职责过程中提出的工作思路、采取的措施、发挥的具体作用和业绩。重点在于其在推进公司重点工作中所做出的成绩和贡献。

廉： 主要指干部廉洁自律等方面的表现。着重于其是否廉洁奉公，是否履行职务廉洁的责任，是否自觉接受监督，是否有积极健康的生活方式等。

从"德、能、勤、绩、廉"五个维度对企业干部进行评价，相对于采用九宫格方式所付出的成本会更高，尤其是人力成本和时间成本；需要组织多轮的领导干部访谈、人才测评以及会议讨论，持续时间较长。由于人才评价本身的敏感性，也不宜大规模开展。这一类的评价方式，对于一般企业而言，更多的是适用于核心关键敏感岗位人员，对于一般员工，九宫格的方式已能够满足评价和选拔需求。

第七节　人才留用和淘汰

看着我们千辛万苦招来的人才离开公司，看着我们投入大量金钱、人力、物力和时间培养的人才流失，这是每个管理者都不愿意看到但又不得不面对的现实。人才市场供给持续匮乏和社会经济高速发展的局面决定了这将是一个长期的挑战。

多年前，海信公司提出的留人措施至今看起来依然经典："事业留人，待遇留人，情感留人。"言语不多，但真正能做到的企业不多。而海信是将语言付诸行动的少数公司之一。技术人员是海信发展的关键因素。因此，在"事业留人"方面，公司给技术人员提供富有挑战性的任务，打破按资排辈的传统习惯，很多技术人员才二十几岁，却已经开始承担核心技术和产品的研发工作。"待遇留人"，打破平均主义薪酬制度，收入向研发人员倾斜，让他们人均收入达到集团人均收入的 3 倍以上。除了薪酬，公司还为骨干人员提供股份、住房等优惠条件，及提供到国外考察学习的机会。"情感留人"，公司专有的门诊部门给员工体检、看病，每天安排员工做工间操和眼保健操，始终把员工的健康当作公司的要事。销售人员常常在外出差，难以照顾家庭，公司就专门设立内部服务电话，为销售人员家属解决问题，让销售人员可以安心地在一线工作。这些措施体现了公司人性化管理的一面，是马斯洛的需求理论在管理实践中的具体运用。

马斯洛和其他的行为科学家都认为，一个国家多数人的需要层次结构，是同这个国家的经济发展水平、科技发展水平、文化和人民受教育程度直接相关的。在不发达国家，生理需要和安全需要占主导的人数比例较高，而高级需要占主导的人数比例较低；而在发达国家，则刚好相反。在同一国家不同时期，人们的需要层次会随着生产水平的变化而变化，大卫斯曾就美国工人需要结构变化的情况做过评估分析（见表3-9）。了解员工各个层次的需要是对员工进行激励的一个重要前提，不同组织、不同时期的员工，以及组织中不同员工的需要充满差异性，而且经常变化。因此，管理者应该经常性地用各种方式进行调研，弄清员工未得到满足的需要是什么，然后有针对性地进行激励。

表3-9 美国工人需要结构变化的统计分析

需要种类	1935 年	1995 年
生理需要	35%	5%
安全需要	45%	15%
感情需要	10%	24%
尊重需要	7%	30%
自我实现需要	3%	26%

资料来源：〔美〕凯茨·大卫斯：《组织行为学》上册，欧阳大丰译，经济科学出版社，1989，第54页。

随着改革开放带来的家庭财富积累，年轻一代成为就业的主力。单是金钱等物质激励不太可能大幅提升"新一代员工"的积极性了。他们对尊重、被认可和自我实现的需求在上升。

为了留住人才，"金手铐"自20世纪80年代在美国企业界逐渐兴起。"金手铐"是指公司利用股票期权、奖金红利等预期收入手段留住企业高管及关键人才的手段，一般有时间等限制，员工在此期间辞职离开则无法兑现。它同时也是一种激励工具，其目的在于通过向高管和关键人才提供激励以激发其动力，并与公司共同分享成长的果实。据统计，在美国7000家上市公司中有90%以上做了股权激励，而高科技企业则100%实现了股权激励。实行员工持股的企业比未实行员工持股的同类企业，劳动生产率高出30%，利润高出50%，员工收入高出25%~60%。

1997年，上海仪电控股（集团）公司在我国率先引进了"金手铐"方案。此后国内很多企业，特别是科技和互联网企业采用了这一做法并取得了很大的成功，如阿里、腾讯、360、华为等。华为的任正非更表示，股权激励是华为取得成功的关键因素。很多企业到华为去参观学习，但其实只不过是"叶公好龙"而已，因为当谈到与员工分享公司成长的"果实"这一关键因素时，老板们往往就顾左右而言他了。在企业里，如果合理的激励体系和利益分配关系没有理顺，把标杆企业再好的模式拿来也只能是事倍功半，甚至是东施效颦。

优秀的企业家都应该明白，现在企业中的人越来越"聪明"，工资、奖金、升职等传统激励手段的激励作用正在持续递减，股权激励才是企业为了激励和留住核心人才所应推行的一种长期激励机制，而股权激励更能让员工与企业真正结为利益共同体。一时间，许多有条件的公司用这一方法吸引和留住人才。在知识经济的时代，员工不应该仅仅被视为劳动力，而应该被上升到一种"智力资本"的高度，这是可以改变公司估值的。

然而，"金手铐"并不是万能的，像阿里、腾讯、360、华为那样的企业毕竟不多。一些业绩一般的企业会面临员工对股票期权漠不关心的尴尬，对于大多数员工而言，股票期权正变成一种"看上去很美"的诱惑。实行该制度的前提是公司"活着"且业绩快速增长，但许多中小企业过的是"有今天没明天"的日子，给股票期权的大多数结果就是"画大饼"。许多企业和人才经过多年的股票期权制度的"洗礼"后，更加理性和现实，在公司频繁倒闭、并购、重整、倒签（即把股票期权的授予日期有意提前至公司股票价格较低的日期，以获得更高收益）等问题不断出现后，股票期权计划对企业和员工的吸引力大大降低。

另外，"金手铐"还催生了很多以牺牲股东的长期利益为代价的短期业绩行为，甚至还有业绩舞弊、财务作假等违法犯罪行为。对于人才而言，一家企业为吸引和留住人才推出股票期权制度，另一家想要挖人的企业肯定会匹配相同待遇，因此也就没有了差异化的优势。

那如何才能让企业在挽留人才上有差异化的优势呢？大家一般会把留住人才的几个关键因素总结为如下几条。第一，对现有工作是否满意？包括收入、上下级关系、工作生活平衡。第二，未来职业发展空间和机会如何？第三，如果我离开有什么损失？第四，竞争对手提供的待遇是否很有竞争力？这些都是对的，但是你能做到，你的竞争对手也能做到。

因此，我们必须要从人才的关键需求和愿望出发，结合公司的独特优势和资源，给他们提供相比竞争对手有差异的选择。就像我们买车，喜欢操控灵活自如的选宝马，喜欢安全环保的选沃尔沃，喜欢尊贵和成功的选奔驰，为什么？因为尽管是同一种商品（轿车），不同的品牌为顾客提供差异化的价值，顾客选择的标准就不会只有价格，这就叫客户价值主张（Customer Value

Proposition），它是指企业为客户提供的产品有什么意义，是对客户需求的真实描述。同样，在人才大战中，如果公司不能为目标人才提供独特和高于竞争对手的价值，那人才就只会从薪酬福利的单一角度做选择。所以我们可以借鉴商品的品牌和独特的价值主张这一概念来构建公司对人才的价值主张，进而建立起雇主品牌。

雇主品牌是企业作为雇主区别于竞争对手的形象和承诺，它构建在某一企业独特的价值观、企业文化、现有管理行为、管理政策及未来战略基础之上，融入了企业对特定目标劳动力市场需求的理解。雇主品牌把清晰的雇用主张，即雇用价值观传递给目标受众，因而它对特定的、符合或接受这种价值观的雇员具有更强的吸引力，就像产品塑造了良好的品牌形象，从而对顾客产生品牌吸引力和提升顾客的品牌忠诚度一样。

例如四大会计师事务所提供的薪酬并不是很高，但很多名校优秀的毕业生趋之若鹜，其原因就在于四大会计师事务所能为他们提供良好的学习发展机会。现实中类似的例子不少。因为认同企业主张的价值观和对内对外的承诺，在职员工对企业具有更高的忠诚度，因而企业更容易留住优秀员工。这就像婚姻关系的维系一样，"三观"一致的夫妇，婚姻关系更长久。

当今企业雇主品牌的价值主张大致分为以下三种。

第一种是地位及身份的认同，持该主张的企业会把自己作为大型、稳定、国际化和受人尊敬的雇主来宣传。

第二种是新体验，持该主张的企业及其所在行业往往是新的，在这类企业工作能使员工收获新体验。

第三种是来源于相似性的认同，企业常着力宣传其在本领域获得成功的人士，言下之意是如果你属于同一类型，加盟本企业同样会获得成功。

许多公司可能会认为雇主品牌建设是"贵族游戏"，只有市场领导型的企业才有资源进行投入。显然，那些小公司拥有的资源更少，它们没有优秀的市场业绩，也没有悠久的历史，无法仿效市场领导型企业建立雇主品牌的方式，但他们依然有许多选择。比如，他们需要更加有创新性：用创新的方式吸引、挽留优秀员工，或把公司塑造成以创新著称的工作场所，或采用灵活的工作方式在工作时间和空间上让员工能自由安排，等等。企业将从雇主品牌的塑造中受益，这种益处不仅体现在降低招聘、保留人才的难度上，还会提升产品品牌的影响力和企业的整体竞争力。当然，最后的赢家无疑是那些找工作的人，他们将会从企业为吸引他们而采取的措施中受益。

独特价值主张和雇主品牌不只是挂在嘴上或是贴在墙上的，而是要设计与之相匹配的多种人力资源工具，并且通过领导在日常工作和决策中以身作则来落实。就算是中小企业也能结合自己的实际条件逐步落实。

案例：G 公司的雇主品牌与员工价值主张

G 公司是国际领先的电气工业公司，说起它，人们首先可能想到的就是工业时代那种"重厚长大"的机电设备如飞机发动机、燃气发电站和铁道交通等"钢铁侠"般的形象。这种印象造成人们觉得 G 公司似乎是一个"冰冷、笨拙的"公司。为了重塑自己的公司形象、改变人们对它的刻板认识，G 公司做出了一些改变。这种改变就是把市场营销中的品牌建设概念用到企业雇主品牌建设上来。

市场营销中的品牌是为了把自己的产品与其他公司的产品区别开来，而企业雇主品牌则是帮助企业在人才市场上将自己与竞争对手区别开来，突出自己的差异，并以此为企业打造具有吸引力的品牌形象。事实证明，雇主品牌对内能激励保留员工，对外能吸引潜在的候选人才。在雇主品牌建设的过程之中，要涉及一个核心的内容——员工价值主张（Employer Value Proposition, EVP），以下与大家分享一下 G 公司如何实施雇主品牌与员工价值主张。

一 聘请专职的雇主品牌负责人

G 公司首先任命了一位女士为企业雇主品牌负责人，专业女性的良好形象也许能起到化解人们对于 G 公司比较"冷硬、机械"的印象。

二　社交媒体的运用

G公司然后选择了"时尚的"社交媒体来传播其雇主品牌战略。G公司拍摄了一系列的短视频如"约翰怎么了"（What's the Matter with John），该视频讲述了一个大学生约翰的求职故事，他没能在令人"趋之若鹜"的硅谷科技巨头那里找到工作，而是被一家老牌的工业公司聘用（G公司），因此在朋友面前显得十分沮丧，甚至连家人都在误会他的工作。但他进入G公司工作后，发现自己一样可以编写代码来"改变世界"。因此，他又变得骄傲自豪起来，然后与朋友和家人分享他的工作乐趣和意义所在。这一系列短视频在Facebook和YouTube上获得了极大反响，特别是在所谓的"千禧一代"人群中引起了共鸣。视频推出后，G公司的官网特别是招聘专区的流量上涨了66%，年轻人争先恐后地向公司投递简历推销自己。

从这一点上看，国内国外的人都喜欢听故事，不喜欢大道理和说教，特别是年轻人，只要故事能够引起他们的共鸣，你就能获得认同。做企业雇主品牌，要善于"讲故事"！

三　推出员工价值主张

G公司量身打造，为自己推出"G&ME（G公司与我）"的员工价值主张，倡导"认同与践行"。"G&ME"要表达的是以"我"为核心的员工价值主张，赋予传统的雇主品牌营销不同的意义；抛开传统的、说教式的单向传播模式，强调从"我"出发，让员工讲述自己的工作感受和体验，鼓励更多员工分享职业主张和诉求。与此同时，企业根据员工诉求展开有针对性的主题活动，将企业文化和价值观变成个人体验，形成双向互动式的传播模式。作为塑造良好雇主品牌的一个长期承诺，"G&ME"新主张设立的目标是让员工对G公司这一雇主品牌产生强烈的情感联系。

"认同与践行"既是"G&ME"的口号，也是G公司对当下激烈人才竞争最真实的回应，是G公司对雇主品牌的价值诠释。当纯粹的物质激励对吸引和留住员工的力量变得越来越弱时，解决问题的通道，是回归自己的内心认同和追求。与"我"个人趋同的企业文化和价值观往往是强大雇主品牌的真正核心竞争力。

在形成员工价值主张之前，G公司通过对内部员工和外部市场的广泛调查，发现在员工价值主张的五个方面（组织、工作、人、薪酬福利和机会）中，真正能吸引和留住人才的是"认同企业文化，和一群价值观趋同的人一起工作"。这里涉及G公司的三个核心价值观：坚持诚信、注重业绩、渴望变革。为此，企业所有的选人、育人、用人和留人策略，包括评估体系和人才发展规划，都与核心价值观相关联。这使一群有共同价值观的人团结在一起工作，员工价值主张也因此通过规范化的制度得以实现。

在员工价值主张的沟通宣传中，企业鼓励员工自发参与，比较典型的就是来自不同业务集团、不同专业背景、不同国籍的公司员工成为本企业文化的"代言人"，向更多人讲述自己的成长故事。从管理层到普通员工，从研发人员到工厂工人，大家以亲身经历诠释"同道，同行"的员工价值主张，包括分享很多丰富而又实际的内容以加深认同：

— 与有着相同理念的优秀同事在一起，个人的成长会更快；
— 员工可以选择导师，就职业规划与工作、生活中遇到的问题和经验进行交流；
— 针对员工子女及家庭提供的亲子教育和职场启航咨询，帮助员工子女及家庭理性规划自己的未来等。

通过这一系列由员工开展的言传身教，G公司的员工价值主张变得清晰和生动起来。员工和潜在人才很清楚在企业的付出能得到什么，这远远胜过市场竞争者提供的物质诱惑。

第八节　正确面对人才流失

除了对手挖角造成人才流失之外，近十几年来，相信每个身处职场的人都有清晰的感受：在同一企业持续工作到退休，对一份工作"从一而终"的情况越来越少了。社会的进步使人们对待职业的观念出现了重大转变，新的社会形态带来了新的职业观念，从"工作至上"回归到"自我实现"和"工作生活平衡"。与过去十多年相比，这一代的员工有着更广泛的职业选择，并且乐于去跨界、打破边界以满足自己追求内在职业满意度和财务回报的需要。人们更加珍惜自由、工作生活平衡、体验幸福等非工作目标。公司的员工，特别是管理人员更多地开始由组织人向社会人回归。所以，无论企业怎么做，一定的人才流失都是不可避免的，我们能做的是如何处理好离职。

首先要了解清楚情况，竞争对手是瞄准某一个员工还是以某一个员工为首的一个团队。如果是单个人，还好处理；如果是一个团队，那影响可能会波及多个层面和更多的员工，同时还会产生各种传言从而使事态升级，在企业内造成负面影响。这时候要马上采取行动，控制事态恶化。企业的负责人及高管必须要和全体员工就公司的战略和现状进行沟通，让大家看到目前企业发展的良好情况和对未来的预期，稳定信心，让大家认识到这时候离开公司对自己可能是一大损失。同时要让大家明白，跳槽也是有风险的，一个是目标企业的经营状况和未来发展是否如自己了解的那样好，另一个是自己是否能适应目标企业的文化和其他环境。

首先，人力资源部和部门主管要看看自己的人才储备中有没有足够的替代人选，这些员工是不是关键的人才，企业提供的薪酬福利是不是符合市场水平。原则上讲，不要轻易为个案打破公司现有的薪酬结构，盲目跟从竞争对手提出的待遇。如果员工薪酬的确低于市场中同等人才，那可以弥补；如果员工能力和表现达到了更高一级的要求而且公司有空缺，该提升就提升。不要让员工觉得仅仅是因为竞争对手来挖角了公司才提薪和升级，这会破坏公司现有的体系，其他员工也会觉得不公平。我们要了解，即使你提高了薪酬，竞争对手还可以提得更高，难道我们要继续跟下去？就像我们前面提到的一样，员工和企业的"三观"不一致，雇佣关系是难以维系的。对于挽留不住的人才，那我们就要速战速决，尽快让他们"愉快地"离开，不要让这件事情有发酵的机会而扩大负面影响。其次，做好知识产权和客户数据等无形资产的保护。最后，跳槽后又想回来的人才原则上不接受。否则，所有员工都会仿效：既然离开公司没有风险和损失，那我们为何不试试？笔者经历过的情况也多次证明，这样回来的人再次离开也是大概率事件。

通常来讲，当员工向上司提出要离职时，他们其实已经做好了决定，挽留下来的可能性不大。所以留住人才的关键在于平时公司各项工作的长期积累：薪酬和福利有没有竞争力，员工的发展机会多不多，工作环境和管理氛围好不好，员工有没有机会分享公司未来的发展成果，等等。

第九节　淘汰冗员，强化组织能力

前面章节已经讲过通过把公司的战略目标通过层层分解到部门、业务小组和个人，将公司战略目标的实现和个人目标的实现联系起来。如果企业大部分人的目标实现不了的话，那么公司的战略目标是不可能实现的。这就要求我们运用绩效评估这个工具，将绩效不同的员工区别开来，在保留高绩效、高潜力的员工的同时，公司要及时淘汰绩效不好、行为态度不符合公司价值观要求的员工，补充新的人才进来，这样公司才能拥有一支有能力完成战略目标的团队。

但是实际上很多企业的管理人员对业绩不好的员工未能及时处理，形成了一个"温水煮青蛙"的过程。低绩效者经年累积越来越多，新人也因此进不来，该提升的人又没有位置提升；负面的情绪不断积累发酵，对团队的影响也不可避免，团队只能变得越来越平庸。多数情况下，管理者是能够意识到这种情况的，但是碍于面子，做不了决定，因为毕竟是跟自己打拼多年的同事。其实，这是对整个团队的不公平。当然，另一种情况是找不到合适的人来替换。

每个人都有自己的长处，关键要找到合适他的位置，换一个适合其能力的岗位或公司，发挥其长处，而不是让他待在目前这个不合适的岗位上做一个低绩效者。

其实淘汰绩效不好的员工，是一个对事不对人的过程，只要业绩评估的标准公平、过程透明，对公司和员工都是好事。所以要用好绩效评估工具，对达不到标准的员工给予一定的时间改进；如果还是没有好的变化，就要速战速决。

第四章

流程管理

流程管理标志着标准化、大规模、追求效率的现代工业生产的开始。流程管理确保了企业产品或服务在质量、数量、价格和时间等要求上能匹配外部客户的需求，同时也给企业内部员工个人和团队提供了透明的工作规范指导。从这个意义上讲，流程管理在塑造组织能力方面起到了关键作用。

第一节　流程

可能我们平时意识不到，我们其实每天都在和流程打交道。比如说中午没时间出去吃饭了，我们叫外卖解决问题：打开手机 App，找到附近的餐馆，选择自己喜欢的口味，写明送餐地址，留下联系电话，下单，付钱。这一系列动作对你来讲是个"下单点餐"的流程，对于餐馆来说是个"接单送餐"的流程。

为什么需要流程？因为企业组织由不同的部门和不同的人组成，不同部门之间的业务分工不一样，不同岗位之间职责不一样，对同一件事的理解也不一样，如果没有一个流程来指导和协调大家的行动，那企业管理就容易出现混乱的现象，业务目标也很难顺利达成。而业务流程就是为达成业务目标而设定的一系列标准化的步骤，可以体现出一件工作"先做什么，后做什么，由谁来做，按什么标准来做"的关系。流程为业务提供了标准化的程序，明确了每个节点的负责人，确保业务有序、顺利地执行。

著名的学者迈克尔·哈默与詹姆斯·钱皮对业务流程的经典定义："业务流程是将某种或多种资源投入以为客户创造价值的一系列活动。简单地说，流程就是要为达成某个目标而采取的一系列行动的组合，它要解决的问题是如何高效做事。"[①] 这一系列行动的组合可以通过图 4-1 表现出来。

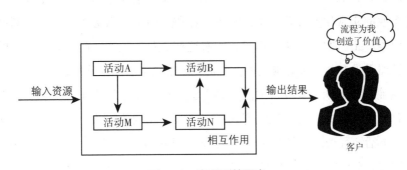

图 4-1　流程及其要素

---

① M. Hammer, J. Champy, *Reengineering the Corporation: A Manifesto for Business Revolution*, London: Nicholas Brealey Publishing, 1993, p. 38.

以下是流程的六大要素。

（1）客户：流程服务的对象，包括外部客户和内部客户。对外来讲是企业服务的个人或组织，对内来讲是流程的一个环节。

（2）价值：流程运作为客户带来的好处，可以从成本、效益、效率、质量、风险等维度进行衡量，可以量化（KPI）。

（3）输入：运作流程所必需的资源，不仅包括传统的人、财、物，还包括信息、关系、需求、计划、方案、指令等。

（4）活动：流程运作的环节。

（5）活动接口关系：流程环节之间的衔接关系，把流程从头到尾串联起来。

（6）输出：流程运作的结果，它应该体现流程的价值。

流程是业务流程的基础。从公司战略出发，业务为了满足客户需求出发，企业通过业务流程来协调各种资源，规范员工的工作秩序，从而提高企业的效率，达成企业的目标，这就是通常讲的业务流程管理。

在企业这样的组织里，除了少数随意性大、不确定性高的事情需要随机应变、无法流程化之外，其他大部分是确定性比较高的事情，需要流程化以确保事情高效完成。比如钢材销售业务，客户需要先汇款，开提货单，去库房提货，装车，过秤，最后出库；又如房地产业务包括买地，筹划，规划，设计，施工，销售，物业管理。这一系列行为的集合就是流程，通常大家把这些流程称为业务流程。当然，这只是企业生产运作中的一项简单流程，要维持企业的正常生产经营，生产有生产流程，财务有财务流程，还有新产品开发流程、企业发展战略流程等。所有这些流程汇集在一起，并由一定的技术和管理手段整合起来就构成了一个企业（组织）的流程体系。

企业在初创期，其经营关注点侧重于发展"业务"，开拓"市场"。老板说了算，他指哪儿，员工就往哪儿打。此时企业创业团队更多的是"探索式思考，灵活地行动，摸着石头过河"。企业普遍没有"流程"意识，但实际上"流程"是存在的，只不过比较简单随意，没有形成正式的、可持续执行的书面文件而已。企业到了成长期，企业的业务规模不断扩大，人员数量不断增多，管理机构逐步复杂化，这时就会意识到"队伍大了，不好管了"，需要用"流程"来规范组织和人员的行为，避免大家执行不一致和风险不可控。这一阶段，企业"流程"建设侧重在关键的业务领域和管理领域，一般呈现为点状和线状，没有形成系统、完整、端到端的流程体系。企业内部的管理活动更多的还是基于指令、基于职能，缺少流程的横向串联，内部协同效率一般有较大的提升空间。在执行层面，流程往往存在较大的执行偏差和落实不到位的问题。

企业在成熟期，其商业模式、业务模式、管理模式已经基本明确，组织管理开始呈现跨职能、跨业务、跨地域等特点，管理幅度、管理层级、管理复杂度全面升级。单纯以"人治为主""经验为主""指令为主"的管理模式已经不能完全满足企业的需要。"流程"要体系化，而不只是"点状和线状"的呈现。企业内所有流程都要建立起来，并通过一定的技术和管理手段将它们整合成一体。流程体系的管理此时要成为企业运行的标配和重点，高效的运营管理能力才能得到体现，这也是企业在市场中取得竞争优势的保障。

第二节　搭建业务流程框架

企业里各种流程就像一条条"线"。如何找到它们内在的逻辑关系，从而让这一条条"线"整合到一个"面"上来，形成一个相互联系的整体，不仅每个流程要运作顺畅，而且各流程间也能协同配合，保障企业整体的运营效率。不然我们就会发现，销售一线拼命把订单拿回来了，但是企业没有足够的产能去生产；或者出现把产品卖出去了，但是售后服务团队人手不足等各流程之间相互脱节的现象。这就要求企业对所有的流程进行梳理，建立流程清单，进而理顺和协调各流程间关系，即构建企业流程框架。流程框架反映了企业运营中的价值链构成及其逻辑关系，体现的是企业战略意图和业务的运营模式。流程框架是对企业业务运作进行结构化思考、形象化表达、对已识别的所有流程进行合理的整合和拆分、形成层层展开的流程结构和流程清单的过程。

搭建流程框架要分几步走：流程识别，流程分类，流程分级，最后建立流程清单。

一　流程识别

理解了流程是什么后，那么如何快速有效地识别流程呢？迈克尔·哈默博士在《超越再造》一书中认为："经验法，如果不能使三个人同时感到焦虑，那么不是一个流程。"[①]这就是说，假如一个流程没有让三个不同岗位的人感到很烦恼的话，那么其就不需要作为一个流程设计。在具体的实践中，按照价值链法、参照法、职能法等方法，进行流程的有效识别，并有以下7个判定原则可以帮助大家快速识别流程：

（1）此项职能是否为固定的工作；

（2）此项职能是否涉及3个以上工作岗位；

（3）此项职能是否有具体的3~4个连贯的动作，例如执行—监督—审核—修订—确认等；

（4）是否有输入—输出；

（5）所有活动发生的周期、频率具有一致性；

（6）流程只有一个主题；

（7）流程具有操作性和一定的重要性。

在流程识别后，要进行流程命名，确保流程名称能够精准地表达流程内涵及其核心活动。原则上，可以通过对职能及业务活动的识别进行流程命名，也可以参考行业标准流程框架［如APQC（美国生产力与质量中心）或典型企业命名规则］进行命名。

二　流程分类

流程分类的目的在于帮助人们从流程的角度理解企业运营，帮助人们梳理、管理和优化企业流程，在不同业务单元和部门间建立起共同的流程语言（统一专业术语）。最早出现的是安东尼模型。根据安东尼模型，企业流程被分为战略流程、战术流程和执行流程。后来出现了波特的基于价值链的模型，波特将企业价值创造活动分为两类：主要活动和辅助活动。"主要活动是那些涉及产品实体的创造、分销、配送，以及售后的支援与服务性活动；辅助活动则是那些能让主要活动顺利进行，如进料（采购）和基础设施等活动。"[②]他所说的基础设施主要包括管理、法律、会计、技术、人力资源等。

---

① 〔美〕迈克尔·哈默：《超越再造》，沈志彦译，上海译文出版社，2007，第13页。

② 〔美〕迈克尔·波特：《竞争论》，刘宁等译，中信出版社，2009，第66~67页。

在波特的基于价值链的模型之上，国内学者施炜在其著作《管理架构师》中将企业价值创造活动分成了四类："牵引性活动、增值性活动、要素性活动和支持性活动"，并提出了一个基于中国企业背景的流程体系框架（见图4-2）。另外，也有学者从流程面向对象的角度出发，把流程分为了三类：面向企业高层和社会的战略流程、面向市场和顾客产生企业收益的业务流程、面向业务支持部门和管理部门的管理和支持服务流程。

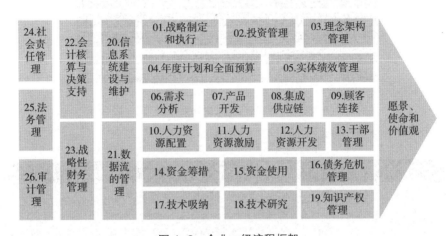

图 4-2　企业一级流程框架

资料来源：施炜：《管理架构师》，中国人民大学出版社，2019，第39页。

但是具有普遍指导意义的是 APQC 开发出的跨行业流程分类框架（PCF）（见图4-3）。这是一个通用样板模型。APQC 通过整理全美各行业的业务，梳理了适用于各行业的通用跨行业流程框架，鼓励企业从水平流程视角而不是垂直职能视角来理解企业运营的各项业务和管理。APQC 把企业流程分为了两大类：运营流程、管理和支持服务，共 13 个流程组。

无论是按照 APQC 的方法，还是采用其他的分类分级方法，都可以在此基础上确定企业流程体系的基本框架，即一级流程目录，最终形成一个流程清单。

而在实践中，国内企业应用此框架比较成功的，华为可以说是个代表，其流程框架被分为三类：运营流程、使能流程和支持流程。运营流程是公司管理主线，是为客户创造价值的流程，也是公司存在的基础；使能流程和支持流程为运营流程的高效执行提供服务和支持。以华为为例，其一级流程见表4-1。

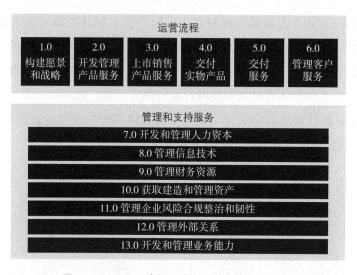

图 4-3 APQC 跨行业流程分类框架 7.2.1 版

资料来源：https://www.apqc.org/pcf。

表 4-1 华为一级流程

流程类别	一级流程
运营流程	集成产品开发
	市场到线索
	线索到回款
	问题到解决
使能流程	开发战略到执行
	管理资本运作
	管理客户关系
	服务交付
	供应
	采购
	管理合作伙伴
支持流程	管理人力资源
	管理财务
	管理业务变革和信息技术
	管理业务支持

资料来源：翁杰：《组织能力建设的逻辑：为企业持续成长提供动力》，中国财政经济出版社，2021，根据第 100~102 页相关资料整理。

三 流程分级和流程清单

在完成流程分类后，可以进一步进行流程分级，流程分级是流程框架搭建的重要环节，它决定了流程合理层次的划分和管理的便捷性。APQC 将流程定义为五级，作为流程分级的一个参考框架（见图4-4）。这五级分别是类别、流程组、流程、活动、任务等。

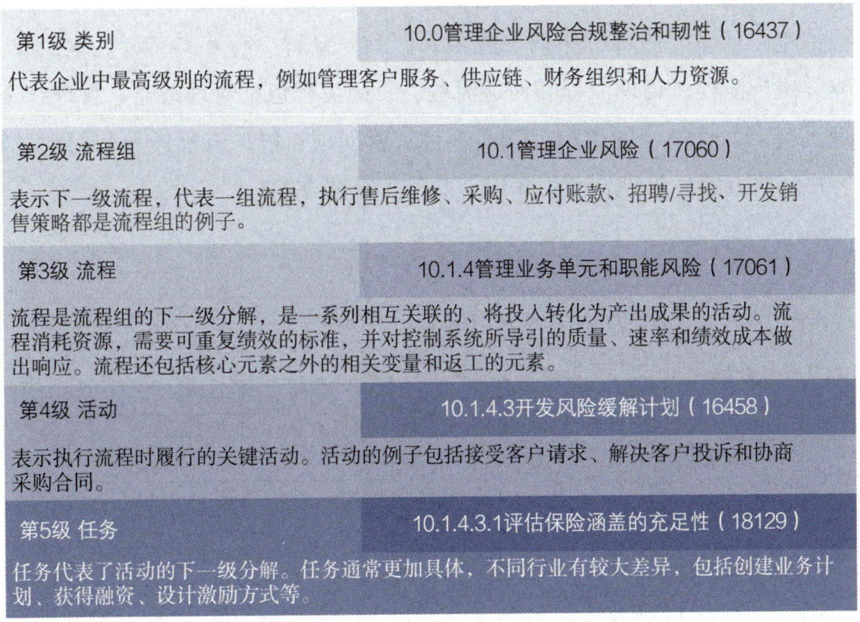

第1级 类别	10.0管理企业风险合规整治和韧性（16437）
代表企业中最高级别的流程，例如管理客户服务、供应链、财务组织和人力资源。	
第2级 流程组	10.1管理企业风险（17060）
表示下一级流程，代表一组流程，执行售后维修、采购、应付账款、招聘/寻找、开发销售策略都是流程组的例子。	
第3级 流程	10.1.4管理业务单元和职能风险（17061）
流程是流程组的下一级分解，是一系列相互关联的、将投入转化为产出成果的活动。流程消耗资源，需要可重复绩效的标准，并对控制系统所导引的质量、速率和绩效成本做出响应。流程还包括核心元素之外的相关变量和返工的元素。	
第4级 活动	10.1.4.3开发风险缓解计划（16458）
表示执行流程时履行的关键活动。活动的例子包括接受客户请求、解决客户投诉和协商采购合同。	
第5级 任务	10.1.4.3.1评估保险涵盖的充足性（18129）
任务代表了活动的下一级分解。任务通常更加具体，不同行业有较大差异，包括创建业务计划、获得融资、设计激励方式等。	

流程要素标号方案说明：
流程分级框架使用唯一的5位数字编码标识每个流程要素（如图中的16437、17060、17061、16458、18129）。这个编码将始终对应相应流程要素的概念定义。实际的流程要素和实际的定义可能会发生变化，但就概念而言，考虑到PCF的整个范围，分解将保持一致。如果某个流程要素的定义产生实质性变化，将分配新的五位数编码。

图 4-4 APQC 流程分级参考框架 7.2.1 版

资料来源：https://www.apqc.org/pcf。

APQC 的框架模型对流程分级给出了一个比较系统的思考方向，因此我们可以根据企业的实际应用环境，在参考框架的基础上进行自定义和诠释，只要有清晰的区分度，能够让大家达成普遍共识，这就应该是一种较好的分级方式。比如，目前的一种划分方式是将流程分为价值链层、业务域层、逻辑关系层、流程活动层四个层次。在定义的流程层级结构中，前三层叫流程总图框架，第四层叫流程活动层。其中第三层逻辑关系层一般可以分为两级或者三级，就是L3-1、L3-2或L3-3。第四层流程活动层可以进一步展开，这样下来就形成了流程框架的最底层，我们称之为最小业务单元。流程的最小业务单元不是越细越好，原则上保证一件事情只有一个岗位一个人完成的时候就足够细了。最顶层到最底层（最小业务单元）的流程列表，被称为流程清单，流程清单就是流程的目录。

　　以华为为例，流程清单来自对企业一级流程的分解，最终获得分类分级流程清单。如对一级流程中的"线索到回款"分解，有4类二级流程：战略流程、执行流程、管理流程和使能流程。二级流程包括管理战略、管理线索、管理机会点、管理合同执行、管理项目、管理项目群、管理授权与行政、管理客户解决方案、管理合同生命周期9条（见图4-5）。

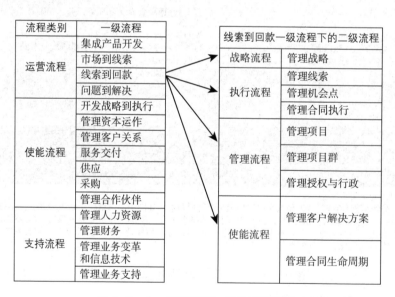

图4-5　由一级流程到二级流程的分解

资料来源：翁杰：《组织能力建设的逻辑：为企业持续成长提供动力》，中国财政经济出版社，2021，根据第100~102页相关资料整理。

　　二级流程继续往下分解形成三级流程。例如"执行流程"包括3条二级流程：管理线索、管理机会点和管理合同执行。3条二级流程分解成14条三级流程（见图4-6）。

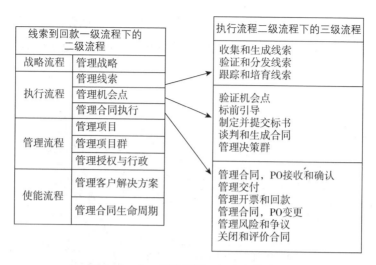

图4-6　由二级流程到三级流程的分解

资料来源：翁杰:《组织能力建设的逻辑：为企业持续成长提供动力》，中国财政经济出版社，2021，根据第100~102页相关资料整理。

由此我们可以看到这是一个0~3层的架构。0层架构，从价值链的角度对流程进行分类，对0层架构中的流程进行逐层分解就形成了一级主流程的分层架构（L0）；1层架构，此层中的流程是主流程，即跨职能部门端对端的业务流程（L1）；2层架构，此层中的流程是子流程，即职能部门内的业务流程（L2）；3层架构是职能内部的分解（L3）。

流程层次和管理层次相关，不同流程层次对应了不同的管理层次的工作。一级主流程用于中高层的业务决策和端到端跨职能部门的业务管理；二级子流程用于职能领域管理，确保职能领域的交付能满足主流程的需要；操作级流程用于指导基层活动（见图4-7）。

基于以上的工作，我们基本完成了企业流程框架的搭建工作，进而形成企业的流程总图、流程分解框架、流程清单等输出成果。这为企业的流程管理奠定了基础。

最后，流程梳理清楚了，然后就是信息化，通过IT手段固化可复制的标准和流程。为什么要用信息系统固化？因为标准和流程完善了，但直接由人去操作，有可能会出错，因为人会有生理周期波动和情绪状态起伏，师傅带徒弟的经验传承还有可能由主观或客观原因导致信息衰减，等等；但电脑和机器不会，所以，只有信息化才能可快速复制，才能确保稳定性和可靠性，才能最终干出规模、干出效果。当然，信息化的前提一定是要先做好标准化和流程化。

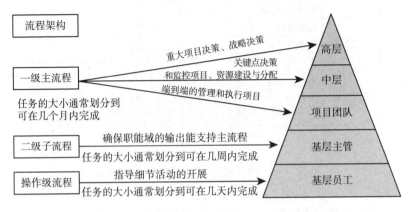

图 4-7　流程层次和管理层次对应关系示意

第三节　流程管理理念和技术

对于流程管理过程的细节，我们在此不做进一步的详细讨论，有很多这方面的专著。我们重点要讨论的是流程体系为什么变得越来越重要，支撑它的理论和技术是什么？我们认为是企业发展的现实需要推动了流程体系的建立，而管理理论的发展和科学技术的进步使这种需求变成现实并发挥了巨大的作用。

流程管理是随着管理学的产生发展而来的，到目前为止大致经历了四个阶段（当然也有不同的分类方法）：20世纪初伴随着科学管理产生的流程管理思想萌芽，20世纪60年代信息技术发展带来的流程自动化，20世纪90年代的业务流程再造（BPR）和2003年后的业务流程管理（BPM）。

一　萌芽：科学管理与"方法过程分析"

1911年泰勒的《科学管理原理》[①]中最早出现的"方法"、"过程"和

---

① ［美］弗雷德里克·泰勒:《科学管理原理》，马风才译，机械工业出版社，2007。

"流程图"等词被认为是业务流程的发端。在其著名的搬铁块试验里，通过标准化个人的操作流程，泰勒将工人搬运铁块的效率提高了 400%。他揭示出标准化操作流程的重要性：去掉多余动作，改善必要动作，以此谋求工作的最高效率。泰勒的追随者亨利·福特，在其单工序动作研究的基础上，对如何提高整个生产过程的效率做了进一步的研究。他充分考虑大量生产的优点，规定各个工序的标准时间，使整个生产过程在时间上协调起来，创建了第一条流水生产线。他的流水生产线使每辆 T 型汽车的组装时间由原来的 12 小时 28 分钟缩短至 10 秒钟，生产效率提高了 4488 倍。效率的提升使汽车的价格在 8 年内降低了 58%，同时，5 美元的工人日工资也达到了行业标准的两倍。①T 型汽车由此进入了美国大部分普通家庭，福特汽车从而奠定了自己的行业地位。

这一时期，泰勒科学管理和福特流水生产线的流程管理思想，旨在解决企业内较低层次的车间操作流程问题，主要方法包括标准化生产 / 操作流程；减少产品类型，以较少数量的流程实施大规模生产；通过零件标准化提高互换性，降低流程管理的复杂程度；通过流程的专业化分工，提高工人技能的专业化程度。这标志着标准化、大规模、追求效率的现代工业生产的开始，属于流程管理思想的萌芽期。

二 成长：基于信息技术发展的流程自动化

20 世纪 60 年代，飞速发展的信息技术被引入管理领域，以信息技术驱动的流程自动化推动了流程管理思想的进一步发展。

首先是企业开始将各职能部门内原来依靠手工完成的计算、信息传输、工序编排等任务自动化。得益于信息技术强大的数据处理和分析能力，企业各个领域的工作效率得到显著提高，例如当时著名的 Sabre 系统用数据实时更新技术突破性地实施了对美国航空公司订票流程的自动化改造，原先手工订票的平均时间是 90 分钟，采用 Sabre 系统后缩短至几秒钟。Sabre 为美国航空公司带来了巨大的竞争优势，迫使其他航空公司不得不建立起自己的预订系统。到了 70 年代，信息技术开始支持跨部门协调的需求，IBM 采用多部门共

---

① 尹淑凡:《"汽车大王"和神奇的流水线——亨利·福特与"福特制"》,《汽车运用》1998年第 4 期。

享的公共制造信息系统辅助其计算机制造的组装流程，大大缩短了制造周期。办公自动化系统、物料需求计划系统（MRP）出现。MRP的目标是帮助生产部门在正确的时间按正确的数量得到所需的物料。在这些系统里，流程建模的技术、工作流（workflow）技术的概念开始出现。

80年代，信息技术向全企业战略级支持能力发展，制造资源计划（MRP II）、管理信息系统（MIS）、计算机集成制造系统（CIMS）诞生。MRP II 是 MRP 的进一步发展，以生产计划为中心，把与物料管理有关的产、供、销、财各个环节的活动有机地联系起来，形成一个整体进行协调，使它们在生产经营管理中发挥最大的作用。信息技术的发展使流程的彻底改善成为可能，产生了"价值链""为制造而设计""并行工程"等思想，其中以全面质量控制（TQC）理念的兴起与广泛应用为代表，流程管理出现了质量管理、看板管理、准时生产制（JIT）、精益生产（LP）等技术用语。这种思想的共性就在于把关注的焦点由流程的某一职能扩展到所有职能，用信息技术和组织调整来推动整个流程的变化，追求流程业绩的巨大改善。这一时期的流程管理思想重在加强质量控制和推广应用信息技术，流程管理的概念还没有真正引起人们的关注。

三 成熟：业务流程再造（BPR）

20世纪90年代以来，随着以信息技术发展为主要标志的第三次技术革命的兴起，企业赖以生存的市场环境发生了巨大的变化。企业内部建立在分工理论基础上的组织形式和业务流程受到了以顾客、竞争、变化（简称"3C"）和以IT为特征的外部环境的挑战。

— 来自顾客的挑战。顾客越来越精明，要求也越来越高，他们需要个性化的效果，因此要求企业研发个性化的产品，满足不同层次的客户需求。

— 来自竞争的挑战。全球化给企业带来非常严峻的挑战。企业要不停地围绕降低成本和提高经济效益与同行竞争。

— 来自变化的挑战。世界进入了一个被称为VUCA的时代。

— 以移动互联为代表的信息技术发展也要求业务流程发生变化，并为这种变化提供了技术上的可能。

在这样的背景下，业务流程再造出现了。1990 年，美国麻省理工学院的迈克尔·哈默教授在《哈佛商业评论》上发表了《重组：并非自动化，而是重构》[①]的文章，由此开始了业务流程再造（Business Process Reengineering，BPR）方法的研究，业务流程再造理念也由此开始流行。1993 年，迈克尔·哈默和詹姆斯·钱皮在《企业再造》[②]一书中指出，业务流程再造是对企业的业务流程做根本性的思考和彻底重建，其目的是在成本、质量和速度方面取得显著的改善，使企业能最大限度地适应以客户、竞争、变化为特征的现代企业经营环境。该书较为全面地反映了业务流程再造的本质特征。它的核心思想是从根本上反思和重新设计业务流程，以实现在成本、质量、服务和反应速度等关键绩效上的突破性进展。其根本目的在于革除传统"科层式"组织中存在的弊端，如机构臃肿、部门林立、环节繁多、决策缓慢、效益低下等。这个时期，流程在业务流程再造的理念下重新设计，并通过 ERP 实施。业务流程参考模型，例如供应链的 SCOR 模型、电信的 eTOM 模型等、跨行业通用的 APQC 模型等应运而生。

由于业务流程再造提倡"推倒重来"的激进主张，且主要将关注点放在了流程细节和技术上，而忽视了"人"的因素和对企业之前的（技术）投入的再利用，从而出现了很高的失败率（50%~70%）。于是业务流程改进（Business Process Improvement，BPI）的出现代替了业务流程再造，并得到了越来越多的认可。但是，业务流程改进本质上没有变化，它的重点还是强调计算机技术和流程细节，却忽略了流程再造原来要追求的目标，即围绕流程可以把组织中彼此相关的任务、岗位、人员、部门等协同起来，为客户提供产品或服务。

[①]　M. Hammar, "Reengineering Work: Don't Automate, Obliterate", *Harvard Business Review*, July/August 1990:2–8.

[②]　M. Hammer, J. Champy, *Reengineering the Corporation: A Manifesto for Business Revolution*, London: Nicholas Brealey Publishing, 1993, pp.20–27.

四　广泛运用：业务流程管理（BPM）

也许是为了纠正业务流程再造过于激进、过于关注 IT 技术和流程细节，而忽略了流程管理本身，2003 年尼古拉斯·卡尔在《哈佛商业评论》上发表了《IT 不再关键》[①] 的文章，他指出，随着整个社会信息化程度的不断提高，IT 系统已不再是企业的奢侈品，而是维持其正常运营的必需品。企业的竞争优势如果不来自信息技术，那么究竟什么才是企业竞争力的来源？**企业竞争优势的根本是其卓越的业务流程体系，IT 只是帮助其高效、顺畅运作的工具。这种卓越的业务流程体系体现在业务流程能够适应快速变化的环境，具有高度灵活性。**由此，以业务流程为主导的管理思想——业务流程管理（Business Process Management，BPM）被正式提出。业务流程管理系统 / 套件（BPMS）出现了，BPMS 所要解决的问题是怎样以业务流程为中心全面串联企业的经营活动。要达到这个目标，首先要求全面梳理和设计企业的所有业务流程，最终通过 BPMS 落地实现。

业务流程管理的范畴涵盖企业营运的各个方面，如研发、生产、销售、业务、人事、财务等企业经营活动，甚至延伸到供应商与经销商以及客户端的客服活动。它的目标是企业应以流程化的思考方向，串联原本各自独立而未协调的经营活动，使串联后的经营活动成为具有增加值的企业运营流程，并辅以 IT 手段使其落地运行，从而达成企业流程管理的终极目标。它强调企业战略与业务流程管理的结合，业务流程管理必须全面承载企业战略，企业战略能够实时传递到业务流程管理，业务流程管理的状况实时反馈给企业战略。

业务流程管理指出，组织要从实际情况出发，围绕顾客需求，以流程为基础，并结合全面质量管理、互联网技术的应用，开发出各种流程管理系统和技术，进行不同层面的流程变革。它更加强调流程的重要性，最终目标是通过建立卓越流程提升竞争优势和提高绩效。

流程管理包含三个层面的内容：规范流程、优化流程和再造流程。对于已经比较优秀，且符合实际需要的流程，可以进一步规范；如果流程中存在

---

① Nicholas G. Carr, "IT Doesn't Matter", *Harvard Business Review*, May 2003:5–12.

一些问题，存在冗余或消耗成本、影响质量和进度的环节，可以采用优化的方法进行调整；对于一些积重难返、完全无法适应需要的流程，就需要进行再造了；一个组织需要进行哪一层面的流程变革，取决于组织面临的环境和内部的诸多因素。

从这点看，流程管理不仅包含流程再造，而且还融入了全面质量管理的内容，是对过去多种基于流程的管理方法的整合与发展，代表了流程管理思想新的发展趋势。

五　流程、流程管理和流程技术的关系

在讨论流程管理的过程中，不断会提到流程、流程管理和流程技术这三个关键词。那么它们之间的关系是怎样的呢？在阐述这三者的关系前，我们再来明确一下它们的概念：

流程：流程就是办事的过程，例如前面讲的"餐厅接单准备饭菜"的过程，就是一个流程。

流程管理：流程管理是企业管理中的一种方法论，主要阐述流程管理相关的理论、方法、模式等。

流程技术：流程技术简单来讲就是将流程进行自动化和信息化的相关技术。在流程技术出现之前，流程的运转是依赖于人去"跑腿"的，例如某人要请假，必须先到前台领取纸质的请假单，填写完毕还要亲自找领导签字，等等，而现在这一切都可以在电脑系统里面完成。

辛鹏、荣浩在他们合著的《流程的永恒之道》中用一个图把流程、流程管理、流程技术三者的关系清晰地表达了出来（见图4-8）。

从上面对流程管理理论和技术演变的回顾可以看到：流程管理理论（思想）的发展深刻影响着流程技术的发展，而流程技术的发展也反过来促进了流程管理思想的发展，二者相辅相成，互相促进。正是管理理论的发展和科学技术的进步使流程管理得以实现它原本追求的目标，成为企业（组织）提高效率的"利器"，获得竞争优势。流程管理的成功案例不胜枚举，如海尔通过流程管理，订单响应速度大幅提高，订单处理周期由原来的7天缩短为1小时，资金和原材料周转期从原来的36天缩短到10天以内，而华为更是流程驱动的公司。

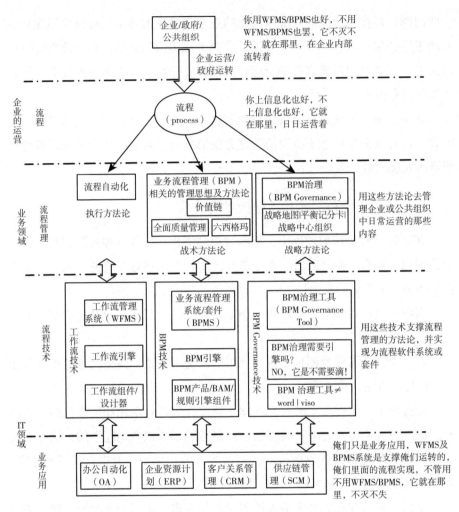

图 4-8　流程、流程管理、流程技术三者关系

资料来源：辛鹏、荣浩：《流程的永恒之道》，人民邮电出版社，2014，第17页。

　　回顾流程管理和流程技术的发展，我们还得到了这样一个启示，即组织能力的建设不能只着眼于组织内部的因素，而要用开放的眼光，应组织外部环境的变化而与时俱进，获得不断发展的管理理论和科学技术的"加持"。由此可见，组织能力的建设不是封闭的，而是开放的。

第四节　流程体系的作用和意义

一　从战略上讲，流程体系确保企业战略意图得到实施

企业战略意图要得到执行，首先是要把它分解成各项具体工作；其次就是员工齐心协力的工作；如果想让工作得到高效完成，还得通过一定的流程，同时辅之以合适的管理手段和技术手段。现代企业的管理者不可能再像小作坊时代一样，通过现场管理、现场示范来要求员工完成相应的工作。这种情况下，如何保证企业战略意图能够落实到每个员工的具体工作中？只能通过流程来保证，即企业领导者将企业战略意图落实到流程体系中，这正是企业组织能力的一个具体表现。

二　从运营层面上看，流程体系建设有助于打通部门间的分割，加强横向跨部门沟通协作，构建扁平、敏捷的组织

公司大了后，内部部门越分越细，各个部门间会逐渐形成"部门墙"，各部门不是对市场成功负责，而是对本部门的考核指标负责，这造成各部门间，特别是前端部门和后端部门间的配合会非常困难，前端的市场压力很难传递到后端支持部门，这也是"大企业病"的主要表现之一。只有打通端到端的流程体系，才能将各后端支持部门也串联到业务实现的过程中，实现市场压力的无缝传递，打通"部门墙"，也使前端部门能够得到后端部门更大的支持，从而使公司的横向协作更加顺畅。

三　流程体系使运营过程标准化和规范化，结果可以预测，模式可以复制，从而提高效率和更好地满足客户的需求

在我们熟知的企业中，肯德基、麦当劳等通过对作业标准的流程化管理，使简单的产品卖到了全球各地。而我们那么多美味的中餐，为什么不能做到像它们一样呢？大家或许会说中国菜太多，而且有些工艺复杂，很难复制，但其实更重要的是没有建立起标准化、规范化的流程。近年不少中餐连锁店的成功如海底捞等，正是在管理中采用了标准化、规范化的流程从而使产品和服务得到客户的认可。可见，快速复制成功模式也是企业组织能力的一种，

这种能力是建立在强大的流程和流程管理基础之上的。

各企业专注于本行业多年，有很多优化的做业务的方法，但如果没有通过流程进行提炼和固化，则这些多年经验/教训凝结出的方法还是由公司员工个人掌握，没有总结、提炼上升为"最佳实践"，不利于复制推广，没有实现公司知识和经验的传承。

四 流程体系帮助实现从"人治"到"法治"的转变

流程体系能够确保业务的稳定性。如果没有完善的流程体系，则员工做事都要靠自身的能力和经验，员工如果能力强，做事的效果就好；能力弱一些，做事的效果则会差一些。而完善的流程体系，由于是公司和业界"最佳实践"的结晶，则能保证按流程运作的业务始终保持较高的质量和效率水平，受人的影响并不大，因此可以减少对员工的依赖。另外，企业的管理者可以逐渐从企业日常烦琐的管理中解放出来，由"发号施令"者变成教练和辅导员，同时也有更多的时间去思考企业战略上的事情。

流程体系有助于防范风险。在规划相应的流程时，根据公司内控指导原则和风险/效率的综合评估，设置和规划相应的审查控制点、审核审批链条、流程标准交付等内控所需的内容，有利于加强公司的内部控制、减少人为的失误和风险。

流程体系能够使公司对员工的考核更加客观和公正。如果没有规范的流程体系，则决定员工升迁的最关键因素在于企业高层的感觉，而不在于员工工作的实际绩效，虽然企业高层必将努力通过考察员工的实际绩效来决定对员工的奖惩，但由于信息不对称，一定会存在偏差，这使对员工的绩效评价很难客观、公正，拍脑袋考评的情况比较普遍。长此以往，员工将把主要精力用在揣摩上层意图上，而不是用在努力做出工作实效上，这对企业长远发展无疑是相当不利的。要解决这个问题，只有建立起完善的工作流程和工作标准，告诉员工：要求员工怎么做，要求做到什么样的工作质量，后续基于这些客观要求来考核，则绩效考核才有依据，才能客观、服众，也才能逐渐使员工的实际工作绩效和考核相对统一。

如果说企业的一个主要目标是满足外部客户需求的话，那么流程管理确保了企业产品或服务在质量、数量、价格和时间等要求上匹配客户的需求。从这个意义上讲，流程管理在塑造组织能力方面起到了关键作用。

第五章

组织结构

组织设计追求的不是"先进"和"完美",而是"合适"。不要一提起传统的职能制结构就觉得"落后",当今这些所谓的"新型组织结构"多数还是以传统的职能制结构为参照的。苹果公司在乔布斯回来之后重整了组织结构,将各个业务单元中相同的部门合并,整个公司又回到了职能制的组织结构,并一直保留到现在。但是在 VUCA 的大环境和移动互联的趋势下,组织结构的发展进入了平台化和生态化阶段,总的趋势就是"去中心,去权威,走向开放和敏捷"。

前文已经提到组织由组织成员组成，组织成员各自有自己的目标，有的与组织目标一致，有的则不然。那么如何让他们通过共同的努力在实现组织目标的同时兼顾各自的个人目标？在实现这些目标的一系列实践活动中，谁负责这一部分工作，谁负责那一部分工作？如何保证组织成员把工作干得又快又好？这就涉及组织设计和结构、组织流程和规章制度等，而这正是组织体系要发挥的作用。

第一节　组织设计与组织变量

组织设计是关于如何配置人和资源以实现特定目标的思维方式（不仅是组织结构图），它的目的是指导组织如何运作以达到最优的效率和效益。为更好地理解和评价组织，我们可以从影响组织的两个变量开始。组织变量可分为结构变量和情景变量（权变因素）。

结构变量提供了描述组织的内部特征的标尺，为测量和比较组织奠定了基础，它包括了正规化、专业化、层级和职权、复杂性与权力分布。

— 正规化是指组织中的行为和活动是否有书面化的记录和规定，如工作程序、规章制度、职位说明等。通常来讲，大规模、成熟的企业正规化程度比较高，书面文件比较多、比较完备；而初创的、小型的企业正规化程度比较低，书面文件比较少，甚至没有。

— 专业化是指分工程度的高低。分工程度高，工作范围就比较窄；反之，工作范围就比较宽。

— 层级和职权指的是垂直的汇报关系和管理者的授权（管理幅度）。管理幅度宽，那么层级就变少；管理幅度窄，那么层级就变多。

— 复杂性体现在三个维度：纵向（层级的数量）、横向（每一层级中专业职位的数量或部门的数量）和空间分布（地理位置上的分散程度，如不在同一地方工作）。

— 权力分布是指能做决策的层级的高低。集权化组织的决策放在高层，如果把决策权下放到较低的层级，那么这就是分权化的组织。

情景变量指影响组织结构变量之外的其他多种因素，如组织目标和战略、组织规模、采用的技术、所处的环境、组织内部的文化等。这些因素对组织的影响比较好理解，我们不再深入展开，但有一点需要特别指出的是组织目标和战略，因为它们决定了组织的经营范围以及和组织利益相关者的关系。

有效的组织设计就是要使组织结构在反映组织内部特征（结构变量）的同时还要适应情景变量，在结构变量和情景变量之间找到"最佳平衡"。所谓情景变量就是"视具体情况而定"，在一种情形下有效的方式，换了另一种情形就不一定有效。所以不存在一种"普遍适用的"或"最好的"组织设计。比如说在环境比较稳定、采用常规技术、追求效率和大规模生产的传统企业中，如手机和电器制造装配行业，这样的企业采用行政控制程序、职能型结构和正规的沟通管理方式的情况比较常见，如著名的富士康公司；而在环境变化迅速、需要不断对技术和产品进行创新的信息技术行业，反应快、灵活机动的敏捷型组织则是现实的要求。这样的企业采用授权、自由宽松的环境、扁平的结构、非正式沟通的情况就很常见，如互联网行业中的游戏和软件公司。

国外学者基于对英国企业的调查，揭示了组织设计的历史演进方向：由"机械式"迈向"有机式"。"一般来讲机械式设计意味着组织像一部标准化的机器，组织有标准化的规则、程序和清晰的职权层级。在机械式组织中，组织结构高度正规化、集权化，大部分决策集中在高层。有机式设计意味着组织比较松散，自由流动性强，适应性较强；规则和规章制度通常没有被书面化，如果被书面化，也是被灵活地应用。人们必须通过自己的方式明白自己该做什么。职权层级很松散，而且不清晰，组织采用分权式的决策制定模式。"[1]

我们可以从结构变量和情景变量这两个角度来分析总结这两种组织设计方式的特征（见表5-1）。

---

[1]　［美］理查德·L.达夫特：《组织理论与设计》，王峰彬等译，清华大学出版社，2017，第31页。

表 5-1　机械式组织和有机式组织特征		
	机械式组织	有机式组织
正规化	用非常多的规章制度和标准程序来管理信息和指导沟通其他组织活动	规则和正式的控制很少，沟通和信息共享多采用非正式方式进行
权力分布	集权化明显，决策集中在高层，员工按照上面指示完成工作就行	决策权下放到较低的层级，鼓励员工通过与其他员工或客户合作共同解决问题，员工在这一过程中有自主决策权
个人职责	专业化，相对独立，狭窄不变的工作范围和角色	工作会随授权而变动调整，而不仅是固定在某一特定范围内，员工有自主决策权
沟通方式	按组织层级从上到下垂直进行	不仅按层级垂直沟通，更需要横向的跨职能沟通，以便快速做出反应
层级	行政命令通过纵向层级传达，从而开展工作，跨部门合作少	强调跨部门合作，根据纵向流程设计组织结构以更好回应客户的需求
典型情景	稳定的环境，追求高效、大规模生产，采用传统成熟技术，循规蹈矩和追求一致性的文化	快速变动的环境，创新的技术和产品，小规模生产，鼓励革新、创造、富于冒险的文化

资料来源：根据［美］理查德·L.达夫特：《组织理论与设计》，王峰彬等译，清华大学出版社，2017，第31~33页资料整理。

　　回顾组织设计的历史演变，我们依然可以看到科学管理、科层制和正式结构等理念在当今组织设计和结构中的印记。虽然遭到来自各方面的各种批评，但它们还是各种组织形式的初始蓝本。然而，面对当今快速变化、不确定的环境和知识经济时代的挑战，组织必须具备敏捷的特性。组织设计明显出现了高度分权的趋势，"去中心化"和"去领导化"是典型的代表。技术的发展使人们不一定得待在同一地点工作，远程办公、网上虚拟团队在新冠疫情中得到进一步强化，埃森哲公司就是这样一个"去中心化"典型，它没有一个正式的总部，负责技术的在德国，人力资源在芝加哥，财务在硅谷，大部分咨询专家没有固定的办公室而是处于流动工作状态中。而像 Supercell（超级细胞）、Netflix（网飞）和通用航空等企业则成功地实践着"去领导化"，没有人发号施令，组织成员面对的是团队和客户，而不是管理者。

第二节 组织结构的搭建

组织结构是在组织理论指导下构建的、组织内部的构成方式，它明确了各职能部门和各层级之间的排列顺序、空间位置、聚散状态、联系方式以及各要素之间的相互关系。组织结构是通过组织结构图表现出来的，它是整个管理系统的"框架"。

组织结构帮助组织系统地把任务或目标分到不同的部门、层级，直至具体的职位，同时还要确保组织内不同的部门、层级和具体的职位朝同一个目标努力，这正体现了它的协调作用：既要分工又要整合（合作）。同时，组织结构还明确了员工和部门在组织内职、权、责三方面的关系。那组织结构是怎么来的呢？它又是如何发挥作用的呢？

美国著名的企业战略和组织研究学者钱德勒在他的经典著作《战略与结构》[①]中提出"结构跟随战略"，并得到了广泛的认同，这就是著名的"钱德勒命题"。但是战略如何决定结构呢？战略首先决定了企业（组织）要做的业务，而业务的开展是要通过某种业务流程来实现的，所有业务流程中创造价值的这些活动自然是在战略指导下的活动。业务流程把这些价值创造活动按一定的逻辑关系进行"排列组合"，是对"事"的安排；而组织结构则是"因事设人"，根据所有要做的事以及它们之间的关系，把"人"配置到流程中的基本单元（岗位、职位）中去。这就好比种萝卜：在选好的菜地上按一定的间距挖好坑，然后把萝卜苗放到坑里，在这里，人就好比萝卜苗。这个逻辑过程是这样的：战略（干什么？种萝卜卖钱）——业务流程（怎么种？选好地，挖好坑）——组织结构（要配什么样的萝卜苗？要多少？它们之间的排列组合如何？）。

这样一来，大家就清楚业务流程和组织结构的关系了，不会再问"是战略决定结构，还是流程决定结构"这样的问题了。这也就是为什么我们在上一章中花那么多篇幅，不厌其烦地讨论流程和搭建流程体系。明白了流程和流程体系，对组织设计和组织结构这些问题的理解也就顺理成章了。组织结

---

① 〔美〕艾尔弗雷德·D.钱德勒：《战略与结构》，北京天则经济研究所、北京江南天慧经济研究有限公司选译，云南人民出版社，2002。

构的搭建其实就是依据流程的分类分级而来的，可以讲是核心流程体系框架塑造了组织结构，这其中当然不一定是一一对应的关系。比如组织机构的第一层，是对应流程分类的核心流程（一级流程），前面提到施炜的流程体系模型将企业价值创造活动分成了 4 类共 26 个一级流程，其中关于人力资源管理的流程有 4 个：人力资源配置、人力资源开发、人力资源激励和干部管理。我们可以根据实际需要决定人力资源管理要设几个部门（职能），如果组织机构规模不大，只有 1~2000 人在同一个城市办公，那就合并成一个人力资源部就好了；如果规模达上万人，同时又分散在不同城市，那可能要分为两个部门（职能），如人力资源部和人才培训发展中心；如果规模是几万人而且在国内外开展业务，那可能就要进一步细分为几个部门。其他部门的设立也一样，依此类推，再逐层分解，直到组织的最小单元（岗位）为止，这样组织结构就出来了。总之，分工越细，部门就越多，沟通和协作的难度就越大；部门划分要依据具体情况而定，如专业归类、效率、工作复杂程度和管理者的能力等。

组织结构横向（水平方向上）表示分工，即职业（专业）部门的划分。把工作分配好了还不够，这些工作不会自动地完成，还需要由组织发出行动的指令，这就是组织结构中纵向结构的功能。纵向（垂直）结构表示的是上下级汇报的层级关系，是组织指令上传下达的信息链条，可以理解为一种权力关系或权力在组织中的分配，尽管这种传统的权力驱动机制在去中心化、分权化和去科层化的趋势中有所修正，但它还是最直接、最简单、不可或缺的有效机制。当然还需要其他的机制来补充，如流程化机制更多的是强调按"流程指令"而不是"上级指令"开展跨职能的合作；交易机制更多的是强调"市场化"和"交易成本"，各组织单元的合作基于"成本最小、利益最大化的市场原则"，引入竞争机制，即使是组织（企业）内部的产品和服务，如果其性价比不高，那流程中的相关单元就可以从外部市场上采购获得，这就产生了业务外包；相反，如果某内部单元的产品和服务性价比很高，那它不仅会被组织内部的相关单元接受，还可以给组织外的客户提供产品和服务。如格力的压缩机生产工厂除给本集团的空调业务提供压缩机外，也将其卖给组织外的客户使用；而格力自己的一些高端空调则是外购压缩机。

简单地讲，组织结构的横向负责分工，纵向负责决策、指挥和协调。在分工的同时又要做好协调，只有这样才能把一件事高效地完成。

第三节　组织结构的分工

企业（组织）结构的历史发展演变至今形成了几种经典的分工模式，由直线制、职能制、直线职能制、事业部制发展到矩阵制。目前虽然出现了各种各样冠以创新名称的组织结构，但其实都是这些经典结构基础上的变体。

一　直线制组织结构

直线制组织结构可能是最早、最基本、最自然的一种形式（见图5-1）。

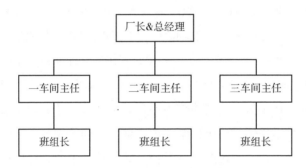

图 5-1　直线制组织结构示意

直线制组织结构的特点是简单、直接、层次分明。组织的指挥和管理由负责人到各主管再到更下一层，直接行使，没有专门的职能管理部门。指令的传送和信息的沟通自上而下，只有一条直线渠道，完全符合统一指挥的原则。

优点是单一领导，结构简单，关系清晰，上下级权责明确；政令统一，决策快，效率高。缺点是缺乏专业化的分工管理，所有问题都必须向上级请示汇报，领导工作繁重，时间和精力几乎都被日常事务淹没；权力集中，决策指挥完全依赖上级领导个人能力。员工个人缺乏主动性和积极性；不利于同级部门间协调沟通，因为大家都是直接汇报给组织最高领导。

直线制组织结构一般适用于那些规模小、业务程序简单的业务或者是业务刚开始的阶段。

二　职能制组织结构

又称**"法约尔模型"**。它是按职能来组织部门分工，如把所有与销售有关的业务和人员组合在一起成立销售部门，由分管市场和销售的副总来领导。其他如研发、生产和工程技术等部门也同样如此（见图5-2）。

图5-2　职能制组织结构示意

职能制组织结构的优点：一是职责明确，有利于强化专业管理、提高效率；二是管理权力高度集中，便于最高领导层对整个组织实施严格的控制。缺点是各部门往往片面强调本部门工作的重要性，容易产生本位主义，造成许多内耗，使职能部门之间的横向协调比较困难；高层决策在执行过程中也往往被狭隘的部门观点和利益所左右。

职能制组织结构主要适用于产品单一、生产技术发展比较慢、外部环境比较稳定的中小型组织。

三　直线职能制组织结构

这种组织以直线制为基础，保留了直线主管领导，但在各级主管人员之间设置了相应的职能部门，提供专业的建议和参谋。在这种组织架构中，两类人员的职权是十分清楚的。一类是直线主管领导人员，他们拥有对下级的指挥和命令权，承担着实现所管理部门的业务目标的任务；另一类是职能部门的职能管理人员，他们只起到参谋和助理的作用，可以对下级机构进行业务指导，提出建议，但无权向下属机构及管理人员发布命令（见图5-3）。

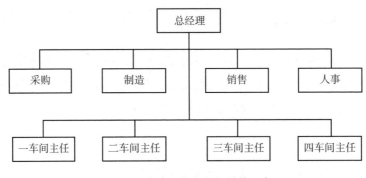

图 5-3　直线职能制组织结构示意

直线职能制组织结构的优点：一是工作职责明确，分工具体，是一种以工作为中心的组织形式；二是整个组织既保证了命令统一，又发挥了职能专家的作用，有利于优化行政管理的决策，因此这种结构形式被各类组织广泛采用。缺点一是各部门容易从本位出发，各执己见，需要上级管理者在各部门之间进行协调；二是职能部门的作用受到了较大的限制，一些下级业务部门经常忽视职能部门的指导性意见和建议。

四　事业部制组织结构

企业（组织）由一系列以产品、地区或客户为导向的运营部门组成，公司总部负责监督各业务板块活动，分配资源，执行各种支持功能，并进行整体控制。由于每一个事业部基本上负责一项业务，它们通常作为独立的利润中心运营。事业部制组织结构适用于在多个业务领域或多个国家经营的企业。相比职能制组织结构，事业部制组织结构将业务层战略交给事业部经理，而把公司战略留给总部高管，提高了每个事业部的决策速度和质量；同时，有利于将事业部之间的协调成本降到最低，通过鼓励不同部门之间进行资源竞争提高效率。但是事业部制组织结构对高层管理者控制多样化和复杂性的能力提出了更高的要求，因为拥有独立的业务部门和独立财务中心的各部门均以自己的方式经营，以至于会影响跨业务单元的协同效应，有时更可能形成管控的问题。

有三种常见的事业部形式：产品事业部、地区事业部、客群事业部。

以产品事业部为主导的组织结构（见图 5-4）：适用于多元化公司，产品和服务标准化，能有效整合公司资源，快速推出产品和服务，凭速度和规模取胜。缺点是职能部门重复设置，对当地市场缺乏针对性。

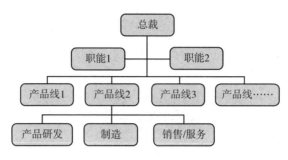

图 5-4　以产品事业部为主导的组织结构

以地区事业部为主导的组织结构（见图 5-5）：适用于金融服务机构（银行、保险、证券）、地产、大型跨国公司等以因应各地不同的监管和当地特殊情况，本地适应性好但资源共享和协同效果差。

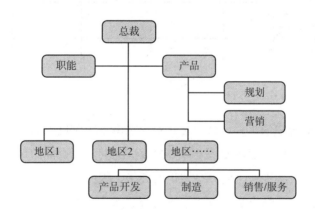

图 5-5　以地区事业部为主导的组织结构

以客群事业部为主导的组织结构（见图 5-6）：适用于服务对象需求差异较大的公司，如对公客户业务（To B）和对个人消费者业务（To C），或按行业划分的业务，如咨询公司、建筑设计公司（商业办公、住宅、酒店）。有利于追加销售和交叉销售，但对企业内部资源整合和协作要求高。

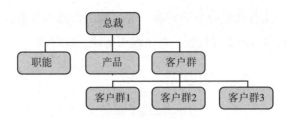

图5-6 以客群事业部为主导的组织结构

除了上述几种经典的组织架构以外，还有一种为很多大型多元化集团和跨国公司所采用的矩阵制组织结构（见图5-7）。

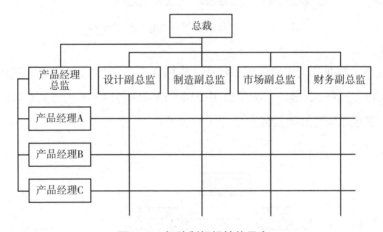

图5-7 矩阵制组织结构示意

随着营业规模的扩大，公司常常希望在两三个维度上同时兼顾不同业务目标和群体的需要，如在发挥全球规模效应的同时，也能满足不同地区对响应速度的要求或各专业之间共享知识的要求。因此不少公司采取矩阵制组织结构。这一结构的特点是双重或三重汇报关系。例如，中国区的产品经理要向中国区主管和全球的产品经理同时汇报。当然这一组织结构的优势是兼顾全球规模效应、地区响应性和知识共享的多种需求，但缺点是相互之间的沟通协调变得非常困难、非常复杂。但在国内，双线汇报为许多集团化公司所采纳和使用，如人力资源部负责人向所在机构的总经理汇报，同时在职能上（专业上）向集团人力资源负责人汇报，从而避免分支机构各自为政、总部管理失控。

第四节 组织结构的整合

企业通过不同的组织结构把工作分派了出去，但是同时要确保组织内不同的部门、层级和具体职位朝同一个目标努力才行。如何确保组织内不同的部门、层级和具体职位朝同一个目标努力呢？仅凭组织纵向的"决策指挥"链是不够的，还要通过不同的管理工具和方法：

— 建立规章制度作为判断的标准和依据；

— 建立统一的工作流程打通各部门和环节；

— 建立共享的信息系统，确保相关部门了解其他部门的工作进度，而不是各行其是；

— 定期的沟通会议制度；

— 建立跨职能项目团队；等等。

利用好各种管理制度和工具，组织内不同的部门、层级和具体职位才能形成合力，朝同一个目标努力。这就是在管理的过程中我们不断强调沟通、协调、合作的原因，否则分派出去的任务就变成孤立的了，朝同一个目标努力就不可能实现。以下几个具有代表性的场景，大家是不是"似曾相识"呢？

一 一线员工的抱怨

很多时候员工会抱怨，面对客户的投诉或要求，作为掌握信息的员工却没有办法马上对客户做出及时的反应，需要层层上报。员工抱怨公司不信任他们，也没有给他们足够的授权，让他们的工作很被动，缺乏参与感；此外，抱怨的产生还可能来自职责不清或激励措施不匹配。每一个层级为了避免承担责任以及对个人利益造成的风险，就会把本该由一线员工直接决定的事情推到高层主管那里去解决。

二 创新的夭折

小王工作在一家科技企业，想为自己最近开发的一个语音识别软件申请公司资源支持，但是层层的审批和等待让他失去了耐心，在失望之际，另一家公司趁机挖角，请他加盟。在新公司的及时大力支持下，这一软件得以迅速推向市场，获得极大成功。在以创新为关键的高科技企业，拥有最尖端、最前沿专业技术的往往不是最高层主管，而是大量一线员工，如果凡事都要层层审批，他们的创新念头很容易消失，创新的热情遭几次否定后也会荡然无存。

我们把类似上面这样的情况叫作组织结构里的垂直边界障碍，是指组织架构里的不同层级（等级），如从总经理、副总经理、经理直至基层员工之间自然存在的隔阂和障碍。在上面两个情景中，每个层级（等级）之间自然存在的隔阂和障碍表现得很充分也很"自然"。企业里的层级越来越多，这就像一个人穿了很多层衣服，穿得越多对外面环境的变化就越不敏感。对企业来说，丧失了对市场和客户的敏感可不是什么好事！这样的组织结构必须要得到调整：由集权走向分权。

三 家电维修

家里买的电器不工作了，按服务说明书上的电话致电厂家的客服中心。对方客服说：你这个问题比较特别，你给技术支援部打电话吧，他们比较专业。技术部又说：这个是质量问题，你先联系质量部门吧……

四 电话骚扰

周末，你刚挂了某家银行来电询问要不要贷款的电话，准备出去参加同事组织的烧烤活动。刚坐上车，电话又来了："先生，我是××银行信用卡中心，请问你需要办一张高尔夫信用卡吗？"周一回到办公室上班，××银行的私人银行部赵小姐来访，谈的是购买该行的高额境外理财产品。两个电话和一个当面拜访，都来自同一家银行！这就是组织结构里横向部门之间、不同地区之间、不同产品线之间自然存在的边界，以及由此产生的隔阂和障碍。

在上面两个情景中，不同部门、不同产品线之间自然存在的隔阂和障碍表现得很充分也很"自然"。我们把类似上面这样的情况叫作组织架构里的水平边界障碍。企业里不同职能部门之间、不同地区之间、不同产品线之间的资源和信息的共享、协调一致的行动并不像我们想得那么顺畅。相对于层级太多、边界太多而言，这个是边界太厚。各部门、地区、产品线都只从自己的利益出发而忽视了整体的利益。

为了打破这种横向沟通的障碍，除了前面提到的建立共享的信息系统、部门间直接接触、定期开会沟通外，建立跨部门的项目小组（虚拟团队）成了当今管理实践中的常态（如图 5-8 所示）。

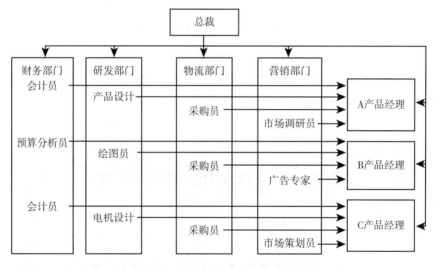

图 5-8　跨部门项目小组结构示意

图 5-8 显示了产品经理在组织结构中的位置及团队构成。如在产品 A 的开发过程中，一名会计人员就会被指派来跟踪项目成本和预算情况，研发人员则提供设计建议，采购和营销人员也分别负责各自领域的工作。产品经理对整个项目负责，他要确保按时开发生产产品并将其推向市场，实现项目目标，但产品经理对团队成员并没有正式的权力（产品经理和团队成员不是上下级关系，而是平等合作关系），正式的权力还是来自原来的部门主管。跨部门的合作将是常态。不止如此，当前，许多企业还采用了跨部门的虚拟团队。虚拟团队由在组织上或地理上分散的成员构成，主要通过先进的信息技术进

行沟通。团队成员使用网络与合作软件而不是面对面一起工作。例如，IBM和诺基亚的虚拟团队即是如此。

第五节　选择合适的组织结构

在工作中，我们经常被问道："什么样的组织结构最好？"对于这个问题，之前有过论述：组织结构在反映组织内部特征的同时还要适应情景变量，在结构变量和情景变量之间找到"最佳平衡"。所谓情景变量就是"视具体情况而定"，在一种情形下有效的方式，换了另一种情形就不一定有效。所以不存在一种"普遍适用的"或"最好的"组织设计。我们可以以家电龙头企业美的集团组织结构演变为例来具体探讨一下组织机构随内外环境的变化而变化的情况。讨论美的集团组织结构演变的目的在于具体地让我们了解组织结构发展和匹配的一些规律，把我们对组织结构的抽象理解变为具体而形象的理解。

案例：美的集团组织结构演变

一　1968~1979年，创业阶段

这一时期，企业在组织结构方面并没有完善和标准的形式，我们姑且可以称之为直线型组织结构——最基本、最自然的一种形式；在这一阶段，我国还处于计划经济时期，市场的竞争并不激烈，企业还谈不上有什么长远战略，更多的是捕捉市场的机会；再加上企业的规模小，人员不多，因此，企业在这11年里并没有很大的发展。

二　1980~1996年，单一业务时期的直线职能型组织结构

改革开放给家电制造业带来了机会，企业规模迅速扩大。1980年产出第一代金属风扇，1985年又率先向市场推出全塑型彩虹系列电风扇。这个时期市场竞争开始激烈起来，单一产品已经不足以适应企业的生存与发展。1985年，通过从广州某国营企业购入设备和技术的形式，美的成立了空调设备厂，正式进军空调行业，经过几年持续不断的改革与扩张，美的产品线也逐渐清晰。1986年，美的拥有风扇和空调设备两大系列，初步形成在董事会领导下，各职能部门各司其职的中央集权的直线职能型组织结构（见图1）。随后几年里，美的相继开展了电饭煲、空调电机等业务，在保持稳定的国内市场占有量的同时，着手开辟国际市场。在这个阶段，传统的高度集权的直线职能型的组织结构在美的的发展初期确实带来了高速增长，也为其后来的进一步扩张打下了坚实的基础。

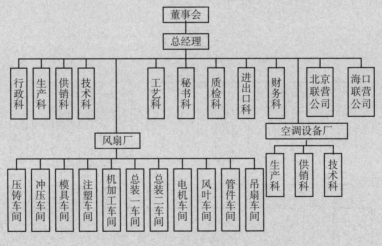

图1　1986年美的集团组织结构

三　1997~2000年，相关多元化业务的事业部型组织结构

美的集团从创业到进入家电行业初期，一直沿用直线职能型的组织结构，所有产品的总经理都是既抓销售又抓生产，所有的产品由总部统一生产、统一销售。在公司发展早期，这样的中央集中控制模式在行业

内十分通用，对当时产品线单一、部门简单的美的并没有什么影响。

1996年前后，美的的规模得到迅速扩张，产品类型急剧增多，在短短的几年间进入了电饭煲、空调电机、饮水机等领域。企业规模壮大了，生产仍由总部统一管理，组织结构还停留在单一产品制，5大类1000多种产品由总部统一销售，这就造成了产品生产和销售脱节，经营业绩大幅度下滑，体制性缺陷已经日益明显。随着美的经营的产品和业务越来越多，直线职能型组织结构就不再适用了。

美的高层管理团队反复调研和论证，最终决定把企业"由大化小"：对高度集权的直线职能型组织结构进行了改革，试点改革的主要目的是使单个产品经营单位成为经营主体和利润中心，通过按产品、按业务划分资产经营单位，实行授权式经营。1997年7月，公司合并小家电公司和电饭煲公司成立小家电事业部，空调和风扇部门暂时保持不变（见图2）。

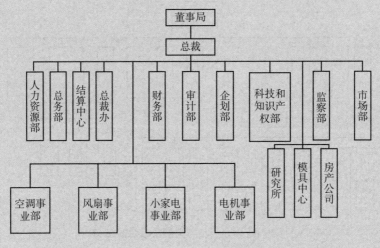

图2　1997年美的集团组织结构

各个事业部拥有自己的产品和独立的市场，享有很大的经营自主权，实行独立经营、独立核算；既是受公司控制的利润中心，又是产品责任单位或市场责任单位，对"研、产、销"以及行政、人事等管理负有统一领导的职能。此外，各事业部内部的销售部门基本上设立了市场、计划、服务、财务、经营管理五大模块，形成了以市场为导向的组织架构，而像原来生产经营部这样类似"内部计划经济"的机构也渐渐消失了。

这次事业部改造给美的带来立竿见影的效果，事业部从原来单纯的生产型企业向市场型企业转变，在变化不定的市场中主动出击，快速做出反应，当年实现销售 29 亿元，成为国内最具价值的品牌之一。次年（1998 年）美的空调产销增长 80%，风扇高居全球销量冠军宝座，电饭煲稳坐行业头把交椅，电机成为行业领头羊，小家电产品也名列前茅。改革的内部效应也明显体现出来，各部门责、权、利明晰到位，原来相互扯皮与推卸责任的现象得到控制，管理效率大大提高，这为日后多元化战略的推进和企业规模的扩大奠定了良好的基础。

四　2001~2014年，非相关多元化业务的事业部型组织结构

2001 年，随着竞争的加剧，美的集团开始进军非相关多元化产业：开始了在房地产方面的投资，通过收购进入了客车领域，甚至投资了水电等项目。与主业不相关的多元化发展使美的再次面临类似1997 年的问题：对事业部的管控力度不够，管理出现了问题。随着规模的扩大，企业产品线太长、品种过多，美的又一次扩张到无法管理的局面。当时的家庭电器事业部已经发展到拥有十几种产品，内部管理严重失调。风扇产品出现大量库存由此造成亏损。美的事业部制的弊病就逐渐暴露出来：对市场反应慢，开发产品难以满足市场需求，产销脱节，运营成本太高，价格不具有市场竞争力等。2002 年，美的一名离职员工致信 CEO 痛诉美的的"大企业病"，这封信引起了包括CEO 在内的集团高层的重视，并在集团内部掀起了企业改革的大讨论，既然这种大事业部制模式和产品结构不能很快地支持产品经营，那么"拆"或者"分"将成为新一轮组织结构改变的主题。

经过组织反省，从 2002 年开始，美的发起了全面推进事业部制公司化及事业部管理下的二级子公司运作模式，进一步完善现代企业制度，从提升经营水平和强化组织竞争力方面提出了四个调整方向，对美的整个组织架构进行再次优化。由于一些事业部发展过

快，美的将产品类型比较接近的事业部集中到一起，比如小家电系列产品，相应地设立二级管理平台来处理事业部的经营管理问题，再次增加组织的弹性，以便更快、更专业地应对市场需求。2002年8月，美的空调事业部推行了事业本部制，在空调事业部下成立三个本部，将原来相对分散的二级子公司的管理统一到本部中去。这时美的厨具事业部也出现了严重的问题，产品太多，管控力度不够，财务信息不畅通，因此美的对厨具事业部进行了拆分，在拆分后各事业部业绩同样得到了高速增长。空调、电机事业部规模太过庞大，已经无法控制，于是被从股份公司剥离开来，成立了事业本部。这次拆分也让美的经历了快速的增长，市场占有率和财务绩效都大幅提高。虽然整个过程经历了不少波折，但到2004年，这一波"拆或分"的调整基本尘埃落定，后来被外界称为美的有史以来第一次大范围的组织结构调整（见图3）。

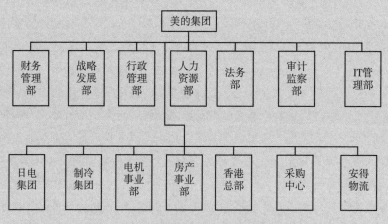

图3　2004年美的集团组织结构

与前一次发展低谷时求变不同，这次是在2000~2001年的账面业绩一片大好的情况下，美的决定牺牲短期的业绩增长进行的组织内部调整，从而达到规避未来风险、让组织健康发展的目的。事业部拆分以后，美的组织结构简化，流程优化，外部市场网络的调整与内部调整同时进行，这样针对大超市大商场不同区域不同产品可以采取灵活的策略。反应快，公司营运成本得以降低，这次调整让美的轻装上阵，变得更加灵活了。2002年集团实现销售收入151.65亿元，2003年实现销售收入175亿元，2004年突破300亿元，2005年和2006年集团分别实现销售收入456亿元和570亿元。业绩提升也表明美的组织结构改革已经获得了初步的成效，然而这并不是终点。2015年，美的开始了新商业时代组织再造，形成了目前的（产品）事业部矩阵型组织结构（见图4）。

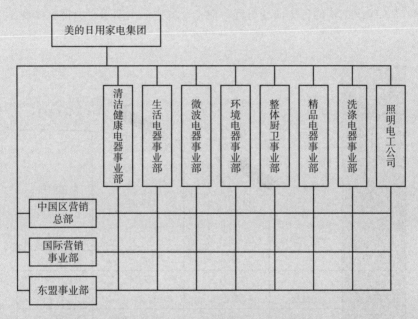

图4　2015年美的集团组织结构

我们可以看到，美的组织结构始终在调整，而每次调整都是围绕权力的放与收进行的，权力收放的另一面则是责任和利益的转换与变局。美的从最初的被动地进行组织结构的变革发展到为强化竞争力而主动地、有意识地去让组织结构适应环境的发展，这正是其不断发展壮大的动力之一。

资料来源：本案例根据公开资料及储小平等《变革演义三十年：广东民营家族企业组织变革历程》（社会科学文献出版社，2012）整理而成。

通过对美的案例的分析我们可以看到，组织结构的设计要与企业的发展阶段和经营战略相匹配。当组织规模管理的复杂程度、外在经营环境或者战略方向发生改变的时候，组织设计也要随之改变。组织如何分工和整合会影响企业内部员工将精力和注意力放在哪里，因此，组织设计必须要与企业希望强化的组织能力和战略重点密切相关。美的案例其实具有广泛的代表性，代表了改革开放后国内大多数民营企业组织结构的演变过程（见图5-9）：

（1）组织结构需随企业的战略变化而变化；

（2）组织结构需与企业生命周期匹配；

（3）组织结构的历史演变过程，在企业的生命周期里也会得到体现。

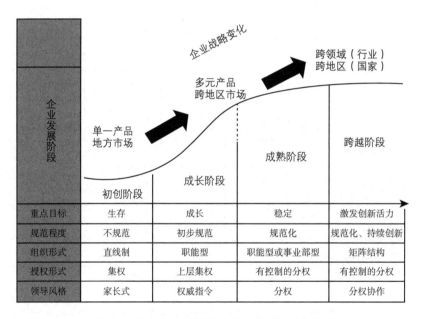

图5-9　企业发展不同阶段的战略、结构和管理

第六节　组织结构的平台化和生态化

传统的组织结构由直线制组织结构发展到矩阵式组织结构，可以说把工业化大规模高效生产的优势发挥得淋漓尽致。但是在VUCA的背景下，随着以移动互联为代表的新经济时代的到来，传统基于职能的组织结构似乎显得

有些"笨拙不堪"。

首先，从横向看，反应不够灵活敏捷。由于分工细、层级多，企业在面对市场竞争对手、客户及其他环境的变化时显得迟缓、低效。新的产品和服务的推出需要层层审批、多部门逐一协调、耗时长，从而导致延误战机、丢失市场和客户。

其次，从纵向看，员工缺乏自主性和创新动力。因为管控的模式是自上而下的，上司让干啥就干啥；流程是标准化的，也只能按章办事。员工主动出击和追求变化的热情和积极性就慢慢消失了。

近十多年来，随着组织理论的发展，企业界也在不断地探索和尝试新的组织结构，如扁平化组织、无边界组织、学习型组织、阿米巴组织、项目型（团队型）组织、敏捷型组织、平台型组织、生态型组织、指数型组织等，不胜枚举。但总体上讲，传统的组织设计关注的是岗位、职责、流程、上下级的汇报关系，进而发展出职能制、控股公司、事业部等组织结构。在 VUCA 的大环境和移动互联的趋势下，组织结构的发展演变在经历过流程化革命之后进入了平台化和生态化阶段，但是总的趋势没变，就是"去中心，去权威，走向开放和敏捷"。

一　组织结构的"平台化"

在事业部制的基础上，精简各事业部的非业务职能和机构，把能共享的资源集中到平台以更好地支持各事业部的业务发展。如果你去仔细研究一下国内的那些成功的大企业集团，如华为、美的、腾讯、阿里巴巴、京东等，它们基本上还是"事业部制＋平台"的组织结构。很多人以为这是互联网科技行业在组织结构上的创新，其实"平台共享"模式历史悠久，远古时代就出现了农贸集市，近现代则有百货商店，现今的"平台"只不过是运用了互联网等现代科技把"实体平台"虚拟化为"网上平台"而已，一种是"资源共享平台"，另一种是"运作支持型平台"。国内互联网企业在由小变大的发展过程中，其实一直是以银行的组织结构为蓝本的。20 世纪末，国内银行业在信息技术的支持下陆续形成了"前中后台"组织结构（见图 5-10、图 5-11）。

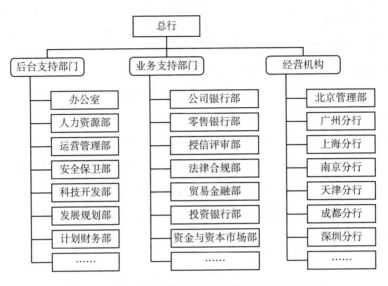

图 5-10 某股份制银行事业部制改革前的组织结构

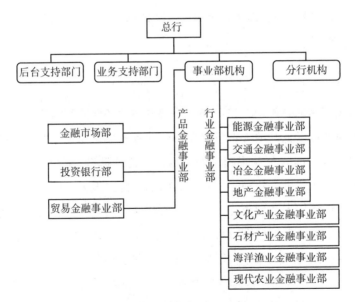

图 5-11 某股份制银行事业部制改革后的组织结构

该银行事业部改制之前是典型的"前中后台"组织结构，而在改革之后则是事业部矩阵式的"前中后台"组织结构。这其中的"中后台"就是共享平台，它们在共享关键资源、专业能力和知识以及服务等的同时，协调组织一致性。共享平台的作用就是更好地支持前台业务和外部战略合作伙伴。

前台是与客户直接打交道的业务单元，洞察与理解客户的需求，给客户提供产品或服务。在银行实际的运作中，前台业务单元就是各分支行的网点，通过各种各样的业务团队与客户接触，向客户提供产品和服务，如存款、贷款、理财、汇兑等。

中台是为前台创新和营运提供资源和专业能力的单元，如提供法律咨询服务、开发新产品和服务、提供数据分析和建立风险决策模型等。

后台则是为中前台提供专业化服务的单元，主要包括人力资源管理、财务、企业资源、计划流程和 IT、公共关系等。

前中后台组织的运作特征主要体现在两方面，一是前台的业务团队能够灵活高效地感知客户的需求，精干的业务团队具有很强的市场开拓能力；二是中台具有提供强大支持的能力，能够支持业务团队快速满足客户的需求。

在互联网行业，2018 年，京东商城以客户为中心，对组织架构进行了调整，将其划分为前中后台。前台，主要包括平台营运业务部、并购业务部、7 Fresh、新通路事业部、拍拍二手业务部；中台主要包括 3C 电子及消费品零售事业群、时尚家居平台事业群、生活服务事业群、技术中台和数据中台等；后台主要包括 CEO 业务办公室、商城财务部、商城人力资源部等。[①] 阿里巴巴的“效率驱动型市场化生态组织”（见图 5-12）其实也是采用典型的前中后台组织结构。

在前端，阿里巴巴大约有 30 个高度自治的业务团队如淘宝和天猫，这些团队为阿里巴巴用户提供不同的产品和服务。中台提供的是技术应用的支持，在具有强大能力对海量的客户数据进行分析和运用先进的算法建立客户预测模型的基础上，阿里巴巴的业务团队才能够在其网页上为不同用户展现不同的产品，实现“千人千面”的精准产品推荐。后台则是技术硬件基础设施及典型的专业支持和指导团队，包括人力、财务、战略、对外关系团队等。

组织结构“平台化”的目的无非是要克服传统职能组织结构的那种“笨拙不堪”的缺陷，达到集中分享资源、提高运营效率，从而对市场和客户的需求做出敏捷的反应。

---

① 《京东商城宣布组织架构调整，划分前中后台》，《新京报》2018 年 12 月 21 日。

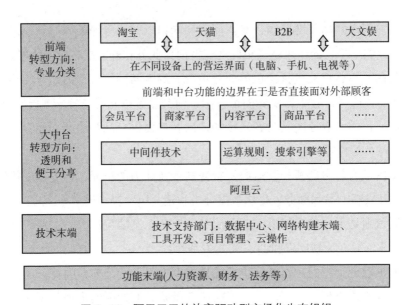

图 5-12　阿里巴巴的效率驱动型市场化生态组织

资料来源：杨国安、〔美〕戴维·尤里奇：《组织革新》，袁品涵译，中信出版社，2019，第147页。

二　组织结构的"生态化"

组织结构的"生态化"其实是"平台化组织"走向"开放"的表现，这也是对竞争战略变化做出的反应。不同于传统竞争理论强调竞争优势，商业生态强调的是生态优势，即企业以开放和共创获得生态优势。基于价值网，企业搭建平台，连接并整合外部资源，将资源和能力对合作伙伴开放，与供应商、互补企业和客户共创价值，从而重塑新的竞争优势。与过去内生的竞争优势相比，企业不再进行孤立的竞争，而是与各合作伙伴、客户相依存；企业不再仅仅关注内部价值链的优化与内部资源和能力的积累，而是搭建平台整合并有效利用外部资源；企业不再基于传统价值链进行线性的价值交换，而是基于价值链实现各主体间的价值、资源、信息、技术和人才等的流动；企业不再是封闭地专注做大自身规模，而是对合作伙伴以及客户开放，进行价值共创。

国内企业以海尔、华为、腾讯等为代表提出了自己的生态战略并借此打造生态型组织。杨国安和尤里奇在《组织革新》里，更是提出了"市场化的生态组织"的概念。"市场化的生态组织由共享平台、业务团队和战略合作伙伴组成，以便实现关键能力。"[1]传统的主流组织设计模式相较于外部更关注内部的分工与运转，企业家与管理者在过去多年间试图发展新兴模式来弥补传统组织边界隔阂明显、过度集权等不足，也发明了阿米巴、无边界组织、合弄制组织等新型结构。然而，该书作者认为这些都属于"零碎的局部创新"，通过对腾讯、阿里巴巴等8家著名公司的深入研究，提出了一种新型的系统的组织模式——市场化生态组织。市场化组织的核心导向是鼓励成员聚焦外部市场，创造市场机遇。生态组织则描述的是资源和人员的最高效安排，植入了内部团队和外部伙伴组成的广阔的信息、资源、能力网络（见图5-13）。

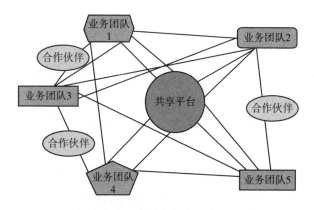

图5-13 拥有多个业务的市场化生态组织结构示意

可见组织结构在"共享平台化"之后，趋向对外开放，与战略合作伙伴结成联盟，开展深度合作，相互借力，实现共赢。这个时候"共享平台"不仅仅支持内部业务团队，在需要合作的时候还可以支持合作伙伴，如腾讯和滴滴的合作。在滴滴的叫车业务呈爆炸性增长的时候（一周之内涨了50倍！），滴滴自己的系统面临着崩溃的危险，而此时腾讯的技术团队则直接进驻滴滴现场帮助解决问题。[2]

腾讯"开放平台"核心理念就是"自己做得好的就自己做，自己做得不

---

① 杨国安、〔美〕戴维·尤里奇：《组织革新》，袁品涵译，中信出版社，2019，第117~119页。

② 郭雪梅：《腾讯云专访滴滴CTO张博：生死战役，大数据、云服务助跑》，通信世界网，http://www.cww.net.cn/article?from=timeline&id=3412548&isappinstalled=0，2015年6月29日。

好的就交给合作伙伴"。其创始人马化腾也说过，"腾讯已经把半条命交给战略伙伴"。除了自己专注社交平台、游戏业务、数字媒体和内容平台等核心业务之外，腾讯在众多垂直领域，如在电商、O2O服务、互联网金融、在线教育、医疗等领域里选择优秀的伙伴合作。在电商领域选择与京东合作，腾讯入股京东，并与其在微信、手机QQ的入口和在线支付等领域进行合作，实现生态共赢。其他的例子还包括腾讯与滴滴出行、大众点评、58同城的合作。[①]

在传统制造业，我们也能看得到这种转型。海尔很早就提出平台生态化的组织模式，采用"平台＋自主经营体＋创客化"的组织架构，推动海尔智能化制造的不断转型升级。华为的平台生态化组织结构是外部打造技术平台、资源平台、服务平台，服务于商业联盟、产业联盟、开源社区；内部打造十大管理平台体系，服务于内部的各个作业单元，从而打造平台式的小集成经营体的铁三角、陆战队与重装旅式组织。其他行业也采取了平台生态化的组织结构改造，如温氏构建了基于互联网连接的"平台化管理＋56000个家庭农场"的分布式组织模式，永辉超市提出了"平台＋小前端＋富生态"的组织形态。

案例：海尔的生态化组织

2019年，海尔出现在BrandZ"全球最具价值品牌100强"排行榜上，是众多生态组织探索者中走得最远的企业之一。[②]这标志着海尔的生态化组织由互联网时代进入了物联网时代。海尔的生态化组织吸引着来自全球的生态战略专家前来调研和学习。基于生态系统共创的"生态价值"成为大势所趋，企业逐步向平台化、分布式的管理方式运作进化，而内部经营单元则小微化、项目化。

---

① 杨国安、李晓红：《变革的基因：移动互联时代的组织能力创新》，中信出版社，2016，第159~160页。
② 《海尔的时代进化：以生态组织转型破局》，中国日报网。https://mbd.baidu.com/newspage/data/landingshare?pageType=1&nid=news_9151764563865348664&wfr=&refluxos=，2019年7月24日。

一 生态化平台的建设

（一）海尔 U+ 智慧生活平台：创造最佳客户体验

U+ 智慧生活平台是海尔推出的一个智能家居开放平台，旨在通过开放的接口协议让不同品牌、不同种类的家电产品接入平台，实现系统级别的交互。U+ 智慧生活平台的推出，代表海尔在智能家居行业的布局正在从做产品往做平台变迁；聚焦"开放""交互""个性"等主题，将智慧家庭作为战略核心内容予以实施，致力于向消费者提供一站式人工智能全屋成套智慧家庭解决方案，为用户提供厨房美食、卫浴洗护、起居、安防、娱乐等家庭生态体验。例如，海尔 U + 和 WIFI 连接，只需一款 App 即可操控所有家电家居设备。用户不仅可以通过微信控制家中设备，还可以通过微社区分享自己在美食和烹饪方面的经验，可以直接在本来生活网下单购买所需要的食材；冰箱可以随时提醒你食品保质期，通过你一周的饮食内容提醒你如何更好地健康膳食；海尔推出的空气盒子会根据数据反馈对空调下达指令，将家里的普通空调变成智能空调；用户不需要根据燃气热水器监测家中燃气泄漏，它会自动关闭燃气阀门，然后将有毒气体排出。

总之，U+ 智慧生活平台把客户服务从互联网时代的交互智能升级到了物联网时代的主动服务。

（二）COSMOPlat 平台：汇聚内外资源，展现了生态平台的全流程价值

COSMOPlat 平台是海尔集团打造的具有自主知识产权的工业互联网平台。作为全国首批智能制造试点示范企业，海尔集团从 2012 年开始建设互联工厂，从大规模制造转型大规模定制，变产销分离为产销合一。在 COSMOPlat 平台的物联网范式下，用户全流程参与的平台实现大规模定制转型与共创共赢，它具备独创性、时代性、普适性三大特征。COSMOPlat 平台全流程共有"七大模块"：（1）用户交互定制平台；（2）精准营销平台；（3）开放设计平台；（4）模块化采购平台；（5）智能生产平台；（6）智慧物流平台；

（7）智慧服务平台。"七大模块"构成了颠覆创新的"互联网＋协同模式"。

COSMOPlat平台的核心功能有以下几个。

（1）向消费者提供个性化定制方案，并让消费者参与设计和制造的全过程。将原来的产品生命周期管理上升到用户全生命周期管理。按照用户的个性化定制程度，基于COSMOPlat平台的定制可以分为模块定制、众创定制和专属定制三种。其中，最具特点的众创定制，消费者将自身的创意同平台上的研发和设计资源以及其他消费者等结合，通过交互的方式实现价值共生，体现了海尔新型生态系统的运作及动态迭代过程。同时消费者不再是一般意义上的顾客，而成为全流程价值共创者。

（2）积极将其他利益相关的外部合作企业、专业团队等各类资源聚集到平台上，实现了企业内外部资源的集聚和优化配置，通过生态赋能助力它们成长和发展。例如通过服装制造企业、服装衣联技术厂家等，实现了多组织、多类型融合的互联生态网络平台——海尔衣联生态联盟。作为COSMOPlat平台的子平台，衣联平台将"厂""店""家"融为一体，致力于构建衣联智慧生活生态圈，并通过正向的间接网络效应，吸引更多的消费者参与，继而吸纳更多的专卖店或厂家进入生态系统。

（3）对海尔内部来讲，COSMOPlat平台是海尔集团"人单合一"模式的具体落地平台：其让用户及时互动参与，让世界变成了海尔的研发部，让全体员工变成了创客。这大幅度地提升了海尔的生产效率，如海尔能够直接将用户下单定制的产品进行快捷连接，在不进仓库的前提之下就进行配送，大大缩短了订单的交付周期，也提高了现金流转速率。COSMOPlat成果率先在海尔的互联工厂得到验证。其生产线上的产品不入库率达到69%，定单周期缩短一半，生产效率提升60%。[①]

---

① 《海尔COSMOPlat：打造制造业新生态体系》，新华网，https://mbd.baidu.com/newspage/data/landingshare?pageType=1&nid=news_9458302513139034740&wfr=&_refluxos=，2018年7月25日。

由此可以看到，COSMOPlat 平台的主要目的：一是迅速汇集企业内部资源（以创客和小微为代表）和企业外部资源（以消费者和共创商业伙伴为代表）；二是平台成员参与价值共创（如从汇集产品创意、个性化定制、产品研发、在线网络资源营销到消费者创建生活场景等），实现从企业到产业的全方位生态进化。这种通过汇聚资源、迅速响应用户需求并提供解决方案的资源协同平台充分展现了生态平台的全流程价值。

二　去中心化的组织结构：拆航母，造小船

2019 年，海尔集团董事局主席、首席执行官张瑞敏对来访的伦敦商学院战略与创业学院教授迈克尔·雅各比德斯这样说道："如果海尔原来算是一个航母的话，现在把这个航母拆掉，就是变成很多很多的小船，这些小的军舰，你自己去寻找出路，在寻找出路的过程当中，然后你再可以自我驱动，最后相互比较靠近的，再合成一个舰队，这样会变成自己组合不同的舰队。"①

得益于这样灵活的"舰队"组织形态，海尔生态中目前已有 2000 多个小微，涵盖各个行业领域，共同为用户提供全方位的美好生活解决方案。海尔的生态结构看上去很松散，也没有一个主导者，怎么能够让这些"小型冲锋艇"能够很好地协调呢？答案是，这些"冲锋艇"都有自己掌舵的权力，能够自我驱动，以"创用户体验"为目标寻找航向。航向接近的小艇会自发组成"子舰队"，形成强大而机动的战斗力。

张瑞敏还说道："真正的生态是共同进化，没有人去组织，是需要他们自己看到市场用户的需求，以用户为中心，各个相关方，包括集团之外的，组成一个可以增加价值的组织，我们称之为增值分享。"②

① 《海尔的时代进化：以生态组织转型破局》，中国日报网，https://mbd.baidu.com/newspage/data/landingshare?pageType=1&nid=news_9151764563865348664&wfr=&refluxos=，2019 年 7 月 24 日。

② 《海尔的时代进化：以生态组织转型破局》，中国日报网，https://mbd.baidu.com/newspage/data/landingshare?pageType=1&nid=news_9151764563865348664&wfr=&refluxos=，2019 年 7 月 24 日。

　　海尔的组织生态化其实早在 2005 年就开始了，作为中国首家营业额超千亿元的家电企业，海尔开启了"人单合一双赢模式"的探索。"人"就是员工，"单"就是用户，"人单合一"就是把员工和用户连在一起。"人单合一"的双赢模式将员工和用户两大要素视为价值创造中心，目的是让每一个员工定位其目标用户与市场需求，也就是把员工与其创造的用户价值相结合。双赢代表员工不再是通过上级布置的任务根据自己的职位级别获得薪酬，而是通过自己创造的用户价值获得价值，将传统商业模式中以企业利益为核心转为以用户需求为核心。

　　这在组织结构上引发了变革，即从传统的正三角结构转变为倒三角结构，一线员工不再需要越过层级接触用户、反馈用户需求，而是通过与用户零距离直接交互、自觉自主发掘用户需求并及时做出相应反馈；管理层由原来的指挥者变成资源的提供者，组织内部协同、共同创造用户资源。海尔的组织结构由此开始走向去中心化、开放化、网络化，具有了生态化的特点：决策权、用人权、分配权下放，决策权下放给自主经营体、小微创客和员工，增加企业基层参与决策的责任感与使命感；用人权下放，怎么用人，用多少，由员工自主决定，时间的分配与管理由员工自主选择；建立一个开放体系，打开企业的"墙"，把外部资源引进来，把内部不好的资源淘汰出去；领导不能再把自己当成领导，而是要当成小微主，一定把指挥权交给市场一线。

　　过去 10 多年，海尔去掉了 2 万名中间管理层。现在海尔只有三种人：平台主、小微主和创客。庞大的企业中间层没有了，集团与小微主不再是领导和被领导的关系，原来集团的部门领导都变成平台主，为小微提供创业服务。

　　然而组织的变革是不会停止的。2015 年 9 月 19 日，张瑞敏在题为《人单合一 2.0——为创建"共创共赢"生态圈模式进行的探索及实践》的演讲中指出，1.0 时代海尔推动员工和用户连在一起，表现出来的是把企业和市场连在一起。但随着时间的推移，原来的组织机制和框架受到限制。2.0 阶段海尔要做的一是颠覆原有传统模式，二是建立共创共赢的新模式。在共创共赢的新框架下，企业的定位、价值导向、驱动力、目的都发生了变化。原来企业的定位是以自我为中心，现在只是互联网的一个节点；原来企业的价值导向是顾客，现在变成了用户，顾客是一次性的交易，而用户则是不断参与零距离交互和体验；传统企业是按人来定单，现在是按单聚散人；共赢是目的，是各方利益最大化，攸关各方能够持续协同、共享创造的价值。[1]

三 组织文化的转变

组织最重要的改变是文化、观念的改变，而不是组织结构的改变。在海尔的组织文化里，我们可以看到这样一些改变。

（一）管理者观念转变

（1）管理者眼光的转变：需要将企业的战略定位从竞争转向用户价值、共赢共生，创建生态价值圈；打造企业品牌和文化，将创新和服务作为企业持续竞争的独特优势，促使员工产生对企业文化的认同感，让文化成为企业难以被复制的资源。

（2）管理者身份的转变：由原来的指挥者变成资源的提供者、组织内部的协同者；由原来的发好施令者变成员工的教练或辅导员。

（二）员工观念转变

（1）员工创客化颠覆了传统的雇佣制，员工从被雇佣者、执行者转化为创业者、动态合伙人，将"要我干"变成"我要干"。

（2）在新型组织环境下，创新尤为重要，员工学会了协同与合作；员工的利益与消费者的利益、企业的整体利益联系在一起，注重整体效益的意识得到加强；由交互智能服务升级到了物联网时代的主动服务。

（三）客户观念转变

（1）由单一的销售产品到提供一站式解决方案，由互联网时代被动的交互智能服务到物联网时代的主动服务。

---

[1] 《海尔"人单合一"模式进入2.0时代》，《经济参考报》2015年9月21日。

（2）由管理企业产品生命周期到管理客户生命周期。

（3）由产品差异化、个性化到和用户共创产品。

（四）打造全生态价值链

以本企业为节点，使供应商、消费者和其他利益攸关方与企业进行内外部的交互，延伸价值链。

生态战略的本质是开放、连接和共赢，其核心是价值共生，处于生态系统内的所有组织或个体基于共同愿景，整合系统内外资源，基于顾客需求来进行价值创造和传递。张瑞敏尤其注重生态战略，并在业界率先提出"人单合一"的商业模式，随后又在此基础上提出"链群共赢进化生态"的生态战略思想，并发布了海尔U+、COSMOPlat等各类生态平台。海尔的生态战略不断进化，促进企业持续转型，海尔的生态化组织建设十分具有代表性。

资料来源：根据已公开资料整理而成，部分资料参考了胡泳《张瑞敏谈管理》（浙江人民出版社，2007）、穆胜《重塑海尔：可复制的组织进化路径》（人民邮电出版社，2018）。

第七节　组织结构的焦虑症：如何变？

扁平化组织、无边界组织、学习型组织、阿米巴组织、项目型（团队型）组织、敏捷型组织、平台型组织、生态型组织、指数型组织，不胜枚举。这些关于组织的新名词让人觉得眼花缭乱，无所适从。到底我们应该选择什么样的组织结构呢？答案就是依据企业的具体情形而定，不能生搬硬套，合适就好，没有最好。很多HR和老板在咨询机构的推动下对华为、阿里巴巴、谷歌、腾讯等公司的管理模式产生了"痴迷症"，以为套用这些企业的制度、流程、组织架构等就能把企业做成功。但实践中不乏画虎类犬、东施效颦、把企业折腾死的案例。

大型的互联网公司采用"共享平台 + 业务单元"的组织结构，这是和互联网公司所处的竞争环境分不开的。互联网公司必须追求速度，不做第一就很可能被淘汰。"共享平台＋业务单元"组织结构能够保证速度的要求，业务单元可以按照业务的发展需求进行快速调整，而后台或中后台是相对稳定的。这样的组织结构能支持"大胆尝试，快速试错"，但是这样的结构用于传统的中小型生产制造业就会闹出刻舟求剑式的笑话。

不要一提起传统的职能制结构就觉得"落后"，当前这些所谓的"新型组织结构"多数还是以传统的职能制结构为参照的。组织设计追求的不是"先进"和"完美"而是"合适"。苹果公司在乔布斯回来之后重整了组织结构，将各个业务单元中相同的部门合并，整个公司又回到了职能制的组织结构，并一直保留到现在。

其实，组织结构的变化只是外在的形式，在匹配了合适的组织结构之后，最重要的是管理者的管理理念要随之变化，如果这两者不匹配，组织结构转变的结果就是"徒劳无功的瞎折腾"，让企业步入"劳民伤财"的陷阱里。比如由职能型组织（结构）向流程型组织（结构）转变（流程再造革命）就遇到了重大的挑战。流程再造主要将关注点放在了流程细节和技术上，而忽视"人"的因素，从而导致失败率高达 50%~70%。因为在职能型组织（结构）里，管理者的权力很大，是"指挥官"；而在流程型组织（结构）里，管理者的角色要转变为"教练"、"辅助赋能者"和"服务者"。很多管理者在这一转变面前无所适从，还是希望员工按自己的"指令"去做事而不是按"流程规定"去做事。这样费心费力搭建起来的结构和流程就成了无用的摆设。员工的理念也一样要转变，要由"按上级指示办"变成"按流程办"，由"对上级领导负责"变成"对流程环节中的直接客户和（或）间接客户负责，直到最终的外部客户"。

总之，组织结构的设计或选择最终是为了提高组织的敏捷性和效率，从而满足客户对产品和服务的需求，正如迈克尔·哈默说的那样：更快，更便宜，更好（Faster, Cheaper, Better）。组织结构的变化还要求组织理论和设计与之配套，结构变了，员工和管理人员的理念必须要随之变化。

第六章

激　励

　　做好激励和绩效考核，企业的管理工作就完成了一半！难怪任总这样说："钱分好了，管理的一大半问题就解决了。"

　　——田涛:《我们为什么要做企业家：企业家精神与组织兴亡律》(中信出版社，2020)

第一节 激励是什么？

企业战略能否达成，在于企业这个组织是否有相应的能力去有效执行。除了我们已讨论过的战略、人才和组织设计与结构之外，还需建立激励体系。组织的目标确定了，作为组织成员的人才也已经招聘并培训到位，开展工作的流程也制定好了，那么我们如何让组织成员把工作完成得又快又好呢？领导大叫一声"干活了"就行了吗？如果工作时心不在焉，出工不出力，怎么办？这让我们想起影视作品中士兵们攻城的片段："兄弟们，冲啊，拿下古城，赏银十两，宴席三天，后退者，斩！"人是组织要素里唯一具有主观能动性的因素，有能力且有意愿他才干得好，有能力没有意愿他就干不好，甚至干脆不干了。要想工作完成得又快又好，不仅要有一个力量去"推动"他，还要有另一个力量去"牵引"他，激发其内心产生驱动力。这种合力就是"激励"。"赏银十两，宴席三天"就是"正激励"，"后退者，斩"就是"负激励"。用现代管理学的说法，**激励就是针对个体的特征和需求，通过设计适当的机制来调动、激发个体的能动性以完成既定目标或任务。**

一 个人需求和激励理论

了解员工个人需求层次是对员工进行激励的一个重要前提。在不同组织中，不同时期的员工以及组织中不同员工的需求充满差异性，而且经常变化。因此，管理者应该经常性地用各种方式进行调研，弄清员工未得到满足的需求是什么，然后有针对性地进行激励。

马斯洛的需求层次理论在管理中早已得到应用。马斯洛把人的需求划分为五个层次：生理的需求、安全的需求、社交的需求（友爱和归属的需求）、尊重的需求、自我实现的需求。马斯洛和其他的行为科学家认为，一个国家多数人的需求层次结构，是同这个国家的经济发展水平、科技发展水平、文化和人民受教育的程度直接相关的。在不发达国家，生理需求和安全需求占主导的人数比例较大，而高级需求占主导的人数比例较小；而在发达国家，则刚好相反。在同一国家的不同时期，人们的需求层次会随着生产水平的变化而变化。

马斯洛之后，美国心理学家赫茨伯格提出双因素理论，谈到了保健因素和激励因素。其中保健因素是指工资报酬、工作条件、福利待遇等与工作基本相关的一些方面，他认为以上这些只带有预防性，只能消除员工的不满，但不会带来满足感。而关键在于后者——激励因素，激励因素是指工作表现机会及愉悦感、成就感，由于良好的工作成绩而得到的奖励、未来发展期望、职务上的责任感等，这些才能使员工真正获得满足感，达到直接激励。双因素理论与马斯洛的需求层次理论是相吻合的，保健因素相当于马斯洛提出的生理需求、安全需求、感情需求等较低级的需求；激励因素则相当于受人尊敬的需求、自我实现的需求等较高级的需求，而激励因素越来越成为"新一代员工"的关注点。

二 一体化的激励模型

进入 2018 年，最后一批"90 后"也正式宣告成年。这预示着"80 后"和"90 后"将逐渐构成各企业就业大军中的主力。随着时间进入 2022 年，"00 后"也将进入职场，就业结构的主力发生了关键性的变化。这一代人生长的背景：独生子女政策，改革开放后经济大发展，信息技术和互联网技术大发展。在这样的时代背景下，这一代人不仅享受到了经济发展带来的富足生活，而且有机会接受了更良好的教育，掌握了更多的知识和方法，同时他们也形成了不同于前人的心理特点和价值观：

— 自我意识强烈，个性张扬；

— 强调民主管理和自我发展；

— 创新意识与成就动机强烈；

— 追求自由和不被约束的工作环境；

— 喜欢有挑战性的工作；

— 追求工作生活平衡，看重属于自己的时间；

— 对企业（组织）的依附性降低，传统的职业发展生涯对他们的吸引力不再那么强；等等。

改革开放后的几十年，大多数企业以金钱和物质为主的激励理念曾经大大地调动了员工的工作积极性，企业快速发展，中国成为"世界工厂"。这个理念仍将在未来相当长的时间内扮演主要角色，但是单纯的金钱物质激励不太可能大幅提升"新一代员工"的积极性了。随着就业结构主力的改变、知识密集型经济时代的到来、小康社会的全面建成等，金钱等物质激励的吸引力在变小变弱，"新一代员工"对尊重和自我实现的需求在上升，一体化的（Integrated）激励模式才是未来的趋势。而作为领导者，就是要清晰地了解现在的变化情况，洞悉未来的趋势。

一体化的激励模式，就是基于个体不同的特征和需求，打造集多种激励模式于一体的激励模式。一体化的激励模式认为对人的激励来自两个方面：外在激励和内在激励，二者一起驱动个人的行为，就像飞机的两个发动机一样推动飞机前进（见图6-1）：

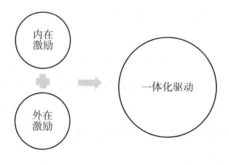

图6-1　内外兼顾的激励模型

外在激励就是通过企业的薪酬和绩效管理体系给予员工个人的回报，如薪酬、福利和职位晋升等，其他的方式还包括利润分享、股票、期权、合伙人、内部创业等。这些激励方式已广为企业界采用，如阿里巴巴和华为的员工持股计划，等等。外在激励的重要性正如网络军事迷们对美军单发战机的评价："只要发动机够强大，板砖都能飞"，这从一个侧面说明了当前中国企业和员工对激励的认识。

"只要发动机够强大，板砖都能飞"这个事实并不妨碍美军要求获得更多的预算来设计和制造双发战机。同样，激励体系也需要开发另外一个"发动机"，这就是**内在激励**，其通过工作本身给员工带来愉悦。这主要来自企业的愿景、使命和价值观。它们是否得到员工的理解和认可，企业的战略目标和员工个人的目标是否契合（不一定是一致），工作本身是否有吸引力（适合员工的兴趣和特长），工作环境是否令人开心，等等。

（1）**通过组织的愿景、使命和价值观来激发个人的工作热情和动机，就是唤起个人心中的使命感和责任感**，让他们明白自己目前正在做的事对家人、他人、社区、环境意味着什么。不只是赚钱回来养家糊口，而且是对社会和他人做出贡献，有高尚及伟大的追求。作为企业，如果能巧妙地将它的期望与员工的期望结合在一起，那将能产生巨大的工作动力。

商业机构也是如此，阿里巴巴"让天下没有难做的生意"，作为一种表达整体抱负和雄心壮志的愿景和战略具有无形但巨大的价值，它毫无疑问地赢得了客户（广大中小企业）和其他利益攸关方的支持和认同，成功地激励了组织内的员工，员工引以为豪，找到了工作的动力，发现了自己的价值。这样的例子还很多，如谷歌的"我们的使命是整合全球信息，供大众使用，使人人受益"，百度的"用科技让复杂的世界更简单"，联邦快递的"使命必达"，等等。谁会觉得这样的工作没有意义呢？人是需要寻找生存的意义和认同感的，通过有意义的工作，他们能够在社会中找到自己存在的意义和身份认同。

（2）**让工作本身更有吸引力从而使工作成为动力。**如果看到有一份工作刚好适合你的兴趣和特长，工作环境也很令人开心，你是不是会跃跃欲试？在这里，可以通过自己的努力、把自己的想法成功地变为现实的产品从而服务于大众。答案是肯定的。关于工作兴趣和报酬与个人的选择，有学者做过测试，它们的几种组合如下：

— 不匹配：无趣的工作 + 低报酬；

— 匹配：有趣的工作 + 低报酬；无趣的工作 + 高报酬；

— 完美：有趣的工作 + 高报酬。

测试表明如果工作是有趣的，就是报酬低一些，人们也会选择和接受，这说明工作兴趣的重要性。当然，为了使工作变成一种"快乐的体验"，企业还需要：

—— 让员工明白这份工作对他人和社会的贡献和意义（前文已提过）。

—— 员工可以及时分享知识和信息，并可以基于流程、数据和事实自主做决策。

—— 容忍失败、犯错的氛围。比如亚马逊的创意孵化模式就遵循了这样的原则："大胆想象，小步试错，快速失败，不断学习"。

—— 为员工营造一个自由、舒适、专注的环境，比如灵活的上班时间和地点、个性化的办公区域、员工服务中心等。

—— 让他们干一些自己喜欢的、创新的事，比如 3M 和谷歌都给出 15%~20% 的工作时间让员工按自己的方式去尝试一下自己那些"疯狂的想法"。

（3）让工作场所"快乐"起来。世界知名房地产咨询机构仲量联行针对包括中国在内的 12 个国家的 7000 多名白领做了一项调查，询问他们对自己工作的满意度，以及工作环境对他们的影响。多数员工认为开心是获得良好工作体验的最重要因素。研究还将员工的投入程度和工作氛围做了联系。调查发现，日本员工最不投入，21% 的人表示工作时心不在焉。法国人紧随其后，19% 的法国人表示他们工作时力不从心。同时，日本人和法国人是受访人群中认为自己的工作环境最不能令人满意的。不同于以往员工"一切向钱看"的理念，调查显示，现代白领对于工作的要求主要看三个方面：参与度、激励措施和成就感。

在这样的背景之下，近年来一种新的风潮正在席卷美国、英国和其他欧洲国家。一种新的执行官诞生了，那就是"首席快乐官"，他们的职责是提高每个员工的工作满意度。据英国《卫报》（*The Guardian*）报道，丹麦 Woohoo 公司联合创始人亚历山大·科杰洛夫（Alexander Kjerulf）这样形容这个职位的职责，"首席快乐官的工作就是带头提出各种倡议，比如庆祝、培训和其他类似活动，帮助公司里的员工更好地完成工作并且明确自己的工作目标"。另外，根据美国《新共和》杂志的报道，首席快乐官的日常职责包括诊断同事的情绪健康状况和办公室氛围。他们调整企业政策和文化来创造一个令人快乐的环境。为了达到这个目标，他们通过问卷调查了解员工满意度。他们还举办研讨会来引导企业员工，从沟通技能到静思冥想等方面来帮助员工更好地适应工作。

为什么公司在意他们的员工是否开心呢？因为有观点认为快乐的员工更高产，如此一来快乐就成了公司的最大利益，毕竟没有老板希望自己的员工死气沉沉，毫无生气。

一个叫卢克·卡梅伦的英国人还创办了一家求职网站nicestjobs.com，网站的理念就是寻找开心的员工和老板，力求成为不开心工作环境的终结者。如果想成为这家网站的会员，无论你是求职者还是老板，都必须先进行一项"开心测试"，测试内容从你的户外活动频率到上一次你做好事的时间。只有通过测评的求职者和老板，才有可能成为网站的会员。之后，网站会对会员进行配对；一般对于求职者会侧重其活力、责任心和感恩的特质，而对于老板，网站希望其公司能够提供合理的年假、员工福利和企业责任感；将求职者和老板按照评估结果列表，确保拥有相似价值观的员工和老板配对。

可见，工作场所对新一代员工的投入程度有多大的影响。我们来看看以下这个案例以进一步了解国外最新有关"快乐工作"的潮流。

案例：首席快乐官这个角色为何开始流行

埃伦·马格斯的烤箱12月23日坏了，她当然很郁闷。"12月真是糟糕的月份，我弄坏了一辆车，还得了新冠"，零售企业廷普森公司的这名经理说，"现在，不仅圣诞节用不了烤箱，花钱买新烤箱还得动用我和伴侣辛辛苦苦省下来的结婚积蓄"。

马格斯在社交平台的同事群里吐槽这场灾难。同事们背着她给公司的快乐官打了电话。几天后，一台新烤箱送到她家，由公司付费。马格斯说："你有时候听说别人遇上好事儿，可是从来不觉得这会发生在自己身上。但不仅仅是在这些大事上，有了快乐官，我工作生活的每一分钟都有了很大的不同。"

本周早些时候，伦敦金融城最古老的一家律师事务所，因为讨论聘请首席快乐官登上头条新闻，他们认为快乐官将确保员工享有"世界上最有活力、最快乐、最令人振奋的工作场所"。这项工作涉及为员工组织静修，以及送书给他们，而且书是出自他们最喜爱的作者。

廷普森公司的快乐官珍妮特·莱顿说，这些个性化服务并不是可多可少的"装点门面"，而是基于产生具体成效的心理研究。她说："这从商业角度很容易理解，如果感觉自己得到支持和照顾，员工就会平静、放松、努力工作。他们会彼此体谅，也会体谅顾客。"

快乐官的角色现在越来越高调：哈里王子卸下王室职务后接受的首个正式职位，是在硅谷初创企业"越来越好"公司担任首席影响官，以帮助客户实现"个人发展"。英国也在悄悄地接受这一角色。过去几年里，总部设在英国的快乐咖啡咨询公司通过其注册首席快乐官培训计划培训了数百名崭露头角的快乐官。快乐咖啡咨询公司的首席快乐官萨拉梅·特卡夫说："公司花很多的钱和精力试图让员工感到快乐和专注，包括发放津贴、奖励、免费水果、免费咖啡和免费冰沙等各种办法，但这些不会使人在工作中感到快乐。"

她说："工作中的快乐，来自与了不起的人一起做了不起的事情。这听起来可能空洞，但训练有素的专家可以通过框架和计划，准确界定每家公司如何实现这一目标。"管理顾问机构——先进工作场所咨询公司的创始人安德鲁·莫森认为，首席快乐官太重要了，他建议所有客户都引入这一职位。他说，这个职位值得放在公司高层：快乐官应该与首席执行官一起列席董事会，并且拥有广泛的权力。他说："一个2万人的公司有2万个不同的大脑。如果你希望所有这些大脑都处于最佳状态，整个团队就得协调配合。良好的合作是企业成功的重要平台，这赋予你巨大的竞争优势。"

他认为，快乐官将变得更加普遍。他说："目前许多公司存在员工与老板的对立，员工一定获胜，因为他们最终会用脚投票。"

凯蒂娜·拜福·德温特是马根塔咨询公司的员工福利经理，每三个月组织员工和部门经理聊天讨论职业发展，并且安排公司每季的团队出游和每年的小休假。她还与公司每位成员每月进行一小时的心理健康"边走边说"。

资料来源：英国卫报网站2022年2月25日文章，作者阿梅莉娅·希尔，中文编译转自《参考消息》2022年3月11日（https://www.cankaoxiaoxi.com/science/20220313/2472150.shtml?fr=pc）。

（4）挑战的激励。人的本性需要归属感和认同感，所以他们会谋求加入某个组织如各类群体和团体，当然包括到企业里工作（如之前提到的愿景和使命的激励）。在加入组织之后，组织的成员通常会竞相表现自己，使自己成为组织中"最靓的那一个"，以获得更多的认同和自我实现（成就感）。作为企业的领导，就是要**引导和激发**员工这种"要做得更好"的潜能来挑战更高的目标。

在笔者朋友主持的管理培训课程中，他常常会用这样一个游戏开场：培训师会请学员做一个现场练习，请其中一位站到墙角并给他一支笔，然后请他全力向上起跳，在跳起来的最高处画上一条线。然后，培训师会问在座的所有人：你们相信如果这位同事再次原地跳起，能画一条更高的线吗？几乎所有人都回答可以，而参与者本人也表示可以。事实上，我们可发现绝大部分人画出了一条更高的线。为什么会有这样的结果？原因是有了明确的参照物的指示。每个人在面对目标时，如果心里一开始就充满了对目标的恐惧和不确定，对自己的潜力不了解，又没有一个客观参照的话，目标就变成了一个难以实现的东西。但是，当我们经过尝试，对本身的潜力有所了解，目标又很明确时，如果我们全身心投入，实现目标就不再是遥不可及的梦想，因此在给员工定目标的时候，管理者和领导者有一个重要任务，就是激发组织全员在自己提出的指标基础上进行"多次起跳"，看看自己究竟能跳多高！

"天下熙熙皆为利来，天下攘攘皆为利往"讲的是人们对利的需求，而"士为知己者死，女为悦己者容"讲的是人们对认可的需求。对人性的深入探索及多方位的认识有助于更好地做好激励。所有的激励都是为了企业的绩效，离开绩效谈激励毫无意义。激励的目的是让员工积极地投入工作以获得企业鼓励的行为和期望的结果，所以需要对期望的行为和结果进行评估，并把评估的结果用于进一步提高企业的业绩和员工的表现，这就需要建立绩效管理体系，并让它和激励关联起来。

第二节　绩效、薪酬和战略的协同

上面讲了一体化激励理论模型，它的具体实施要解决两个问题：一是如何将企业战略有机地分解为各事业部、各个部门和各员工所认可和接受的行动计划；二是如何有效地驱动和牵引员工的行为以执行这些行动计划。前者要求建立一个与之相匹配的绩效考评体系，后者要求建立以一个能体现绩效的薪酬激励体系；通过薪酬体现绩效，绩效与战略相连，三者协同起来，从而提高组织能力。

一 绩效承接战略

现代企业大多建立了自己的绩效管理体系，并投入大量的人力物力维系这一体系的运转，因为企业已充分认识到，只有员工能力（素质）和工作绩效的提高真正与企业战略目标相联系，才能提升组织的绩效，增强企业的活力和竞争力。建立绩效管理体系将公司各项业务管理、部门职责和公司战略有机地结合在一起，从而确保各业务单位和部门目标与公司整体战略保持高度一致。

（一）绩效管理的四个维度

企业在建立绩效管理过程面临很多的问题与矛盾，这些矛盾主要集中在以下几个方面：如何平衡企业短期、中期、长期绩效的关系？如何平衡企业财务绩效与非财务绩效的关系？如何平衡组织绩效与个体绩效的关系？为解决这些问题，我们将从绩效管理的四个维度对绩效管理体系进行分析与构建。

绩效管理的四个维度是指从长期、中期和短期三个角度出发对企业绩效管理的分类，它们分别是战略绩效、经营绩效、部门绩效和员工绩效（如图6-2所示）。战略绩效，侧重于公司长期绩效，通过公司战略地图有效确定公司的长期发展目标及影响企业长期发展的关键因素，平衡企业长期发展和年度经营绩效的矛盾。经营绩效，侧重于公司的年度绩效，以预算管理为基础，实现战略资源的优化配置和年度经营计划目标。部门绩效主要体现在部门层面，是根据公司的年度经营计划和公司级的 KPI 分解制定的部门 KPI 和工作目标。员工绩效，主要在员工个体层面，按照"动态的目标＋静态的职责"原则，是将战略绩效、经营绩效和部门绩效在各级员工层面的分解。战略绩效、经营绩效、部门绩效和员工绩效有效结合，将长期的战略转化为近期内的计划，将团队的目标转化为个体的绩效，将组织的战略转化为个人的行动，确保战略的有效落地和执行。

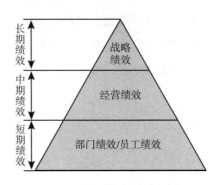

图6-2　绩效管理的四个维度

（二）绩效管理的两个基础

要实现企业战略绩效、经营绩效、部门绩效和员工绩效的有效衔接，保证公司战略目标的有效分解并引导员工培养企业所需的核心专长与技能，必须建立起基于目标管理的**绩效考核体系**（以KPI为例）和基于能力素质（胜任力）模型的任职资格体系。

1.通过KPI体系引导、跟踪目标、评价结果

对企业战略的有效分解，让每个部门、每个员工都明确，在公司既定的战略前提下，自己应该承担什么样的KPI，以及自己应该采取什么样的行动来确保KPI的达成。KPI分解机制使企业的战略目标有效地传递到组织中的每一个员工，高层管理的战略压力得到无衰减的传递；同时依靠将KPI考核结果与员工的报酬待遇、升迁发展相关联，依靠利益动力机制形成对员工的约束。

2.通过能力素质（胜任力）模型确定及评估行为

任职资格体系具体包括完成工作所需采取的行为，以及在背后支持这些行为的知识、技能和素质等。任职资格评价的关键在于对绩效行为标准的制定，而这种绩效行为标准又来自对流程的分解和对工作内容、绩效标准的分析，只要员工按照这样的行为标准去指导自己的工作，就能够有效地提高工作业绩。因此，基于任职资格，可以建立企业的行为评价体系，即参照任职资格标准去评价任职者的行为是否符合组织的期望、流程的要求，是否能够支撑企业的战略目标，获取高水平的绩效。

绩效管理不仅仅是要一个绩效评估的结果，更是要进一步运用这个结果来引导和改变员工的行为以提高其业绩表现。除了以下将详细讨论的绩效管理在薪酬上的运用外，其他的运用还包括定期回顾绩效管理过程，及时给员工提供辅导或培训；员工的晋升和降级，及时淘汰不合格员工以保持团队活力；员工的发展和职业生涯规划；等等。

二 薪酬体现绩效

薪酬体系是推动企业获得高绩效的关键动力。它的意义在于引导和推动员工去实施那些承载了企业战略目标和价值观的具体行动方案。基于绩效的薪酬体系主要关注两个问题：一是如何通过薪酬体系的利益驱动机制实现企业长期、中期、短期绩效管理的平衡发展；二是如何通过薪酬体系的设计实现其对公司战略的引导和对员工行为的驱动，使员工行为有利于团队绩效的达成。

为了解决以上问题，企业需要从四个方面构建基于绩效的薪酬管理体系，这四个方面是岗位工资体系、绩效奖金体系、薪酬调整体系和长期激励体系。

（一）薪酬体系

目前绝大多数企业向员工支付薪酬是基于 3P 理论模型，即岗位（Position）、个人资历（Person）及个人的绩效（Performance）决定薪酬的理论。这个理论认为不同岗位对企业创造的价值和贡献是不一样的，每个岗位都有一个与之相对应的价值点，它体现的是企业内的公平性；同时，企业会把它拿来和劳动力市场上的薪酬水平相对比，并做出相应调整以确保自己的薪酬具有外部竞争力。企业的基础薪酬体系就这样建立起来了：岗位价值 + 个人资历 + 个人绩效 = 员工薪酬。以下我们以一个管理 10 人左右的销售经理为例。

薪酬体系的第一部分为岗位工资。首先通过科学的岗位分析，明确销售经理的工作内容、责权、工作环境、在组织中的位置、内外部关系、任职资格等，进而建立了销售经理的岗位说明书。在岗位分析的基础上，对销售经理的岗位价值进行了科学有效的评价，最终得分为 650 分，处于公司薪酬等级体系的第四等（见表 6-1），依此可确定其岗位工资范围在 5800~7600 元之间。

表6-1 薪酬等级体系示意

职等	职级	职点	岗位工资（元）
五职等	3	1000	12000
	2	850	10500
	1	760	9000
四职等	3	660	7600
	2	550	6700
	1	470	5800

　　薪酬体系的第二部分为个人资历。我们可以根据销售经理的任职资格体系来评价候选人的知识、技能、能力与工作经验的层次。如果他有3~4年类似的管理经验，可视为属于资历中等的那一类，可以把该候选人放在四职等中的3级水平，将其岗位月工资定位为7600元。

　　薪酬体系的第三部分为绩效奖金。目前很少采用只看KPI单一指标来确认奖金的做法，通常都会采用销售KPI完成情况和能力素质（胜任力）评价得分来共同确定绩效奖金。一般来讲，在最后的绩效评估中，销售指标（KPI）完成情况占50%以上权重，而能力素质的评估则不超过50%的权重。绩效奖金基数可以是月基本工资（或另行商定一个目标基数）。

　　比如在一个销售指标（KPI）完成情况占70%权重、能力素质评估占30%权重的绩效奖金方案里，如果这个销售经理的销售指标（KPI）完成率为120%，能力素质考核结果也达标（100%），绩效奖金基数是月基本工资，那么对应的绩效奖金等于（120%×70%+100%×30%）×7600=8664元；如果销售指标（KPI）完成率为120%，素质能力考核结果只有80%，那么对应的绩效奖金等于（120%×70%+80%×30%）×7600=8208元。

　　在企业的不同层级，绩效奖金的模式和周期是不一样的。中高管理层以中长期业绩为导向，通常以年度甚至多年为周期，例如为了激励中高层人员对企业的中期绩效负责，可以在绩效奖金发放上采用延期支付的模式。层级越高，绩效奖金占比越高，固定薪酬占比越低。在基层员工层面，企业更多采用的是以短期业绩（月度、季度、年度）与能力并重为导向，绩效奖金占比低，固定薪酬占比高（一线销售人员除外）。

在强调团队协作的组织中，单纯将个人绩效奖金与个人绩效评价结果挂钩可能会破坏企业的文化氛围，打击员工的士气。可行的弥补措施是在考核个人绩效的同时，结合团队、部门、公司绩效确定个人绩效奖金，例如，员工的绩效奖金 = 个人绩效奖金 × 部门绩效系数 × 公司绩效系数。这说明了奖金分配的来源是什么，首先是公司的效益，所以当公司效益明显下降时，员工的工资也可能下调，这就是说，奖金是随着公司与部门的经营业绩上下浮动的。有的人担心会出现"搭便车"的现象，笔者认为没必要担心，因为这不是按人均分配的，而是按评估后的业绩高低来分配的，业绩没达到一定的要求是分享不到的。

（二）薪酬调整

在进行工资调整时，只有将业绩评价体系、任职资格体系和岗位工资体系结合起来，才能有效实施工资调整（如表6-2所示）。

表6-2 基于绩效和职级的工资调整示意			
薪酬调整标准			
绩效等级	职级		
	1	2	3
D 不达标	0%	0%	0%
C 合格	4%	2%	0%
B 良好	7%	5%	0%
A 优秀	10%	6%	4%

表6-2说明了员工个人工资调整的方法。假设两名员工甲、乙的绩效评价都为A，而甲原职级为1，乙为3，尽管他们两人绩效都是A，但甲的调薪幅度为10%，大于乙的调薪幅度4%。因为乙的工资已高于甲，既然两人的绩效都是A，就应该给甲较大一些的增幅，以减少二者工资的不公平性。这种调薪公式的思想是要充分激励员工产生杰出业绩。如果新员工的业绩优秀，在调薪时给他一个加速度，鼓励新人以更快的速度发展，同时鞭策老员工要不断进步，否则老员工的工资只能原地踏步。通过基于绩效和职级的工资调整，员工业绩表现好在工资调整时应该得到体现，这是薪酬调整要传递给员工的一个主要信息。

（三）长期激励

单纯以绩效奖金的方式难以激励员工为企业的长期绩效服务，在设计薪酬体系的时候，必须引入以股票期权为核心的长期激励体系来吸引和留住绩效好的核心员工，这样才能确保公司的长期绩效和短期绩效、财务绩效和非财务绩效的平衡与发展。关于这一点，我们在之前的"人才留用"那一节讨论过"股权激励"、"利润分享"和"金手铐"等方法，这里不再重复。

通过上面对薪酬管理的讨论，我们可以看到绩效这条主线贯穿了岗位薪酬设计、短期奖金设定、工资调整和中长期激励措施设立的各个环节。

三　战略联系薪酬

上面讲了在具体的薪酬管理上如何将业绩和薪酬联系起来，其实从宏观方面讲，企业薪酬策略也要和企业战略联系起来，战略性薪酬管理由此而生。战略性薪酬管理是以企业发展战略为依据，根据企业某一阶段的内部和外部总体情况，正确选择薪酬策略、系统设计薪酬体系并实施动态管理，使之促进企业战略目标实现的一种机制。米尔科维奇等人认为，"战略薪酬管理体系应该能够支持公司的经营战略，可以承受来自社会、政策法规以及组织内部等各方面的压力，通过有效的薪酬管理系统把员工、管理者和组织结成利益共同体，有力地刺激和约束人们的态度和行为，在满足组织和员工的双向需求的同时，促进组织的事业发展和战略目标的实现，进而保持和增强企业的竞争优势"。[①]

企业在发展的不同时期会采取不同的战略，如成长战略、稳定战略和收缩战略；企业在面对外部不同竞争时也会采取不同的竞争战略，如成本领先战略、创新战略和客户中心战略等。企业所采取的战略不同，其薪酬战略也会随之进行调整。

（一）基于企业发展不同时期的薪酬战略

1. 成长战略

成长战略是一种关注市场开发、产品开发、创新以及合并等内容的战略。它又可以被划分为两种类型：一种是通过整合利用组织所拥有的所有资源来强化组织优势的一种战略，它所注重的是自身力量的增强和自我扩张；

---

① 〔美〕乔治·T.米尔科维奇、杰里·M.纽曼：《薪酬管理》，成得礼译，中国人民大学出版社，2008，第27页。

另一种则是通过纵向一体化、横向一体化或者多元化来实现一体化战略,这种战略往往通过兼并、联合、收购等方式来扩展企业的资源或者强化其市场地位。对于采用成长战略的企业来说,它们所强调的重要内容是创新、风险承担以及新产品和新市场的开发等。与此相联系的薪酬战略往往是企业通过与员工共同分担风险、分享企业未来的成功来帮助企业达成自己的目标,同时使员工有机会在将来获得较高的收入。这样,企业需要采用的薪酬方案就常常是在短期内提供水平相对较低的固定薪酬,但是实行奖金或股权期权等计划,从而使员工在长期工作中能够得到比较丰厚的回报。成长型企业对于灵活性的需要是很强的,因此它们在薪酬管理方面往往比较注意分权,在可以控制的范围内,赋予直线管理人员较大的薪酬决定权。

2. 稳定型战略

稳定型战略是一种强调市场份额或者运营成本的战略。这种战略要求企业在自己已经占领的市场中选出自己能够做得最好的部分,然后把它做得更好,这其实是一种市场差异化策略。采用稳定型战略的企业往往处于较为稳定的环境之中,增长率较低,企业维持竞争力的关键在于是否能够维持住自己已经拥有的技能。从人力资源管理的角度来说,主要是以稳定已经掌握相关工作技能的劳动力队伍为出发点,因而这种企业对于薪酬的内部一致性、薪酬管理的连续性以及标准化有比较高的要求。在薪酬管理方面,薪酬决策的集中度比较高,薪酬的确定基础主要是员工所从事的工作本身。从薪酬构成上看,采取稳定型战略的企业往往不强调企业与员工之间的风险分担,因而较为稳定的基本薪酬和福利成分比较大。就薪酬水平来说,这种企业一般追求与市场持平或者略高于市场水平的薪酬,但在较长时期内薪酬水平不会有较大的增长。

3. 收缩战略

收缩战略通常会被那些出于面临严重的经济困难因而想要减少一部分经营业务的企业所采用。这种战略往往是与裁员、剥离以及清算等联系在一起的。由于采用收缩战略的企业本身的特性,我们不难发现,这种企业对于将员工的收入与企业的经营业绩挂钩的愿望是非常强烈的。除了在薪酬中降低固定薪酬部分所占的比重之外,许多企业往往还力图实行员工股份所有权计划,以鼓励员工与企业共担风险。

（二）基于外部竞争环境的薪酬战略

1. 成本领先战略

所谓成本领先战略，实际上就是低成本战略，即在产品本身质量大体相同的情况下，企业可以以低于竞争对手的价格向客户提供产品的一种竞争战略。追求成本领先战略的企业是非常重视效率的，尤其对生产操作水平的要求很高，它们的目标是用较低的成本去做较多的事情。在薪酬水平方面，这种企业会密切关注竞争对手所支付的薪酬状况，使企业的薪酬水平既不能低于竞争对手，但最好也不要高于竞争对手，宗旨是在尽可能的范围内控制薪酬成本支出。这种企业通常会采取一定的措施来提高浮动薪酬或奖金在薪酬构成中的比重，浮动薪酬或奖金与工作绩效（例如数量、质量、成本和时间等）密切挂钩。这一方面是为了控制总体成本支出，不至于因薪酬成本的失控导致产品成本上升；另一方面也是为了鼓励员工降低成本，提高生产效率。可以讲处于充分竞争（或过度竞争）之下的企业往往会采取这样的薪酬战略，如家电制造业中的电视、空调、冰箱等生产企业。

2. 创新战略

创新战略是通过推出新的产品和服务来创造价值的战略。采取这种战略的企业往往强调风险承担和新产品的不断推出，并把缩短产品从设计到投放市场的时间看成自身的一个重要目标，以让自己的产品成为市场上的领袖，如苹果手机；在管理过程中常常会非常强调客户的满意度和客户的个性化需要。因此，这种企业的薪酬系统往往对产品创新、生产方法和技术创新给予足够的报酬或奖励，其基本薪酬常常会以劳动力市场上的通行水平为基准，并且会高于劳动力市场水平，以帮助企业获得勇于创新、敢于承担风险的人员；同时，不再过多重视评价和强调各种技能和职位，而是将重点放到激励工资上。国内企业中，华为就是这种薪酬战略的代表。

3. 客户中心战略

客户中心战略是一种以提高客户服务质量，如服务效率和服务速度等来赢得竞争优势的战略。采用这种战略的企业所关注的是如何取悦客户，它希望自己以及自己的员工不仅能够很好地满足客户所提出来的需要，同时能够帮助客户发现一些他们自己尚未明晰的潜在需要，并设法帮助客户去满足这些潜在需要。客户满意度是这类企业最为关心的一个绩效指标。为了鼓励员工持续发掘服务客户的各种途径，以及提高对客户需要做出反应的速度，这类企业的薪酬系统往往会根据员工向客户所提供的服务数量和质量来支付薪酬，或者根据客户对员工或员工群体所提供服务的评价来支付奖金。

以上讲的是根据企业战略来协调人力资源战略，并据此设计企业薪酬战略，这个是从宏观上来看的，如薪酬水平定位（领先、滞后、匹配等）、基本工资支付基础（能力工资、职位工资等）、奖金支付基础（绩效工资、收益分享、成本节省、利润分享、期权期股）等。薪酬战略的具体实施还是要落实到薪酬管理上，如薪酬要素选择（包括薪酬结构、基本工资、奖金、福利等）、具体的薪等薪级设计、薪酬调查和职位评价等方面。

总的来讲，保持灵活性、因应企业战略变化而调整是"灵魂"。举一个简单的例子，销售部门根据企业战略的要求当年要扩大产品的市场规模，目标是使市场占有率提升20%。人力资源部就要为销售部门的员工制订销售奖金计划来促进市场占有率的提升。此时我们就要抓住重点：要注意的是此时业务战略的目标不是利润，而是市场占有率，因此要侧重调整销售额的 KPI 在整个考核中占有的权重，这样销售人员就以此为目标努力。但是因为疫情的影响，到了第二季度，公司发现所在的行业市场出现普遍下滑，不得不重新调整销售目标，将增长 20% 的原计划调整为增长 10%，那么人力资源部就得随着业务目标的变化而调整奖金方案。试想一下，如果奖金目标不根据业务目标做调整，那么原来不可能实现的奖金计划不仅丧失了激励员工的动力，还会伤害员工士气。

第三节　绩效管理

一　绩效管理的框架

所有的激励都是为了企业的绩效，离开绩效谈激励毫无意义。激励的目的是让员工积极地投入工作以获得企业鼓励的行为和期望的结果，所以需要对期望的行为和结果进行评估，并把评估的结果用于进一步提高企业的业绩和员工的表现，这就是绩效管理体系。绩效管理体系包括了以下四个环节。

（1）目标设定：每年初公司、各部门、员工设定考核目标；

（2）进度反馈：定期或不定期由上级给下属员工及时反馈，检查进展情况，开展员工辅导；

（3）绩效考评：对员工的表现给出评估（定量和定性）；

（4）薪酬激励：参照绩效调整薪酬和设计职业发展（调薪、奖金、分配期权或股权、晋升或降级等）。

这套体系的指导思想是将绩效结果与薪酬和职位的管理联系起来，以激励员工为获得更好的回报而努力工作。绩效管理体系其实是对过程的管理（如图6-3所示）。

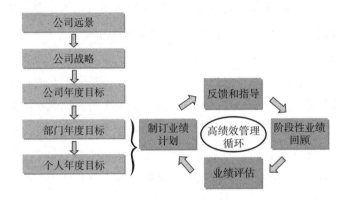

图6-3　绩效管理的框架

二　绩效管理工具的选取及争议

绩效管理工具有多种，企业可以根据自己所在行业、自己的发展阶段和市场的环境来选择合适的方法，如：

—— 关键绩效指标 KPI（Key Performance Indicator）；

—— 平衡计分卡 BSC（Balanced Score Card）；

—— 目标和关键成果法 OKR（Objectives and Key Results）；

—— 经济增加值法 EVA（Economic Value Added）。

但是绩效管理近年来似乎引起人们广泛而热烈的争议，甚至有人扬言要"废除绩效管理""取消KPI"，这种"哗众取宠"的说法当然很容易获得普通员工的支持，谁不想轻松干活多拿钱？但这其实是一个典型的"以讹传讹"的案例。实际上，引起争议的不是绩效管理本身，而是绩效管理过程中的第一步"目标的设定"，即如何合理设定考核的指标。大家对 KPI 这种方法提出了改进意见或不同看法，而不是说不要绩效管理了。从上面的绩效管理框架中可以看到，目标的设定仅是绩效管理过程中的一个组成部分，而不是绩效管理本身。

那我们先来看一下那个典型的"以讹传讹"的案例是怎么来的。这得从 2007 年索尼离职的高管天外伺朗写的一篇题为《绩效主义毁了索尼》[①] 的文章开始。他谈到，在索尼创始人井深大的时代，大多数索尼员工为追求工作的乐趣而埋头苦干，员工有很强的激情和挑战精神。但今天的索尼员工好像没有了自发的动力，为什么呢？他认为这是因为绩效主义。这个案例故事在国内广为流传，被不少人用以振振有词地大谈"废除绩效管理"和"取消 KPI"。

《绩效主义毁了索尼》说绩效主义就是"业务成果和金钱报酬直接挂钩，职工是为了拿到更多报酬而努力工作"。如果外在的动机增强，那么以工作为乐趣的、内在的、自发的动机就会受到抑制。因为实行绩效主义，员工逐渐失去了工作热情。索尼公司从 1995 年开始实行绩效主义，成立了专门的机构，制定了非常详细的评价标准，并根据对每个人的评价确定报酬。因为要考核绩效，几乎所有人都提出容易实现的低目标，可以说索尼精神的核心——"挑战精神"消失了。因为实行绩效主义，索尼公司内追求短期利益的风气蔓延。这样一来，短期内难见效益的工作，比如产品质量检验以及"老化处理"工序就受到轻视和忽略……

如果我们进一步地深入分析和思考，就会发现这其实是索尼在战略上的失误：索尼曾经被誉为日本的"国家名片"，从 20 世纪 40 年代直到 21 世纪初，它一直在引领全球的电子行业；曾经因彩色显像管电视机获得巨大成功，占据了电视机市场领先地位近 30 年。但索尼并没有及时洞悉市场的变化，没有认识到彩色显像管电视在达到高峰后的预势及液晶电视机未来的发展，而继续将目标放在彩色显像管电视上。就这样，索尼先是没有洞悉市场和技术的未来发展趋势，后又未能及时果断地推动变革转型，而是继续沉溺于自己过去的辉煌当中不能自拔，从而完美地错过了商机。

我们也可以大胆地假设，如果当时索尼真找到了一种比"绩效主义"更

---

① 〔日〕天外伺朗：《绩效主义毁了索尼》，《文艺春秋》2007 年 1 月刊。

先进的管理办法，从而使员工士气大涨，公司在彩色显像管电视业务上的质量、创新和生产效率进一步提高，但这一切能改变液晶电视取代彩色显像管电视的趋势吗？当然不能，相反，这样的发展只能使索尼离市场和技术的未来发展趋势越来越远，损失越来越大，生产出来的电视机可能更多地变成了库存而已。这是典型的"以战术上的勤奋来掩盖战略上的懒惰"的案例。其实，像索尼这样的战略转型失误比比皆是：日本的富士胶片、美国的柯达影像、芬兰的诺基亚以及几家原来领先的生产单反相机的日本企业。

天外伺朗将索尼的战略失误归咎于绩效主义，表明他这个常务董事在离开索尼之后，依然没有弄明白索尼衰落的真正原因，或是想掩盖自己在战略上的失误。更有培训机构和咨询公司利用这个案例，推波助澜地来推销自己的业务，说什么"绩效管理"已死，进行废除KPI等炒作。

尽管绩效主义不是导致索尼当年战略失误的根本原因，但僵化的绩效管理的确存在像天外伺朗所说的那种缺陷：追求短期利益，不利于培养创新精神，这在当今以互联网行业为代表的知识密集型企业中表现得尤为明显。但是，没有完美的管理工具，何况KPI只是制定目标的一种方式，而不是绩效管理体系本身。我们既可以使用当下最时髦的OKR来制定目标，也可以继续使用KPI来设定目标（当然可以完善），但这并不意味着要废除KPI，更不意味着要废除绩效管理。我们也可以了解一下大师级学者的说法："比如当我们谈及组织面临革新，KPI绩效考核制度是否应该被替代时，尤里奇和杨国安均坚定地达成共识，在一些时候KPI带来的问责依然有强大的约束力。"两位大师接着还揶揄地补充："在家中，努力去达到夫人们为他们量身定制的KPI，绝对是他们必须遵循的生存法则。"①

而现实的情况是，现在绝大部分的企业还是使用KPI，只有少数的企业正在探索OKR，而很多声称引入了OKR的企业只不过是在咨询公司的"忽悠"下进入了自己"忽悠"自己的状态。

OKR和KPI关注点不一样：OKR更关注人，强调如何尽可能促进员工的自主性，在过程中进行管理，而不是根据既定目标和完成率进行考核；而KPI更关注事（目标），传统KPI的核心是达成目标，得到相应的回报，即

---

① 《中外管理学大师杨国安VS大卫·尤里奇联合给出一份组织革新路线图》，《经济观察报》2019年11月1日。

价值创造、价值评价和价值分配。因为考核什么，就得到什么。从本质上讲，KPI 和 OKR 这两种工具其实体现了两种不同的管理文化。KPI 是公司先定目标，自上而下分解目标，推动员工去完成。OKR 是由员工自发提出目标，自下而上契合团队及企业目标，在完成目标过程中有更多的互动；在实际操作中，各自都趋于折中而不是机械化行事。无论采用哪种方式，其中的实质是鼓励员工更多地参与，共同商讨和决定，充分尊重员工的意见从而更好发挥员工的能动性，尽可能把员工个人的目标和团队及公司的目标结合在一起。

OKR 强调对"人"的关注，其所代表的是一种管理思想和理念的转变：由"管控"到"自治"，由"集权和专制"到"分权和民主"。这涉及整个企业管理和文化的变革和转型，而不仅是目标制定工具的选择，所以在选择引入 OKR 时，先要问管理层一个问题：公司是否准备好了去推动像 OKR 这样的企业管理文化变革和转型？绩效管理工具的选用和组织架构的选择一样，首先要改变的是组织文化和管理理念，这就是本书第一章中不厌其烦地讨论组织理论的原因，不但要知道怎么做，而且要明白为什么这样做。这两个工具并不是谁消灭谁的关系，而是各有利弊，每个组织根据自己的特点进行选择。总之，目标还是要的，评估也少不了。

为什么这样讲？华为从 2015 年试点引入 OKR，到了 2021 年也还处在继续探索状态中，其技术部门和销售部门依然继续使用基于 KPI 的绩效管理体系。华为的情况表明，无论是 OKR 还是 KPI，每个企业要根据自己的实际情况进行选择。就是在华为这样领先一步的公司里，用 OKR 或 KPI 来制定考核目标的方法在绩效管理中依然可以根据不同业务部门的具体情况而共存。其实，OKR 要改变的不仅仅是目标制定的方法，它也不仅仅是另一种绩效管理的工具，而是要改变整个公司的管理文化，由"从上到下"改变为"自下而上"。华为在推行 OKR 过程中遇到的问题对此做了完美的注解。

那些大肆宣传 OKR 全能的咨询公司，恐怕只会告诉你 OKR 的优势，从来不会和你说 OKR 的缺陷，让那些 HR 新人及不明就里的老板深受其害。

总之，无论是 OKR 还是 KPI，它们只是绩效管理体系里目标设定的一种可选工具（方法），并不影响我们通过绩效管理来提高组织能力。绩效管理在几十年的应用过程中，也是不断与时俱进的，发现缺陷的同时也有随之而来的应对方案，如 OKR 就是对传统基于 KPI 的绩效管理方法的一种改进。

三 目标设定的挑战

通过对相关争议的厘清，我们知道 KPI 作为用于目标分解的工具，广为各企业采用，本身并没有什么问题。除了 KPI 之外，也可以采用 OKR 或 BSC 等方法，但无论使用什么方法，目标的设定无法回避。我们的挑战在于哪些指标应被纳入关键指标，指标定得是否合理，这些指标在绩效考评结果中所占的权重如何，等等。

哪些指标应被纳入关键指标？从整体上来看，绩效指标可分为**结果性指标、过程性指标和价值观类指标**三大类。

（一）结果性指标

结果性指标是绩效考核实践中最常被采用的指标，具有清晰易量化的特点，结果性指标是将考核的重点放在工作最终的结果之上。最常见的就是一些销售、业务性质部门的绩效考核指标，诸如一个月的销售额是多少，开发的客户数是多少，净利润是多少，等等。这些都是可以直接从相关的统计数据中得出的，非常清晰且容易量化，采用这种结果性的数据作为绩效考核指标，虽然简单粗暴，但也直接有效，因为据此能够制定非常明确的奖金和提成制度。比如，对于销售部门和销售人员，公司可以直接制定达到多少销售额，提成比例和奖金是多少，想要让激励制度更加完善，还可以更进一步，比如连续多少个月业绩达标可以提升底薪的档次，又或者累计销售金额达到多少，可以提升提成比例，等等。

这类绩效指标的设置，能够让销售部门和销售人员根据自己的实时业绩情况，随时计算出自己当月可以拿到的工资，激励效果是非常直接和及时的。

除了销售和业务部门的这类结果性的考核指标之外，还有其他比较常见的结果性指标，比如某个项目的完工率、产品的抽检合格率等；还有与销售性质比较类似的市场、运营部门的相关指标，比如市场活动带来的销售额、获客人数等，也都属于结果性指标的范畴。

（二）过程性指标

好的结果一定是采取了一系列正确的行为才能达成的，我们不能等到接近月底、年底看到指标完成不好了才采取措施，这时已经没有意义了。所以我们在设定目标时就要明确达成这个指标所需要采取的一系列行动，以便在执行过程中不断及时地跟踪调整。这个道理就像生产线上各工艺环节的参数调控一样，不能等到生产出了次品或者到了生产工艺的末端流程时才发觉要做调整。

同时，我们要知道这些好的行为是什么，以便用它们来指导未来的工作，复制正确的行动，这样好的绩效才能持续出现。这是通过引导员工的行为来促进企业的长期发展，员工在完成工作的过程中，个人能力也得到发展提高。所以，在绩效考核中，如果还没有经验，也可以分步走：先引入结果性指标，再引入过程性指标。

过程性指标在诸如电话销售部门的应用中非常具有代表性：根据过往经验数据可以确定一个合理的销售指标；同时也了解每一单成功的客户后面平均要有多少次客户通话。客户通话次数少，客户当然就少，销售业绩也少。那么在设定销售指标的同时，我们要指导员工采取什么样的行动，如何行动。这样，才能帮助员工达成目标，而不会让员工抱怨"天天只会催指标的讨厌的老板"。保险代理销售也一样，有经验的团队经理更关注的是团队成员每天拜访客户的行动（次数、方式），因为他们知道，月底业绩指标的达成是通过平时一系列有效的行动来实现的。

（三）价值观类指标

设立价值观类指标是为了规范员工行为，让员工通过公司期望的行为和方法达成目标，而不是不择手段。如果在销售部门长期实行单一的唯结果论的绩效考核指标，那大概率会让销售部门和销售人员为了完成个人的业绩指标而不顾一切。比如出现严重损害企业口碑的欺骗客户和瞎承诺的现象，内部不同部门和销售人员之间恶性抢单的情况等也会时有发生。长此以往，必然会导致企业长期利益受损，是非常不利于公司发展的。

因此，在强调硬性的结果性指标和过程性指标之外，价值观类指标成为又一个考核要素。但价值观没法量化，在实际操作过程中，通常有两种方法。

一种方法是价值观作为一票否决的考核指标，也就是说只要价值观出问题，其他的考核指标结果再好，都不作数，严重的可能还会面临被劝退的风险。另外一种方法是在公司价值观的基础上，详细说明每一个价值观所对应的具体行为，通过具体的行为标准来规范员工的行为，并进行考核。这一点很重要，除了价值观本身的阐述外，每一个价值观也需要配备相应的行动要点、故事或解释。它代表什么，不代表什么，这样大家才能有一致的理解，在工作中才能践行。很多企业只有一个词，比如"诚信"，但是没有解释和说明它的标准是什么，每个人可能对此会有不同的理解，因此我们必须要清楚地定义它，并通过具有代表性的行为来诠释它，这样员工才能在工作中执行。如杜邦公司为了在全球不同地方开展业务，提出了"尊重他人和平等待人"的价值观，它具体指的是尊重所有员工的文化传统和宗教信仰。国内企业如阿里巴巴对自己价值观的说明就很清晰，比如对于"客户第一"和"诚信"就会说明与之匹配的具体行为。

1.客户第一：客户第一，客户是衣食父母

（1）尊重他人，随时随地维护阿里巴巴形象；

（2）微笑面对投诉和受到的委屈，积极主动地在工作中为客户解决问题；

（3）与客户交流过程中，即使不是自己的责任也不推诿；

（4）站在客户的立场思考问题，在坚持原则的基础上，最终达到客户和公司都满意；

（5）具有超前服务意识，防患于未然。

2.诚信：诚实正直，言行坦荡

（1）诚实正直，表里如一；

（2）通过正确的渠道和流程，准确表达自己的观点；表达批评意见的同时能提出相应建议，直言有讳；

（3）不传播未经证实的消息，不背后不负责任地议论事和人，并能正面引导，对于任何意见和反馈"有则改之，无则加勉"；

（4）勇于承认错误，敢于承担责任，并及时改正；

（5）对损害公司利益的不诚信行为正确有效地制止。

（四）指标定得是否合理？

这是争议最大的部分，如果把对指标的考核结果直接和个人的"钱途"和"官运"挂钩的话，那么员工个人和部门负责人就会在目标的合理性上讨价还价，目标的制定就变成了一场"数字游戏"或者一场更复杂的"利益博弈游戏"；另外，有些企业老板不顾实际，好大喜功，弄一个"大"指标，通过管理层往下"压"指标。

其实，目标制定可以避免"数字游戏"。比如企业制定了利润目标和销售额目标，很多企业首先想到的就是将销售额分解到各个分公司或销售部以及各销售人员，这一分解被想当然地简单化为一道算术题；即使其中有讨价还价，也只不过是一个稍微复杂些的利益博弈过程，这种"算术题"式的目标分解是没有意义的。

避免掉入"数字游戏"陷阱的方法是，如果大家对某一指标数字有很大的争议时，我们不必硬凑一个数字出来，而是要把重点转移到完成这个指标的"方法和路径"。因为问题的真正核心是企业如何实现这一销售额。是扩大原有市场份额，还是开辟新的销售渠道如线上销售，抑或是开发新的产品进入新市场？硬凑一个数字出来，各方不能达成共识，又找不出实现这个目标的"方法和路径"，这样的指标没有任何意义。所以合理的指标必须要有支持其达成的"方法和路径"，这其实就是 OKR 的指导原则之一。

比如，销售目标一旦确定，就应当对企业的目标市场进行分析，确定企业各个产品、细分市场的现状和机会，如何与对手展开竞争，如何稳住局面、拓展商机；在目标市场确定和市场开拓活动确定的情况下，对市场和销售部门的具体销售活动相应细化，比如针对细分市场上的重点客户制定一对一的策略，与竞争对手就一个个具体客户展开争夺；接下来，到销售人员层面则是要具体到日常层面的销售活动推进上，针对各个客户采取何种活动，何时安排客户拜访，每次拜访应当达成怎样的进展和目标，等等。

在业务还不成熟的情况下，如企业要推出新的产品和服务，我们要考核的重点不是具体的业务数据而是推出新产品和服务的"过程和行动"。从另一角度看，这其实是企业战略决定的，因为战略的重点是推出"新产品和服务"，而并不是要求在新业务开始时就能够出现多漂亮的数据，这个不现实。客户是否接受"新产品和服务"还有其他很多的不确定因素。所以，企业各级管理者要避免向下级"压"指标，要帮助下级找出支持他们达成指标的"方法和路径"。定目标的原则之一就是这个目标是否通过努力"够得着"，"压"指标也要有科学的数据和实施来支持。此外，沟通、参与、互动、达成共识、兼顾团队和个人利益是所有管理工作不变的主题。

四　绩效考评结果的应用

绩效考评结果主要用于过程跟踪与反馈、个人和组织的发展、激励方案决定的依据。传统绩效考评的反馈是定期（月、季度、年）由上级给下属做出。要改进的地方有以下几点。

— 大多数管理者没有意识到及时反馈对于员工和企业发展的重要性。前文已经提到过"不要等到考核期末才采取行动"，而是要及时反馈，发现问题就要反馈。这和"及时奖励"的原则是一样的，拖的时间久了，效果就差了，甚至连当事人都忘了。这对员工本人和企业来讲，都意味着错过了改正和提高的时机。

— 管理者的反馈技巧要提高。很多管理者不愿意甚至回避这样的反馈沟通机会，更多的是缺乏技巧，而员工觉得这是给上司逮住"批评"的机会。要把"批评"变成"鼓励和帮助""辅导和教练"，不要老盯着"过去如何"，更多谈谈"将来如何"。所以首先要培训好管理者。

— 个人和组织发展。基于绩效考评的结果，企业会根据个人的具体情况制订相应的培训发展计划，或晋升，或调动，或降级甚至淘汰。这同时也是组织发展的一个机会，提升业绩好及认同企业价值观的人，培训提高那些有发展空间的人，淘汰不合适的人，这样组织才能保持活力，组织能力才能越来越强。在这个问题上，常常会遇到这样一个悖论：主管在业绩表现不好的员工身上花了很多时间和精力，而对表现好的员工却关注不够。这其实不仅是对其他员工的不公平，而且也忽略了组织的发展。

无论绩效考评结果与激励是如何关联的，绩效考评的结果肯定会运用到员工的薪酬、奖金、期权和股票的分配上，以进一步激励表现好的员工。在这里要提议的是不一定要搞传统的"强制排名分布"。在企业的管理实践中，"强制排名分布"也是最为员工所诟病的一点。我们确实没有一个很好的尺度去衡量所有员工的工作绩效，但我们不应该因此去强求绩效结果的强制分布。不同业务团队会呈现不同的绩效水平。一个团队可能有大半的优秀员工，另一个团队也可能有大半的普通员工。如果一个团队大半是表现比较差的员工，那可能是招聘出了问题，应该去解决招聘端的问题。假若我们非要去强制分布，还要强制做正态分布，对于组织和团队人员来说，这个"产品"体验一定是非常糟糕的。

有理论研究表明，组织中大多数的个人表现符合"幂律分布"。美国有学者做了五次调研，覆盖 633263 个社会各层角色，他们发现最顶尖 1% 员工的产出是平均产出的 10 倍，最顶尖 5% 员工的产出是平均产出的 4 倍多。在《重新定义团队》一书中，作者进一步指出，"并非大批平均水平的员工通过数量优势做出主要贡献，而是由少数精英员工通过强大的表现做出主要贡献。多数组织都低估了最优秀的员工，给他们的奖励也有所不足，甚至还不自知。"[①] 这个理论还让我们明白了一个道理：不能为了强调传统的薪酬内部平衡和一致性而忽视人才的市场价值，如果这样，企业就难以吸引和留住明星员工。每家企业都有明星员工，特别是在技术密集型行业和投资行业。世界顶级的足球俱乐部和篮球俱乐部的老板和教练非常明白这个道理。

五 与时俱进的绩效管理

结合以上的讨论和其他从企业实践中的反馈，我们将绩效管理所遇到的问题及其在新的环境下要做的改变汇总到表 6-3。传统的绩效管理也必须与时俱进，反映新的知识经济时代的呼声。

表 6-3 传统绩效管理模式面临的挑战及其应对		
过程	传统绩效管理模式的挑战	*知识经济时代的呼声
目标设定	1. 目标设定的合理性 2. 不利于发挥主动性和创新精神 3. 自上而下强推指标	1. 目标与行动并重，注重目标的牵引方向，对不确定的目标，考核要转向确保实现目标的行动 2. 自上而下与自下而上结合，在组织达成目标的同时，个人目标也得以实现
进度反馈	1. 定期反馈 2. 关注过去和不足 3. 反馈信息来源单一	1. 及时、多频次反馈，着眼未来和发展提高而不是老盯着过去和指责不足 2. 提高评估者的反馈意愿和技巧 3. 除了直接上级外，增加内部合作同事或外部客户的反馈
绩效考核	1. 强制排名分布造成内部竞争而非合作 2. 强制排名分布造成注重短期利益而非长期目标 3. 强制排名分布不利于吸引和保留关键人才	1. 基于更完整的信息做出判断，如增加内部合作同事或外部客户的反馈 2. 绩效分布保持一定的弹性，尝试"幂律分布"的视角
结果运用	1. 结果与薪酬晋升直接挂钩 2. 过于强调薪酬内部公平和一致性	1. 结果作为参考指标而不是自动挂钩 2. 坚持不让奋斗者吃亏的原则，好马就是要配好鞍

① ［美］拉斯洛·博克:《重新定义团队》，宋伟译，中信出版社，2015，第 166 页。

案例：关于 OKR 及其实践介绍

一　背景介绍

OKR（Objectives and Key Results）即目标与关键成果法，是一套明确和跟踪目标及其完成情况的管理工具和方法，由英特尔公司创始人安迪·葛洛夫发明，并由约翰·道尔引入谷歌使用，1999年 OKR 在谷歌发扬光大，在 Facebook、Linkedin 等企业广泛使用。2014 年，OKR 传入中国。2015 年后，百度、华为、字节跳动等企业逐渐使用和推广 OKR。

不同于 KPI 更多是自上而下的任务下达，OKR 是一种以激发员工内在动机为根本的绩效管理方法。O 是目标的意思，代表组织或团队的目标；KR 代表任务的关键结果，即要实现这个目标必须要做的事情和环节。简而言之，如果 O 代表去向哪里，那 KR 则表示前进的具体路径，这也是我们做一件事情的基本方式。本质上，OKR 系统是设定目标并提供衡量结果的方法，通过个人和团队达成 OKR 目标保证公司达成 OKR 目标，明确公司和团队的目标以及明确每个目标达成的可衡量的关键结果。

二　实施流程

从战略目标出发确定合理的年度目标、季度目标。目标必须是具体的、可衡量的、有一些挑战的，并能达成共识。从上至下，目标的设立顺序应该是公司到部门到组到个人。一个完整的流程包括六步。

第一步，针对实施对象进行 OKR 培训，介绍 OKR 的相关基本概念，阐明企业为什么要使用 OKR，让执行的主体了解高管对这一问题的看法，从正确的角度期待 OKR 可能带来的改进。

第二步，明确企业的使命、愿景和战略，设计并展示公司层级 OKR。所有层级的 OKR 都需与企业的总体战略相一致，因此必须先将企业的战略及核心梳理清楚，并在此基础上确定企业在未来一个周期内将要实现的目标和关键结果。设计好的 OKR 要向全员展示，作为团队层级和个人层级 OKR 的依据和基础。

第三步，设计并展示团队层级 OKR。团队负责人或业务单元经理要根据企业的战略和季度目标，评估各自团队或业务单元能够为实现企业目标做哪些贡献，设计团队 OKR。设计好的目标与关键成果应该在公司范围内展示。

第四步，设计并修订个人层级 OKR。作为 OKR 模型的最底层，每个员工在确定最终的季度 OKR 之前，都应该与上级详细沟通，确保个人目标与企业目标和团队目标保持一致。

第五步，监督检查 OKR 的执行过程。应当定期召开检查会议，对 OKR 的实施过程进行审视和调整，目的是跟踪当前工作进度，对潜在或已出现的问题进行总结，寻找解决的途径。

第六步，总结汇报季度 OKR 成果。一般而言，季度末是 OKR 的总结回顾阶段，这一阶段设置两个环节。第一个环节是自评。OKR 的实施者根据评分规则对每一条关键结果的完成情况进行自评打分。第二个环节是进度回顾会议。在会上，每个团队和个人都要阐述 OKR 成果、自评得分、评分标准、打分理由，了解成员和团队做了什么，取得了什么样的进步，使打分者可以分享成果经验，讨论遇到的困难，在总结过程中提升。

三 实践与探索

（一）OKR 在 YouTube 的实践

YouTube 实施 OKR 有以下几个要点。

1. 明确企业的使命和愿景

最初 YouTube 就确立了它的使命和愿景，也就是 OKR 的出发原点，"我们的使命是为每个人提供发声的平台和观察世界的窗口，分享并利用我们的事业建设自己的社区，这会让世界变得更加美好"。

2. 围绕战略意图设定 OKR

使命与愿景需要通过战略意图来落地，YouTube 的战略意图是成为视频的自媒体头部平台企业，围绕着这个战略意图可以设定若干个战略目标。其中一个 O 为增加每位用户的平均观看时间，则相应的 KR 可做如下设定。

KR1：增加每天 60 分钟的观看时间；

KR2：推出基于安卓和 iOS 系统的 YouTube 客户端；

KR3：减少 5% 的视频加载时间。

如果以上三个 KR 可以轻松达到，或者几乎不可能达到，譬如减少 5% 的视频加载时间实现起来毫不费力，抑或是增加每天 60 分钟的观看时间几乎是个不可能完成的目标，那么在制定下一轮 OKR 的时候，就需要调整一下 KR 了。

3. 阶段性复盘追踪，不断调整 KR

YouTube 的 OKR 按照季度来进行正式制定和评估，从实际的执行情况来看，YouTube 的各个团队每周更新并汇报行动进展情况，及时复盘调整。

4. 确保员工紧密协作

强调过程透明和公开是 OKR 的最大优势之一。

（1）有了公开透明的 OKR，YouTube 的员工可以提前查阅上级与同事的 OKR，将自己的兴趣偏好与公司 OKR 匹配起来，再与自己的上级与同事进行讨论，做权衡取舍。

（2）员工和他的管理者真实、高质量地沟通，尤其是在本季度结束新季度开始时，要讨论协商好 KR 是什么。不仅员工能说明自己想做什么，上级也可以表达他想要员工做什么，最好的情况是两者得到结合。

（3）OKR 评价是 YouTube 全公司的汇报会，按团队分组进行，各团队长组织并介绍自己团队的 OKR，最终大家一起对 OKR 打分评估。

YouTube 在实施 OKR 的过程中强调"快速迭代"。"快速迭代"的前提是扁平的组织架构，也就是去中心化。每一个员工被赋予充足的发言权，他们的市场嗅觉甚至会高于 CEO，这样即便犯错，也有人能够第一时间从市场和客户那里得到反馈，并第一时间在组织内部分享、讨论、纠正。

5. OKR 落地必备工具

工欲善其事，必先利其器。一款简单实用的工具，可以让 OKR 落地事半功倍。使用 OKR 有助于更便捷设定、对齐、查看，更方便全盘统筹和调整优化，更易获得年轻员工的青睐，使其获得更专业的服务支持。

（二）华为对 OKR 的探索

传统绩效管理方式存在几个问题：目标自上而下指派，下属只是被动接受上级分配的目标，会丧失参与感；对效率的过分追逐，导致整个绩效辅导环节变成了单向的进度监控和跟踪；强绩效应用严重桎梏了员工的思维空间。

2017 年，华为做过一次绩效管理满意度调查，结果发现，开展 OKR 的团队在绩效管理各维度的满意度全面高于采用传统绩效管理方法的团队，OKR 对团队合作、工作自由度、发挥个人特长、组织开放度等方面的促进作用最为明显。而且，开展 OKR 的团队没有一个愿意退回到传统绩效管理方法。华为推广 OKR 的几个方式如下。

1. 非强制推行而是同企业文化平衡

华为推广 OKR，并不是通过很强的行政指令，而是需要其与企业文化平衡，例如 OKR 强调的是激发员工的自主性，但真正到华为体系中实践时就会发现，可能没有办法把整个华为的文化都变成自我驱动，需要寻求一个平衡。

2. 根据业务实际情况快速推广传播

华为有个优势是，一旦某一个优秀的实践得到论证，就能够在内部得到快速传播。这也是任正非所说的"先僵化，再固化，最后优化"。从启动试点到 2016 年 5 月，部分团队效果已经显现。之前用 KPI 考核时，大家相对比较保守；但采用 OKR 后，团队里的一些员工敢于定有挑战性的目标。

华为针对每个部门的不同情况进行评估，在一些非创新驱动部门，并没有急于推进 OKR，例如在市场营销部门，KPI 仍然保有其优势。

第七章

塑造与组织战略一致的文化

"文化能把战略当早餐吃"（culture eats strategy for breakfast）是一句流传甚广的箴言，通常将其解释为文化比战略重要。战略是写在纸上的，而文化则决定了怎么做事情。每个人都能想出一个不错的战略，却很难创造一个成功的文化。战略很容易改变，但要改变文化则难得多。

第一节　组织文化

日本经济在20世纪80年代的崛起，给美国企业和美国经济带来了巨大的震动，引起了人们的广泛关注，在对"日本奇迹"的探索研究中，美国研究人员逐渐认识到，日本企业巨大的生产力、更高质量的产品和强大的竞争能力的形成，不仅是因为发达的科学技术、先进的机器设备等物质和经济因素，还包括了更为深刻的社会历史、文化传统、心理状态等文化背景因素，正是这诸多因素的融合，使日本企业独具特色，造就了日本与众不同的企业精神。这样的研究发现引起了美国理论界对本国组织文化实践的反思，并由此拉开了组织文化理论研究的序幕。

相对于之前提到的组织结构、流程和规章制度等可以用文字和图表呈现出来的正式组织因素，组织文化在很大程度上是一种非正式组织因素。它很难诉诸文字，但人们又能明显地感觉到它的存在和强大的影响。

尽管学者们对组织文化的明确定义还没有达成共识，但基本上可以将其理解为"组织文化是一个组织在长期的生产经营过程中形成并广为其成员所接受的理念、思维方式和行为规范"。[①] 虽然组织文化概念中的组织包括了企业以外的其他所有组织，但在多数情况下，组织文化指的是公司文化或者企业文化。综合中外学者的说法，企业文化包括以下要点。

（1）企业文化的核心是价值观；

（2）企业文化是一个企业独具特色，区别于其他企业，但同时为企业的多数成员共同认可的内部行为规范；

（3）企业文化是在长期发展过程当中沉淀下来的，一旦形成便不容易改变。

组织文化存在于显性和隐性两个层面。就像浮在水中的冰山一样，水面上的冰山部分是人们可以观察得到的现象和行为，如人们的衣着和言谈举止、办公室的布置、宣传资料、仪式、典故和象征故事等。例如在商务活动中，我们私下常会根据一个人的言谈举止来评判对方，这些显性的文化因素通常

---

① 方振邦、徐东华编著《战略性人力资源管理》，中国人民大学出版社，2010，第100~101页。

会通过以下的方式表现出来。

— **仪式和典礼**。通过典型的事件，如表彰大会或批评总结大会来表明组织所重视的东西，强化组织的价值观，让大家共享某种重要的理念。

— **典故和传说**。通过组织内传奇的人和事来体现或弘扬组织倡导的行为和理念，如海尔董事长怒砸不合格冰箱以传递"质量为先"的理念。

— **象征和符号**。以标识性的物体和行为来凸显组织的某项理念，如亚马逊总部会议室里由六张门板拼成的会议桌，表明的是亚马逊"节俭"的核心价值观；山姆·沃顿住普通房子，开旧车，穿着和普通工人一样的服装这一形象透露的是沃尔玛文化中"追求低成本和节俭"的经营理念，山姆·沃顿在这里变成了公司的一个行动中的"符号和象征"。

— **组织结构**。采用科层式组织结构或扁平式组织结构体现的自然是不同的组织文化。

— **权力关系**。在正式的组织结构中，权力来自人们所处的层级。而在非正式的组织结构中情况可能不一样，如在航空发动机维修和石油勘探行业的企业里，可能是工程师拥有较大的权力，而在另外一些企业中，可能是财务部或营销部拥有较大的权力；在网络游戏行业，谁的创意能获得大家的认可，谁就可以成为项目经理并召集大家为他的项目工作。这种在非正式组织结构中的权力分配以及人与人之间的互动关系在法国组织社会学家克罗齐耶的《科层现象》中有着生动形象的描绘。[①]

— **控制**。组织通过什么方式来控制人员和业务的运作？是质量、财务，还是法律法规？是控制行为还是控制结果？如以销售结果为导向的激励方案带来的是一种竞争的文化。

---

① ［法］米歇尔·克罗齐耶：《科层现象》，刘汉全译，上海人民出版社，2002，第101~110页。

但在这些显性因素的后面，即水面下冰山的那部分，则是隐性层面，存在于组织成员思想深处的理念、思维方式和行为规范才是组织文化的最根本内涵。例如在一个公司里，各级员工之间相互称呼时都是直呼其名，而不是以职务（职位）相称。这种现象的背后可能隐含着这样一种文化理念：平等、宽松、开放与合作。

总之，隐性的文化因素反映的是组织深层次的文化和价值观，我们可以据此来解释组织文化和塑造组织文化。每个公司（组织）都有自己独特的文化，正如每个公司都有自己的核心竞争力一样。可以讲它是公司的遗传密码（DNA），会在公司员工身上体现出来，影响着公司的经营方式和员工的行为，从而对公司的绩效产生显著的影响，因此在组织能力的建设中文化起着重要作用。

第二节　组织文化的形成

日本学者和野丰弘提出了组织文化形成的过程。他认为，组织创始人的经营理念是组织文化的构成要素、指导原则，也是必备的核心文化。同时，组织的人力资源政策、经营策略也会对组织文化的形成产生重要的影响。组织文化通常在一定的生产经营环境中，为适应和促进组织的生产和发展，由少数人倡导和实践，经过较长时间的传播和规范整合而成。根据斯蒂芬·P.罗宾斯的观点[①]，笔者对组织文化的形成过程做了小小的修改以便更易于理解（见图7-1）。

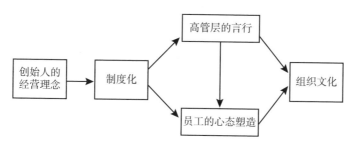

图7-1　组织文化的形成过程

---

① 〔美〕斯蒂芬·P.罗宾斯：《组织行为学》，孙健敏、李原译，中国人民大学出版社，2005，第583页。

一　创始人

组织文化通常开始于创始人，我们平时也说企业的文化就是老板的文化。在组织发展之初，员工很少，创始人拥有最大的影响力，他可以通过不同的手段影响文化的形成。首先，创始人仅聘用、留住那些与自己想法和感受一样的人员；其次，创始人对成员进行思维方式和感受方式的灌输；最后，创始人把自己的行为作为角色榜样，鼓励成员认同自己的信念、价值观和假设，并将其进一步内化为他们的想法和感受。通过这几种方法，企业早期成员耳濡目染，认同并接纳创始人的信念和想法，后来加入的成员或是服从创始人的想法，或是因意见不合而陆续离开，于是企业中处处可见创始人的个人影响力，他的人格特点也就根植于企业文化之中。

二　制度化

组织文化的制度化就是将组织先进的价值观和理念转变为具有可操作性的管理制度的过程，如将创始人的价值观和信念通过制度固定下来，如人力资源政策、企业经营政策；又如将在组织文化建设过程中产生的一系列文化成果，如质量文化和服务文化通过制度固定下来。这样，这些成果才便于传承及更容易为组织成员接受。当组织文化开始了制度化，它就有了自己的生命，它可以独立于组织的创建者和任何组织成员存在。在经历了持久的沉淀积累之后，组织文化就有了持续性，如通用电气、IBM、索尼和柯达等历史悠久的大公司大多如此。

三　高管层的言行

企业高层管理人员的言行举止对组织文化会产生重要的影响，他们模范的行为是一种无声的号召，对员工起到重要的示范作用，因此要维护组织的共同价值观，高管人员应该率先垂范，首先使自己成为这种价值观的化身，在平时具体工作中体现出组织的价值观及所倡导的精神风貌。

四　员工心态塑造

不仅公司的高管层要了解、认同企业的文化，所有员工的心态也应该按所在企业的组织文化要求来重塑。重视企业文化的公司，为新员工入职后准备的第一次培训就是企业文化和价值观培训，国外企业称之为 New Hires Orientation，Orientation 的原意就是"导向、取向"。这堂课重点要讲的就是用企业文化和核心价值观"引导"新员工心态的转变。比如，在迪士尼公司，一旦被聘用，新员工要经历 8 小时的心态重塑培训，然后才是 40 小时的岗前培训。又如美捷步，一家在线零售公司，它以在鞋类和服装上的多样化选择以及免费的邮寄政策而知名，其首席执行官谢家华将公司文化作为第一优先。所有新员工都要参加历时 4 周的培训课程，并把公司的核心价值观背下来。培训结束以后，如果他们认为自己不适合公司的文化，那么公司将支付给他们 2000 美元，让他们离职，这个金额每年都会变。每年公司都会出版一本文化小册子，上面是一些员工分享的亲历故事，主要是关于美捷步公司的文化到底对自己意味着什么。

组织文化形成的关键在于让文化经历从理念到行动、从抽象到具体、从口头到书面的过程，得到组织成员的理解和认同，使其转化为组织成员的日常工作行为，形成组织成员的习惯。文化可在组织中发挥关键的作用。

（1）组织成员获得集体的认同感，知道如何沟通和开展行动，从而提高工作效率。这是内部的整合效应。

（2）面对客户或市场如何做出快速而恰当的反应。联邦快递公司的一名员工冒着突发大雪自我做出决定将包裹及时送达客户的案例，正是公司的服务宗旨"我们及时送达"的完美体现。

第三节　塑造组织文化的方法

了解组织文化的构成和形成过程，有助于我们塑造有利于组织战略执行的文化氛围。以下是一些常用的方法。

一　沟通宣导

让公司里的每一个人都了解并熟知公司企业文化和核心价值观，如它们是如何形成的，它们包含什么内容，有哪些代表性言行，对企业战略有什么影响，新的企业文化对员工有什么要求，等等，这样才能获得员工的认同和支持。对新的思想观念的接受是一个长期过程，所以公司文化和价值观必须经过广泛宣传、反复灌输，才能逐步被员工接受。同时，教育和培训是传承组织文化的基本保证。如前面提到的，重视企业文化的公司，新员工入职后第一次培训就是为宣导公司文化和价值观而设计的。

二 高管以身作则

对于企业高层管理者来说，能否让员工认同企业文化并将其转化为自己的工作行为，是企业文化成败的关键。企业的领导者，既是组织文化的塑造者又是破坏者，高管的一言一行都对企业文化的形成起到重要作用，要使企业员工相信并愿意通过行动去展现组织的文化，领导者必须身体力行，从点滴做起。

如沃尔玛文化中的一条是追求低成本和节俭的营运实践。作为和股神巴菲特一样有钱的人，沃尔玛创始人山姆·沃顿平时住在小镇上的普通房子里，开一辆旧车，穿的衣服和普通工人没什么不一样，不时还亲自开车给自己的超市送货，生活非常节俭。同样，你可以看得到沃尔玛所有管理人员的办公室装饰得都很简单，管理者保持简洁的作风，并致力于控制成本和提升效率。

而在这一点上，国内企业做得好的不多，那么多大型的上市公司频频曝丑闻就是证明。而在数量众多的中小企业里，不少老板在企业里天天和员工大谈"诚信"，而当员工超额完成业绩要兑现先前企业承诺过的奖金时，就找出诸多理由推诿、拖延，甚至反悔拒绝。有的企业嘴上说的是"质量第一"，而实际过程中偷工减料，搞虚假宣传。

三 利用政策和制度强化管理实践

企业可以通过一些管理措施来推行和强化支持公司战略的组织文化。比如说招聘的策略，除了看候选人所掌握的知识和技能外，重点要看他们的心态是不是与企业的文化和价值观相匹配，在人才录用的这一关就要把那些与企业文化不一致的人拒绝在门外。又如对业绩评估体系的设计和评估结果的运用，那些业绩好又能体现企业文化和价值观的人才必须获得晋升和奖励，反之则降级或淘汰，以保证企业的活力。2003 年，阿里巴巴排除当时的争议把企业价值观纳入业绩考评体系，而且占了 50% 的权重。在阿里巴巴的招聘实践中也出现过多次把一些"伪精英"拒之门外的案例。阿里巴巴的观点是"如果跟我们企业的价值观不符合，一个人的能力越大，那么进来以后对组织的破坏力就越大"。

四　树立典型人物或典型故事

泰伦斯·迪尔和艾伦·肯尼迪在《企业文化：企业生活中的礼仪和仪式》一书中将英雄楷模作为组织文化的构成要素之一。

他们认为，没有英雄的文化是难以维系和传承的，把组织中最能体现组织所推崇的核心价值观念的个人和集体树立为典型进行宣传表彰，并加以适当的激励，有利于组织文化的传承。[①]

典型人物或典型故事的反复传颂可以起到一般空洞宣传和说教所无法替代的作用，同时，也可以为组织的有关措施提供明确的有指向意义的解释和支持，而且故事使公司的价值观保持长久活力，为全体员工提供一种共享的理念。树立模范和英雄人物进行典型引导，可以使组织成员准确把握和了解企业文化高度抽象和概括的结果。大庆油田对王进喜的宣传，使"铁人精神"不仅在大庆油田甚至在全国至今都广为流传。联邦快递"使命必达"、海尔董事长"怒砸冰箱"、马云"挥泪斩卫哲"等典型人物和典型故事无一不是要向员工和外界传递企业所要承诺和坚持的文化和价值观。

2016 年，"快递小哥被扇耳光"的事情上了一次热搜。一名穿黑色衣服的男子在视频里对一名顺丰快递的小哥连打耳光，一边打一边骂。而起因不过是很简单的一件小事，送快递的小哥不小心把那名黑衣男子的小轿车剐蹭了。当时的顺丰总裁王卫勇敢地站了出来，发文到朋友圈："我王卫向所有的朋友声明！如果我这事不追究到底！我不配再做顺丰总裁！"在顺丰介入之后，快递小哥终于得到了自己的正义，黑衣男子因涉嫌寻衅滋事被依法处以行政拘留 10 天。这件事情的结尾，是在一年之后顺丰上市的典礼上，当初被打的快递小哥站在了大老板的旁边，和老板一起敲响象征着公司新时代的钟。

[①]　〔美〕泰伦斯·迪尔、艾伦·肯尼迪：《企业文化：企业生活中的礼仪和仪式》，李原、孙健敏译，中国人民大学出版社，2008，第 37~56 页。

这个案例不仅体现了顺丰快递践行"承担责任"和"平等尊重"的价值观，同时也体现了企业领导对所倡导价值观的承诺和垂范，它必将给顺丰全体员工的心态和行为带来深刻影响。[1]

五 举办仪式及活动

仪式是文化传承的主要载体。古代皇帝登基、早朝、泰山封禅等，都是通过仪式来彰显皇权德政。日常生活中诸如春节拜年、清明祭扫等都演绎着传统文化的理念，以形式多样的仪式活动为载体，唤起我们的历史感、道德感和归属感。而精心设计的企业仪式将企业的日常经营管理戏剧化、程式化，形象地传递企业价值观和企业精神，潜移默化地熏陶和影响企业人员，是助推企业文化建设的强大动力。仪式告诉员工什么是重要的，什么是公司发展和员工发展必不可少的要素。抽象的价值观往往要借助于仪式才能生动而又具体地传递出来。在参与企业仪式、感受企业文化的过程中，每个员工都是仪式中不可或缺的角色，获得一种心理体验，发现自己的重要性，意识到自己是企业大家庭中的一员，企业的发展有自己的贡献和力量，从而可以增强员工的归属感和自豪感，提高员工的工作热情和对企业的向心力。要组织好每一个仪式，就要以企业文化为内核，充分考虑员工的需求，精心谋划，务求落实；但是也有不少企业搞成了形式主义，反而令人反感。

常见的仪式可以分为如下几种，我们可以围绕这些仪式设计巧妙的活动来强化企业要弘扬的价值观。

（1）工作仪式，如工作例会、晨会、培训会、颁奖会等；

（2）生活仪式，如联欢会、员工生日会、运动会、演讲、比赛等；

（3）纪念性仪式，如周年庆典、年会、酒会等。

如人力资源部门每月为当月生日的员工举办生日会体现了公司对员工的关心；公司为业务上取得战略性进展而举行的酒会，表彰那些业绩优异的同事；销售部门为启动年度竞赛而准备的开门红业务冲刺等都包括在内。

---

[1] 《顺丰小哥被打事件续：打人者已被警方拘留》，新华网，http://www.xinhuanet.com/ politics/2016-04/18/c_128906535.htm，2016 年 4 月 18 日；《顺丰控股 A 股首秀涨停 王卫携被打快递小哥敲钟》，中新经纬，https://mr.baidu.com/r/10GWcD83kK4?f=cp&u=87af2ea 0e2239403，2017 年 2 月 24 日。

除上面提到的几种方法之外，企业还可以根据自己的实际情况尝试不同的方法来建立强大的文化和良好的文化氛围。然而文化并非一成不变，它也像战略和组织结构一样不断演变。市场上新的竞争的出现、技术的变革、公司内部的变化、公司对外扩张如收购兼并或海外发展等，往往会引发新的做事方式，进而推动文化的变革。

第四节　塑造与组织战略一致的文化

不同的学者对组织文化有着不同的分类。泰伦斯·迪尔和艾伦·肯尼迪在《企业文化：企业生活中的礼仪和仪式》中通过反馈速度和风险程度这两个维度来区分文化类型，他们把这些文化做了一下分类。

— 硬汉文化（反馈与回报速度快、风险大，典型代表：广告、经纪人、体育等行业）；

— 苦干型文化（反馈与回报速度快、风险低，典型代表：销售、餐饮、软件等行业）；

— 流程型文化（反馈与回报速度慢、风险低，典型代表：政府机关、银行、保险、公共机构等）；

— 赌博型文化（反馈与回报速度慢、风险高，典型代表：制药、航空制造、油气勘探等）。[①]

"哈里森（Roger Harrison）认为，有四种主要的组织文化形式，即权力文化、角色文化、任务文化和人员文化。"[②] 英国著名学者查尔斯·汉迪认为哈里森的分类非常精辟，但是太学究气。于是他在自己的著作中把这四种文化分别命名为"宙斯文化、阿波罗文化、雅典娜文化和酒神文化（狄俄尼索

---

① ［美］泰伦斯·迪尔、艾伦·肯尼迪：《企业文化：企业生活中的礼仪和仪式》，李原、孙健敏译，中国人民大学出版社，2008，第118~134页。

② ［英］查尔斯·汉迪：《组织的概念》，方海萍等译，中国人民大学出版社，2006，第184页。

斯）"。[①] 近年的教科书把组织的文化分为适应型文化、使命型文化、团体文化、行政机构型文化。

无论什么类型的文化，我们认为只有当组织的文化与企业所选择的战略一致，并与战略执行要求的态度、行为一致时，组织文化才能有效地促进战略执行从而高效地实现组织目标，这样的组织文化才是与组织匹配的文化。例如成本领先的企业战略必然催生一种以节俭为特征的企业文化，这将促使公司上下识别一切可以节俭的机会并采取措施实现；一个执行产品创新和领先战略的企业战略必然催生一种主动出击、创新、承担和引领变革的文化。围绕执行战略所需的行动建立起来的文化和文化氛围是激发员工积极性、调动组织能量、推动战略良好实施的关键，因为充满活力的员工队伍才是实现关键绩效目标和良好战略执行的保证。文化建设的目标就是要创造一种工作氛围和管理风格来充分调动员工的积极性，全力做好高效的战略执行。

国内外学者在对企业实践进行研究和观察中发现，成功公司的战略不尽相同，但是也有一些共同的特征，如以下我们将要讨论的两种典型文化的代表：其一，拥抱变化、引领变革和创新的文化；其二，敢作敢为、乐于承担、以结果为导向的文化。

一 拥抱变化、引领变革和创新的文化

在这种文化环境下，员工们愿意接受由于外部快速变化而产生的新战略，拥护变革，愿意做出快速的调整和改变。他们认为公司有能力应对变化并把握机会。他们愿意接受风险、实验、创新以及战略和实践的不断变化。工作氛围支持管理者和员工提议或发起有益的变革，鼓励和奖励个人或团体进行内部创业。公司高管会寻找、支持和提拔那些积极主动发现改进机会并展现改进能力的个人。管理者会公开对员工的想法和建议进行评价，为他们提出的有潜力的项目提供资金支持，并小心谨慎地承担风险，以此为企业寻求新的机会。他们采取主动的方法来识别问题，评估影响和选择，并且快速推进可解决的方案。为了适应和利用商业环境的变化，公司会根据需要调整战略

[①] ［英］查尔斯·汉迪:《组织的概念》，方海萍等译，中国人民大学出版社，2006，第185~192页。

和传统的经营习惯。建立和保持这种文化的前提是要让公司的员工理解、认可并接受管理层试图进行的变革是符合公司的核心价值观和企业各利益相关方的。科技公司、软件公司以及基于互联网的公司是这种组织文化的典型代表。这些公司在变化中茁壮成长，推动、引领并利用变化。如谷歌、苹果、阿里巴巴、腾讯、华为等公司培养了快速行动、快速响应的能力，它们是创新和创业的狂热践行者，愿意为开发产品和开展新业务而冒险。这种在瞬息万变的商业环境中拥抱变化、引领变革和创新的企业文化其实是每一个企业都不可或缺的。

案例：广发卡拥抱变化、引领变革和创新的企业文化

　　十多年前，信用卡业务正处于"跑马圈地"扩大规模要发卡量的高峰期，随着竞争越来越激烈，新的竞争者不断入局，信用卡业务管理团队发现每发一张卡的成本（获客成本）越来越高，而维持这张卡的成本需要客户每月通过这张卡消费 1.8 万元左右。很明显，大部分客户的消费水平是达不到这个标准的，那就意味着卡发得越多，亏损就越多。公司高管为此进行了广泛而深入的分析和讨论，重点对在美国和韩国先后发生的信用卡危机进行了研究。最后的决定是必须马上做出变革，而且要比竞争对手早，即由原来的追求规模要发卡量为主，转变为发卡数量和发卡质量平衡，并通过给客户提供更多的服务来获得收入和利润。"发卡为先"的重点转向"发卡和服务并重，通过服务获得更多的收入"，那么全公司上下就需要重塑"创新的服务"和"勇于变革"的心态，原来"保守跟随"和"安于现状"的心态就要改变。

　　怎么推动这个重塑员工心态的过程呢？我们来看一下"推动变革"的三角模型（见图1）：如果我们要在组织内推动一项变革（或者一个项目），那我们需要从三个方面来准备：

　　（1）获得公司领导的认同、支持和参与，为推动这件事创造条

件和环境；

（2）通过沟通让员工知道这件事，通过培训让员工有能力去做这件事；

（3）制定相关的激励表彰政策和机制，让员工有意愿去做这件事。

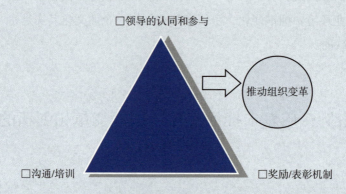

图1　管理工具和方法：组织变革推动模型

现在第一个条件已经具备了：公司高管已经做出马上变革的决定，而且要比竞争对手早。第二就是要通过沟通宣导，让中层及一线经理和其他所有员工了解和认同这一变化的目的和意义，引起他们的危机感和紧迫感，如组织部门小组专题讨论会、公司内部刊物专题论坛。接着开展相关的培训，指导员工如何去做这件事。首先，扩展信用卡分期的服务，通过给客户提供消费贷款的服务获取更多的收入和利润，将信用卡传统的支付功能扩展到信贷功能；其次，客户细分，通过数据模型更精准地定位公司需要的潜在客户（频繁消费的客户和需要分期服务的客户）。最后，制定相关的激励表彰政策和机制，让员工有意愿去做这件事。如风险部门协助市场部门制作出更精准的"客户画像"，这样一线销售就更容易找到公司需要的潜在客户发卡；将薪酬激励与发卡激活率和高消费卡联系起来，而不只与发卡量有关；人员配置上，设立分期消费外呼电话服务团队，同时客服中心也开始在接听客户来电时推介分期业务产品；相关的流程也建立起来，等等。

事实证明，这一转变不仅给公司持续带来巨大的收入和利润，而且很有前瞻性，因为后来随着新的支付工具和手段的出现，信用卡传统的支付功能已经丧失了原有的竞争优势，想要仅仅利用这一功能来获得理想的利润已经变得不太可能。现在，通过信用卡信贷功能获得利润已经成为行业的主要业务。

二　敢作敢为、乐于承担、以结果为导向的文化

在该环境下，员工有很强的参与感和主动性，他们充满热情，全力以赴为实现或超越目标而努力。公司对每个组织单元以及每个人的绩效期望都有着明确的描述，并能迅速采取行动解决存在的问题，我们把这种文化称为高绩效文化。这种文化需要企业能激发员工的高度忠诚和奉献精神，使他们对工作充满激情并全力以赴。而管理者必须奖励表现最佳者，并清除阻碍高生产率和良好习惯的行为。管理者还需要知人善用，将合适的人安排到合适的位置以发挥员工的长处，为公司做出有意义的贡献。实际上，这是一种纪律严明而又注重绩效的组织管理方法。

我们在为企业价值观做诠释时会说明什么是我们想要的行为，同时，我们也要说明什么不是我们想要的行为。在这里也一样，我们了解到什么是有利于战略执行的文化特征，我们也要指出什么是不利于战略执行的文化特征，那就是一成不变的保守文化、官僚僵化的文化、闭门造车的文化、管理层贪婪不道德的文化及没有包容性的文化等。

案例：与企业价值观一致、以结果为导向的销售文化

嗨，伙计，一切都是为了销售！

招商信诺人寿保险有限公司（以下简称"招商信诺"）于 2003 年

春成立于深圳，由两家信誉卓著的百年名企共同出资创立，投资双方股东分别为美国信诺保险公司和招商局集团下属子公司（招商银行）。

一　走进招商信诺总部的会议室

走进招商信诺总部不大的会议室，映入访客眼帘的会是两样东西：招商信诺价值观的陈述和销售名人堂的陈设。

（一）招商信诺价值观简单明了，便于记忆

若将各条价值观的首字母连起来就是一个英文单词 RESPECT（尊重），同时这个缩写本身也是价值观当中的一条。

尊重（R–RESPECT）

我们真诚地尊重和对待我们的同事、客户和供应商；我们专业、有礼、守时、守纪。

营业收入（R–Revenue）

我们以市场和销售为导向。

利润和股东回报（E–Earnings & Shareholder Returns）

我们努力创造高额利润，为股东带来最大的回报。

迅速执行（S–Speedy Execution）

我们做任何事情都有紧迫感。

我们按时完成任务。

人尽其责，做到最好（P–Personal Accountability & People's Excellence）

我们每一个人都为自己的目标负责。

我们做每一件事情都要做得最好。

汇聚优秀人才。

道德、诚实、正直（E–Ethics, Honesty & Integrity）

我们坚持崇高的道德和诚信标准。

我们以诚实和互相尊重的方式进行沟通。

我们信守我们的承诺。

以客户为核心（C−Customer Focus）

我们满足客户需求并超越他们的期望。

我们对销售充满热情。

团队合作（T−Teamwork）

我们行动一致来达到我们的目标。

我们明白自己在团队中的作用。

我们的目标就是要成功。

尽管笔者离开这家公司多年了，但在2021年回顾起来还很清晰地记得和当时的CEO讨论及确定企业价值观的情景。每次新员工的培训开场，他总要来到这个会议室向大家说明公司的价值观，偶尔因在外出差不能到现场时，总会来电提醒笔者不要忘了向新员工介绍公司的价值观。很显然，公司创业初期建立的这种重视价值观的文化获得了成功，并且深深地根植于整个企业文化中，为公司的长远发展奠定了良好的基础。

（二）销售名人堂

销售名人堂旨在表彰那些为招商信诺做出杰出贡献的销售精英，他们的名字被制成铜牌挂在公司总部会议室墙上，永久彰显。你可以看到刻有"2004年电话销售明星——刘XX女士"的铜牌，这是首个登上招商信诺销售名人堂的名字。把刻有自己名字的铜牌挂到这面墙上是那些勇于挑战业绩高峰的销售员的梦想，销售名人堂的设立是企业创造销售文化氛围的开端。

二　走进招商信诺的电话销售现场

走进招商信诺的电话销售现场，你会发现每个工位上都有一个拍手器，只要有人电话成功签单，就会有人举起来拍手，然后全场响起拍手声，像是举行聚会一样，员工为这种有趣的仪式所带来的激情所感染。当时全公司上下员工都会记得文章标题中那一句英文口号（尽管99%是国内雇员）：It is all about sales, baby!（嗨，伙计，一切都是为了销售！）。

三　走访管理团队

从招商信诺销售负责人那里了解到公司在政策和制度上也对销售做了很多倾斜，如在薪酬设计上，从理论上讲一个 10 人的团队应该有 2 名左右的销售人员收入要高于自己的直接主管；在晋升制度设计上，业绩好、认同企业价值观的人才会得到提拔。而其他的激励制度的设计也是围绕以销售为导向的价值观来设计的。除了销售名人堂奖项以外，对于业绩佳的团队和个人，公司每周、每月、每季度和每年都要发奖。对表现比较好的普通员工颁发"招商信诺希望之星奖"，对优秀经理颁发"招商信诺之星奖"，对团队颁发"招商信诺团队之星奖"。另外，对于员工主动从事自己工作范围之外的事情，还要现场发奖。除了销售人员以外，公司会对其他部门的优秀员工进行奖励，对于表现优异的团队，会进行团队鼓励，比如全体到香港迪士尼游玩。

招商信诺很重视培训工作，培训主要有三类。一是针对所有员工的庞大的网上学习计划，这个培训项目可以查出所有的受训人每月会参加多少课程；二是从外面请来优秀的培训师做管理培训；三是信诺全球每年会有各种定期的培训和研讨会，诸如针对精算、财务销售、业务开发、人力资源等的培训和研讨会，招商信诺的所有 20 多名经理每年都会有一两次机会参加这种培训。招商信诺还有一个基础的培训，就是在营销员上岗之前，公司会对其进行大量的、长时间的专业培训，在他们上岗之后，也会有主管针对他们的电话录音进行一对一的辅导，确保他们能够正确而专业地给客户进行产品推荐。

招商信诺是国内第一家利用电话销售及网点营销等直销渠道进行保单销售的保险公司。在公司成立之初就有人质问这种销售方式，认为不可能成功，结果在招商信诺的第一个完整财务年（2004 年），就实现了保费收入 2100 万元。2005 年，招商信诺入选《财富》杂志"2005 年度卓越雇主——中国最适宜工作的公司"。2020 年，招商信诺实现保费收入近 200 亿元，净利润超过 16 亿元，年末管理的总资产达到 750 亿元，净资产约 100 亿元，累计为超过 600 万人提供保险保障、健康管理和财富规划服务。同年，招商信诺的发展和经营战略得到了《哈佛商业评论》评审会的关注和赞赏："招商信诺人寿取得长足发展，同时确立了稳健创新的经营战略……招商信诺获得兼具爆发力与可持续性的增长。"

作为一家**以销售为导向的公司**，招商信诺的成功离不开员工的成功，而员工的成功靠的是培训和激励，更与企业在当初对企业文化的重视是分不开的。对于招商信诺这个企业来说，其价值观中的两条**"营业收入"**与**"利润和股东回报"**决定了这个企业在战略实施过程中要求的行为和行为模式："采取一切行动实现销售业绩以获得利润回报股东"，那么企业文化和文化氛围的建设必然是围绕"建立以销售为导向的文化支持战略实施"。

第五节　员工心态的塑造

通过上述两个案例，我们可以看到与企业战略一致的组织文化对提高企业业绩表现的巨大作用。而在建立组织文化的过程当中，对员工心态的塑造是最重要的一步。员工有了能力，那他们愿不愿意去做呢？这就取决于员工持有的心态（态度或意愿）。心态是一个人对待事物的一种驱动力，不同的心态将产生不同的驱动作用。好的心态产生好的驱动力，会得到好的结果，反之亦然。企业之所以建立绩效考核制度，就是组织"要求"或"推动"员工去完成自己的工作；同时，企业还建立了薪酬奖励制度，就是组织"激励"员工更好地完成自己的工作。但是在实践中，企业会发现仅有这两个制度是不够的，员工们老是觉得是企业"要我干"。如何把"要我干"变成"我要干"，这就需要员工从心里对公司核心价值观认同、接受，并将其自觉地运用到日常工作中。

一　如何塑造员工心态？

员工心态的形成是由公司的核心价值观决定的，而员工的心态又影响了他们在日常工作中的行为，所以必须用企业核心价值观来塑造员工心态。

　　企业的核心价值观不要太多、没有重点，这样一是记不住，二是执行不了。我们可以从企业利益的攸关方出发，从四个方面考虑。

　　（1）员工：企业希望员工是什么样的人，如诚实正直、勇于创新、承担责任、团队合作等；企业如何对待员工，如信任和尊重、关爱员工与员工共同成长等；

　　（2）客户：我们如何对待客户，如追求更高品质、服务领先；

　　（3）股东：健康成长、持续盈利、股东回报等；

　　（4）社会：环境友好、社会责任、公平机会等。

　　这样分析下来，价值观定到4~6条就可以了。著名的三星公司也只有5条：给员工充分发挥潜力的机会，开发市场上最好的产品和服务，拥抱变革，遵守道德标准，承担社会责任。

　　除了价值观本身的阐述外，每一条价值观也需要配备相应的行动要点、故事或解释，它代表什么，不代表什么。这样大家才能有一致的理解，在工作中才能践行。

　　很多企业只有一个词，比如"诚信"，但是没有解释和说明它的标准是什么，每个人可能对此都会有不同的理解，因此我们必须要清楚地定义它，并通过具有代表性的行为来诠释它，这样员工才能在工作中执行。国内企业如阿里巴巴对自己价值观的说明就很清晰，比如"客户第一"和"诚信"就会说明与之匹配的具体行为。

　　而联邦快递则擅长通过广告和故事形象生动地向员工阐明公司"使命必达"的价值观。除了广为人知的"租用专机送包裹"这样的故事之外，联邦快递还有这样一则广告，广告中的救护车司机看到前方车辆堵塞，为了救人赶忙直接将人抱起来送到医院，唯恐耽误救治病人的宝贵时间。这并不是一个夸张的企业宣传，而是真实地表现了联邦快递在实现"使命必达"的理念中与众不同的努力。实际上，联邦快递稳居全球快递的龙头地位，就是因为公司能花大力气培养对工作充满使命感的人才，以使公司能够提供及时可靠的快递服务。[①]

---

① 宋红超编著《联邦快递，递送使命》，对外经济贸易大学出版社，2007，第132~133页。

确定了企业的核心价值观及每一个价值观具体代表的行为之后，人力资源部就要建立起将核心价值观和绩效相联系的考评制度，将对价值观的考核纳入其中，发挥考核的"指针"作用（见图7-2），这样价值观才能深深植入企业的日常工作中，而不只是停留在纸上或墙上。一线主管则要据此开展员工辅导，善于沟通，巧用授权、激励和处罚等管理方法推动员工心态的塑造。

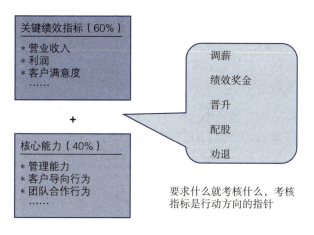

图7-2　将核心价值观纳入绩效考评制度

二　为何要不断重塑员工心态

企业面临外界的不断变化，不确定性很多，如战略转型、体制改革、兼并收购、技术创新和新的生活方式的变化等。企业必须因应这种变化做出适时的改变，员工的心态也必须不断变化。特别是在新技术和互联网的背景之下，就是原来做得很好的传统企业，如果没有创新也会失去自己发展的机会。比如康师傅方便面的销量直线下滑，难道是产品出问题了吗？不是的，反而是越做越精致：非油炸的、干拌的，各种新品不断推出，但仍旧挽回不了颓势。为什么这个曾连续18年销量保持增长的国民美食，在越做越用心的情况下，反而销量严重下滑呢？答案是因为有了外卖。自从外卖行业横空出世，各种可口的美食半小时左右就能送到手上，这时候基本就没方便面什么事了。打败康师傅的不是统一，不是今麦郎，不是任何一个平日里厮杀惨烈的竞争对手，而是美团、饿了么这些新兴公司，是散布在城市里大大小小的外卖美食小作坊。之前提到的索尼错失发展液晶电视好机会的案例不也是同样的道理吗？不是因为自己做得不好，而是在原来自己擅长的领域做得太好以至于没有发现方向错了、市场的环境和客户的需求变了！这再一次说明了选择比努力重要，战术上的勤奋掩盖不了战略上的懒惰。

另一个例子就是 2017 年阿里巴巴宣布对大润发的收购。大润发是一个颇具传奇色彩的大型连锁量贩超市，于 1997 年在台湾成立第一家门店，当年 4 月进入大陆市场，自此开启了它辉煌的商业版图。从迅速扩张到被收购前，大润发在国内拥有上百家门店，无论是在一二线城市，还是在三四线城市，总是可以看到它的身影。就是这样一个表现不错的超市，有一天却突然被收购了，令人意想不到！它没有被沃尔玛干掉，没有被家乐福抢走地盘，但仍被阿里巴巴收购，高层集体走人。大润发的创始人在被阿里巴巴收购时说了一句堪称经典的话"我们战胜了所有的对手，却输给了这个时代"。对的，只有变化才是永恒的，企业员工的心态也应该不断变化以适应企业发展的变化。

三　如何评估员工心态

随着企业内外环境的不断变化，我们需要定期评估组织目前的核心价值观是否需要调整改变。如果需要改变，那么我们就得先找出这种差距。我们可以通过以下几种方法来评估这种需要。

（一）员工问卷调查

员工问卷要根据每个企业的实际情况来设计，以下是一个简单的例子，用以了解公司员工心态的差距（见图 7-3）。我们假设公司未来期望的核心价值是服务导向、利润导向、创新和拥护变革，而目前员工思维模式还停留在销售导向、规模导向、保守跟随和安于现状上。在问卷调查中要提供这些核心价值观的明确含义，让参与的员工对这四项进行打分，以获得一些量化数据。在这个过程中，我们要为员工创造一个开放和宽松的环境，让他们畅所欲言，同时要向他们保证谈话内容的保密性，减少他们的担心和顾虑。

服务导向　　　　　　　　　　　　　销售导向

　　5 ---------- 4 --------- 3 -------- 2 ------- 1

利润导向　　　　　　　　　　　　　规模导向

　　5 ---------- 4 --------- 3 -------- 2 ------- 1

创新　　　　　　　　　　　　　　　保守跟随

　　5 ---------- 4 --------- 3 -------- 2 ------- 1

拥护变革　　　　　　　　　　　　　安于现状

　　5 ---------- 4 --------- 3 -------- 2 ------- 1

图 7-3　员工问卷调查示意

问卷调查的收集要有代表性，覆盖不同的业务部门层级和区域，通过量化方法找出主要的问题所在，有助于在之后的访谈中聚焦重点去挖掘根源。在问卷调查之后，经过对数据和开放式问题的整理，可以进一步就一些重点问题与高管、一线经理和员工进行访谈，以便更深入了解相关问题和背后的故事，为提出针对性的改善方案做好准备。

（二）与高管一对一访谈

高管所处的位置通常使他们对公司的未来有更清晰的认识，也对公司整体状况有比较全面的判断。企业可以根据他们的问卷调查结果，更具体细致地了解高管对于员工心态的期望与目前实际情况之间的差距。

（三）与中下层经理及员工进行小组访谈

这是了解员工感受和想法很重要的一环，他们在一线面对客户，最了解客户的需求和公司目前的差距。他们的热情和行动指向在哪里，决定了公司战略执行的力度。通过对他们的访谈，可以具体了解不同工作部门层级和区域所体现出来的心态，将这样的问题与具体的案例汇总，拿去和高管的访谈结果进行比较，我们就可以看到员工心态上的主要问题及其根源。在进行访谈时应注意不要把有直接上下级关系的人员放在一个小组内，也应注意不要让个别健谈的人垄断访谈，这样才能了解比较全面的情况。

（四）与客户进行访谈

从客户的角度了解公司的产品和服务与他们期望的差距。这可以反映出客户的心态，并为说服大家重塑员工心态提供有力的证据，为变革创造一定程度的危机感。公司进行问卷调查和访谈之后，所有参与者都会对公司即将要采取的行动产生期望。如果公司管理层毫无行动，或者拖延太久才采取行动，或者只是采取一些影响力有限的行动，员工和客户对公司就会产生失望和怀疑的情绪，不利于推动变革；以后再次进行变革的时候，大家投入的热情就会减少。

四　重塑员工心态的方法

找出员工心态的差距及原因后，企业可以根据自身的情况，通过不同方式方法来推动重塑员工心态。前面提到的案例"拥抱变化，引领变革和创新的企业文化"其实就是通过"自上而下"的策略来推动的：公司的高管团队发现了市场的变化和未来的趋势，从而发出了"变革"的要求，即由原来的以追求规模要发卡量为主，转变为发卡数量和发卡质量平衡，并通过给客户提供更多的服务来获得收入和利润。"发卡为先"的重点转向"发卡和服务并重，通过服务获得更多的收入"，全公司上下就需要重塑"创新的服务"和"勇于变革"的心态，原来"保守跟随"和"安于现状"的心态就要改变。

除了"自上而下"的方法之外，当然也可以通过其他办法来"触动"组织重塑员工心态，从而来推动变革，关键是要找到"触发点"。如果企业自己不能或不愿意正视自己的差距，我们可以通过客户反馈、与先进企业对标的方法来找出这样的差距，从而引发公司和员工对于变革的"危机感和紧迫感"。这种"自下而上"和"由内而外"的办法其实效果更好。

方法一，倾听客户的声音。定期举办客户恳谈会，只有让公司主管和员工直接听到客户抱怨的声音，他们才会知道，原来公司给客户带来那么多困扰，有那么多地方需要改进，主管和员工才会清醒地了解到，原来公司在客户当中的形象是这样的；也可以让销售人员带上平时和客户缺少接触的中后台人员，如研发、采购、制造、财务等部门的人员一起去拜访客户，组织客户进行小组访谈，了解客户是如何使用公司产品的，客户对我们的产品有什么意见和改进建议。只有在听到客户的声音之后，员工才会明白变革的必要性，才会有强烈的意愿去改变。

方法二，参观竞争对手企业或标杆企业找差距。俗话说"没有对比，就没有伤害"，公司主管和员工常常只看到自己公司在过去几年的进步，自我感觉相当好；但是如果能给他们机会走出去，了解竞争对手和标杆企业的业绩信息和最佳实践，他们就会看到自己的差距，例如客户满意度、人均利润、坏账率、自动化程度等，他们才会萌发学习先进的念头，从而避免"闭门造车"和"夜郎自大"。

总之，无论用什么方法，我们得找出"期望"和"现实"之间的差距，"触动"企业全体员工心态的改变，从而提高企业的组织能力。在塑造员工心态的过程中，公司高管、人力资源部、各级经理（主管）这"三驾马车"缺一不可。高层领导应以身作则，带头践行企业核心价值观，推动塑造员工心态。榜样的力量是无穷的。

员工心态的形成是一个长期的过程，所以当企业面临变化、需要塑造新的员工心态时，首先要对原来的价值观进行梳理和讨论，确定在新的形势下企业需要什么新的价值观来指导员工的行为和决策。要和员工反复讨论并清楚地沟通，为什么原来那套行之多年的核心价值观在新形势下已经不适用了，为什么要树立这几个新的核心价值观，这些价值观会有什么样的重要影响。通过管理层和员工的互动参与，公司从上到下才会对新的价值观达成共识，大家才会真正投入、拥抱和实践这些价值观。

第八章

贯穿组织战略实施的领导力

领导力的基础是提高自我修炼，以身作则。人们追随领导是因为其言行所代表的价值观与自己认同的价值观一致。领导力是关爱和睿智的结合，没有关爱的领导意味着压迫、强逼和利用，而没有睿智的领导则只能带领一众庸才，这两类领导对组织和组织能力都是大忌。

没有人会否认领导力的重要性。多年来国内外关于领导力的专著论述已经汗牛充栋、数不胜数。在学术上进一步深入讨论和研究领导力不是本书的重点，本章将简明地回顾领导力的来源和构成，重点聚焦领导力在构成组织能力各要素间的"联动"作用，正是这种"联动"作用使组织能力成为战略实施的保障。

我们可以简单地把领导力概括为领导者带领团队在确定进而实现组织既定目标过程中展现出来的能力。它具体体现为领导者带领团队满足员工、客户、投资者及其他利益攸关方期望的各种行动。

第一节　领导力的来源

现代管理学认为，领导力主要来自两个方面，一方面是组织赋予的权力和影响力，是将意愿强加于他人身上的支配力量，它包括法定权、奖赏权、惩罚权；另一方面则来自个人影响力，是一种不运用权力就使他人或下属行动的能力，它包括专家权、典范权。前者被称为权力影响力，后者被称为非权力影响力。

一　组织赋予的权力和影响力

（一）合法权力

因为个人所担任的职位而获得的权力。合法权力是所有管理者都具有的，是组织中管理者的正式职位带来的权力。所有管理者都有源于自己职位的对员工的合法权力，无论其职位是建筑监督员、广告客户主管、销售经理还是首席执行官。这种权力可能产生积极或消极的作用，比如表扬或批评。

（二）奖励权力

通过许诺或给予奖励来影响行为。奖励权力是所有管理者都具有的，这是职权赋予管理者奖励他们下属的权力。奖励的范围可以从赞扬到加薪，从认可到升迁。

（三）强制权力

通过威胁或给予处罚来影响行为。强制权力是所有管理人员都具有的，是管理者的职权赋予其惩罚下属的权力。处罚的范围从口头或书面警告处分，到降职再到解约。在一些工作条例中，可能也会采用罚款和停职。强制权力必须有分寸地使用。当然，一个时常采取消极手段的管理者会使员工产生许多怨恨。但也有许多这样的管理者被提升为大公司高层，如迪士尼的迈克尔·艾斯纳（Michael Eisner）、米拉麦克斯电影公司的哈维·韦恩斯坦（Harvey Weinstein）、惠普公司的卡莉·菲奥莉娜（Carly S. Fionrina），都曾是粗暴和令人畏惧的。

二　来自个人影响力

（一）专家权力

通过专业意见来影响行为。专家权力源自某人的专业信息或专长。专长或专业知识，可以是对很平常的琐事，例如安排工作时间表和向下属分配任务；也可以是复杂的事情，例如有计算机或医学知识。秘书也能具有专业能力，因为他们已在一个职位上工作了很长时间，并且知道所有必要的联系。首席执行官应具有专业能力，因为他们具有很多人不具备的战略知识。

（二）威望权力

通过个人魅力来影响行为。威望权力源自个人魅力。众多有远见的领导人具有这种能力，这些人能够凭借他们的个性、态度或背景说服他们的追随者。

因此现代管理学认为，领导者的影响力来自两个方面，一个是权力的影响力，这是职位赋予的权力带来的，主要通过（行政）管理来实现，但它不能使人自觉服从，不易产生认同。对管理的研究和运用已经相当成熟和完善，我们在此不再深入讨论。另一个是非权力影响力，是领导者个人魅力带来的，它的作用是巨大的、持久的，它通过领导者个人素质（修养）由内而外地辐射出来。它会让人心悦诚服，自觉地追随和服从，是一种认同。所以，在此要进一步讨论和运用的重点是非权力影响力（个人的影响力），为方便起见，以下我们就简称为领导力。

第二节　领导力如何形成

虽然现代管理学对领导力的系统研究和应用方面的学说多来自国外，但是国内对此的研究从未缺席，而且还源远流长。二者的研究成果具有异曲同工之处。从中国文化传统的视角来看领导力（个人影响力），一是看品德，二是看能力。中国人讲的"德才兼备"和西方现代管理学中的"个人品德和能力"大体上是同一个概念。但是国内的领导力研究更多侧重在"德"及由"德"产生的个人魅力对他人的影响，并始终把"德"放在第一位。笔者在网络上读到一篇写得很好、具有代表性的文章。

在中国，非常看重一个人的品德，古人云，"百行以德为首"，就是把德放在第一位的，道德问题是做人的首要的基本问题。在古代政治中，领导者的品德对于管理国家政事起着至关重要的作用，形成了以德治天下的传统。孔子说："为政以德，譬如北辰，居其所而众星共（拱）之。"北辰，就是北极星；拱，环绕。这句话的意思是，一个从事政治管理的人，用道德去治理国家，自己就会像北极星那样，安然处在自己的位置上，其他的星辰便会自行在其周围旋转运行。

只要领导者德行好，以德施政，以德教人，教育民众，感化民众，就会影响天下的人纷纷归顺，就能达到"无为而治"了。人们以为"无为而治"是道家的专利，其实儒家和道家都讲求，但二者有所区别。儒家所说的"无为而治"，是领导者以自身的良好道德行为去影响民众，以"德"的影响力来提高人们的执行力，从而达到天下大治。道家所说的"无为而治"，是遵循规律，顺应自然，"治大国若烹小鲜"，要小心翼翼，不要乱折腾百姓。

儒家和道家治国的方法虽然不同，但要求却是一致的，就是要求领导者要自律，从自身做起。这一思想影响深远，数千年来，中华民族形成了注重涵养政德、以官德教化民德的深厚传统。

在古代，"德"是一个人的最高境界，也是一个人安身立命的根本。《左传》强调："太上有立德，其次有立功，其次有立言；虽久不废，此之谓不朽。"有三件事可以让人永世不朽，流芳百代，就是道德修养、建功立业、著书立说，包括做人、做事、做学问，任何一个方面做得出色，就会让人名垂青史。但这三个方面有高低之分，最高的境界是道德修养，首先要做人，人品要好，才能去做事，才能做正确的事和正确地做事，并能成事，才能去立言而且有资格让言流传。

民众对领导者的评价，首先指向他为人处世的德行，如果领导者没有良好的道德品质，在为民众办事的同时借机捞一把，要想赢得群众的拥护和支持也是困难的。"德"不但成为评判一个人的最高标准，更是评判人才的标准。首先是"德"，其次才是"才"，二者不可兼得时，首选"德"。司马光在《资治通鉴》中对"德"与"才"进行了充分的论证，一个人德才兼备当然好，如果二者不能同时具备，宁要无才之人，也不要无德之人。平庸的人虽然对社会贡献不大，但对社会也构不成大的威胁，危害也不大；而有才无德之人，如果使用不当，就会危及社会，对社会造成极大的危害。很多领导者出了问题不是出在能力不强上，而是栽倒在德行上，大多是从操守不严、品行不端、道德败坏开始的。

做官必须先做人，做人必须先立德；德乃为官之本，为官须先修德。领导者手中拥有更多的社会资源，品德不端，就会以权谋私，牺牲民众的利益，所以更应该注重"德"的培养。

王安石《洪范传》："修其心治其身，而后可以为政于天下。"修心治身，充实德行，这是为政者的基本素养，也是从政前的准备，而后才能理政治国平天下。

领导者首先要有德，以德来影响人，充分发挥德的影响力。孔子说："政者，正也。""其身正，不令而行；其身不正，虽令不从。"当领导者自身端正，不用下命令，被管理者也就会跟着行动起来；相反，如果领导者自身不端正，纵然三令五申，被管理者也不会服从。

"为政以德"的起点是领导者必须先正己，只有己正，为大家作出表率，才能有说服力，才能正人正事，使自己的管理更具权威性和号召力。领导者以德修身，具备良好的道德品质，成为民众的表率和榜样，以道德魅力和人格魅力感染民众，才能赢得民众的认可与支持，才能将民众紧密地团结在自己的周围。①

而国外的领导力研究似乎更多关注领导者综合的"个人素质"，即"个人能力"，当然"德"是其中不可缺少的一项。相比国内研究，它更强调领导者个人在自我管理及个人素质方面的提升。以著名的人力资源学者戴维·尤里奇为代表，在其专著《领导力密码》②中，他提出："Invest in yourself, be personally proficient"，字面的意思是"投资自己（发展提高自己），使自己成为有修为的人"，可以按中文的习惯理解为"提高个人修为 / 修炼 / 修行 / 素质 / 素养"等。书中将这些素质指标归纳为如下七点。

（1）透过细节看本质；

（2）认识自我；

（3）承受压力；

（4）善于学习；

（5）注重自己的品德和操守；

（6）善待自己；

（7）保持个人的活力和热情。

一　透过细节看本质

既要有理性的分析，又要有直觉的判断。如从海量的客户数据分析中发现客户的活动规律或模式，从而迅速抓住重点并采取有针对性的行动，而不是沉溺于数据的海洋不能自拔。最近看到的两篇新闻报道恰好体现了大众汽车高管（主要领导）的这种能力。他们在看到大众汽车在中国近年的销售数据下降之后，并没有简单地将原因归咎于新冠疫情引起的汽车芯片短缺这样一个显而易见的事实，而是通过调研当地市场竞争对手和倾听当地客户的声音来获得更多的信息，从而做出深入的思考和对未来趋势的判断：也许新冠疫情确实是当前销售下滑的主要原因，但是市场和客户的情况已经发生变化，

---

① 丁小悟典：《论语与管理：领导者的魅力来自于哪里》，https://baijiahao.baidu.com/s?id=1695 577764642318307143&wfr=spider&for=pc，2021 年 3 月 29 日。

② Dave Ulrich, Norm Smallwood and Kate Sweetman, *The Leadership Code: Five Rules to Lead By*, Harvard Business School Publishing Corporation, 2019, pp.170–180.

而且未来的趋势已很明显。疫情之后，即使解决了芯片供应短缺（表面的、短期的、偶然的）问题，没有洞悉未来的变化和趋势（深层的、长期的、必然的问题），及（无论多艰难）迅速决策并采取相关行动，大众的汽车销售将会面临更大的挑战，甚至在中国市场沦为无足轻重的角色。

　　《参考消息》2022年2月17日援引德国《商报》2022年2月15日一篇题为《德国汽车厂商在中国的黄金时代已经结束》的报道。报道中指出，在中国本土汽车厂商为汽车装配豪华设备并实现完美互联时，德国人却仍在宣传理性的驾驶功能。德国人忽视了中国客户的基本需求。文章称，在北京的一家购物中心，大众品牌展厅和小鹏汽车展厅所展出的车型已经出现了差距。大众新款电动汽车仪表盘正中的屏幕只用于导航系统，而小鹏汽车的车内不仅配备了一台小冰箱，还有一台配有语音识别功能的车载电脑和卡拉OK系统。

　　文章中指出，双方产品的差别实在是太大了。不仅仅是大众汽车贫乏的配置落后于小鹏汽车，宝马、奥迪和奔驰旗下的高档汽车也将不得不担心与蔚来或理想汽车等新势力车企在技术方面的竞争优势。

　　汽车行业专家在接受《商报》采访时指出，在信息和智能互联领域，德国汽车制造商落后于中国本土厂商。德国车企在汽车软件方面的表现都很差。大众（中国）首席执行官冯思翰认为，德国车企在中国的黄金时代已经结束。他说，可以预见，几年后中国车市至少有半壁江山将会由本土汽车厂商占据，他不会对此感到惊讶。

　　数据则更能证明冯思翰的观点。从中汽协2022年1月公布的2021年中国汽车工业经济运行数据中可以看到，德系品牌市场份额在2021年已经下降至20.6%，而中国品牌的市场份额已经提升至44.43%。

　　新上任的大众（中国）首席执行官拉尔夫·布兰德施泰表示，他认为未来绝对有必要在中国开发更多技术解决方案。而实际上，宝马和奔驰等企业正在将越来越多的研发力量转移到中国。[1]

---

　　[1]　《德媒：与德国汽车厂商相比，中国厂商更懂得本土客户需求》，https://my.mbd.baidu.com/r/10H0uFlyPra?f=cp&u=0e95875001ded4a5，2022年2月17日。

而此前的来自经济界的另一报道则从另一个方面证实大众汽车高管团队对中国市场战略的一致看法：

> 大众汽车监事会成员、工务委员会主席达妮埃拉·卡瓦洛（Daniela Cavallo）周三表示，该公司必须做更多工作来了解中国市场，以获得更大的市场份额。2021 年，大众未能实现在中国的电动汽车销售目标。卡瓦洛在一次采访中表示："大众汽车必须在中国采取行动，更好地了解客户的需求，尤其是在软件领域。"2021 年，大众在中国售出了 70625 辆 ID 电动汽车，未达到 8 万~10 万辆的销售目标。卡瓦洛表示："对于德国司机来说，在中控屏上安装卡拉OK 系统可能并不重要，但很多中国客户喜欢这些功能，当大众没有提供这些功能时，他们感到失望。"[①]

这种透过细节看本质，把握对未来趋势的判断，正是领导力的体现。

二　认识自我

"个人素质"要求领导者首先要了解自己，只有对自己有了足够的认识，才更有能力领导他人。"你是什么样的人"是你帮助他人成为什么样的人的重要指标。这就要自己照照镜子，了解自己性格和能力中的强项和弱项，坦然面对和接受这一切，并努力做出改变。360 度评估模型和坦诚的对话可以帮助你了解自己。

对某些人来讲，一些强项是天生的，但是后天的学习和训练也是有助于弱项的改变和提高的。在现实的工作和生活当中，你不可能只做自己擅长和喜欢的事，必要时还要做紧迫和具有挑战性的事。比如很多技术背景出身的企业领导人，性格偏内向，不善言辞和社交，但当他们成为 CEO 的时候就必须面对媒体，在聚光灯下接受媒体的采访，接受客户和投资者的当面沟通甚至质询。这时候，他们就要通过学习和训练来改变和提高自己，大部分成功的企业家会为了企业未来的发展而改变自己。

---

① 《电动车销量未达标，大众：必须更深入了解中国客户》，中国经济网，https://ms.mbd.baidu.com/r/10H46mid0iI?f=cp&u=16945b60ec6550dc，2022 年 2 月 11 日。

　　这样的例子有很多，比如联想的第二代领导人杨元庆。学生时代的杨元庆语言表达能力确实很一般，和外人说话都会脸红。而这么不善言辞的他加入联想之后，竟然选择了销售岗位，每天骑着自行车去卖机器，因为他正是觉得自己性格文弱，才会去做销售挑战自己。刚当领导的杨元庆仍然不善于讲话，以至于很多联想老人都觉得他不适合当领导。出现在公众场合的杨元庆总是显得严肃而拘谨，当时的他在对外公开演讲的时候会手心出汗，面对记者采访的时候会有轻微的结巴。面对巨大的语言障碍，他专门聘请了外语教师，从 40 岁开始重新学习英文，现在的他可以在联想的全球会议上用英文自如地表达。在 2010 年美国拉斯维加斯的国际消费类电子产品展（CES）上，他站在舞台上，用英语自如地介绍联想的产品，并与高通公司董事长雅各布互动。联想集团高级副总裁乔健就说："杨元庆天性不善言谈，但这几年也变得爱 social（社交）了；他不仅学会了演讲，也学会了在小范围内主动找人沟通，这就是一个国际化的首席执行官。"

　　甚至在一次联想一年一度的誓师大会上，他的自我调侃引得现场嘉宾忍俊不禁："为了时尚一点，我得穿小一号的西装，还得挺胸、收腹、提臀，很累啊。不过看大家的反应，我累点也值了。"整场誓师大会下来，他对业绩细致盘点，对战略高度解读，到最后鼓舞士气，他的演讲让所有人都站起来喝彩。之后的几年，杨元庆甚至开始主动出击，在一些重大的外部论坛上频频露面，激情澎湃、旗帜鲜明地表达自己的观点。杨元庆的重大变化，很大程度上来自联想国际化之后他的主动改变。

　　其实，内向并不是一种弱点，内向者有这些优势：善于倾听、思考问题仔细、敏感、有创新力等。美国一项心理学研究发现，性格内向的人也许交友不是很广泛，但他们在工作上有着外向人无法企及的长处。调查显示，在工作成功的人士中，内向成功者比例大大高于外向性格的人。在杨元庆身上也可以看出来这一点，所有人都承认，杨元庆对 PC 业务有着异常敏锐和准确的判断力，正是他坚持推出了万元奔腾电脑，让联想一战成为国内 PC 老大；也是他坚持要收购 IBM PC 业务，最终将联想带到了全球 PC 老大的位置。

　　企业家的改变，一定会带动企业的改变。如今，移动互联网大潮汹涌而至，所有企业面临着前所未有的挑战。此时，只有主动求新求变的领导者，才有可能带领企业完成又一次的重大转型，走向新的成功。像杨元庆这样的企业家为了企业未来的发展而改变自己的案例还有很多，如雷军。雷军作为一个成功的企业家，自称内向腼腆，但发布会上的表现非常放得开。对此，雷军坦承自己性格偏内向，称"放得开都是被逼的"。又如特斯拉汽车公司首席执行官兼产品架构师埃隆·马斯克。在曾经的采访中，埃隆·马斯克形容自己："我基本上像一个内向的工程师，所以，花了很多的练习和努力才能上台发言，因为，作为首席执行官，你必须要做这些。"

作为个体的人来说，没有谁的性格是堪称完美的，不管内向还是外向，都有好的地方，也有不好的地方。当你明白自己的短板之后，发觉通过自己的努力很难突破自身的局限，那怎么办呢？那就是"搭班子"，找到某些方面比自己牛的人，和他们合作，才能加大成功的砝码。因为作为个人来说，肯定会有短板，但对于一个企业来说，必须补齐企业的性格短板，尽量让它健全，它才可能在激烈的市场竞争中存活下来。腾讯就是一个例子，关于创办腾讯公司的初衷，马化腾说："我不是商人，也不做商业公司，我所做的是技术服务。我的家人对我的评价就是书呆子，这我也认同。我对倒买倒卖的那些东西一窍不通而且也没有丝毫兴趣。"马化腾很明白自己的优势和劣势，他擅长的是技术，所以他创业的方向就是做技术服务，提供互联网产品。同时，他也知道单凭自己一个人的力量难以成事。个性内向的他，需要一帮志同道合的朋友来辅助，才能弥补自身的缺陷。于是，他叫来了自己的 5 个同学，共凑了 50 万元，去工商局注册了公司。公司创立之初，只有这 5 个人，5 个人各有分工。其中马化腾是 CEO（首席执行官），张志东是 CTO（首席技术官），曾李青为 COO（首席运营官），许晨晔为 CIO（首席信息官），陈一丹为 CIO（首席行政官）。马化腾找到的这几个同学，为他以后建立腾讯立下了汗马功劳。

这样通过"搭档"来补齐公司短板的例子还有很多。如苹果公司联合创始人史蒂夫·沃兹尼亚克，又是一个内向型商业领袖。他内敛、不擅长社交，但为人忠厚，是勤奋苦干型的技术男；他与人为善，喜欢和睦的氛围，希望公司就像家一样融洽。乔布斯曾评价他"幼稚不成熟"。他是一个安静的创新型人才，喜欢自己构想出一个想法，然后由史蒂夫·乔布斯对外去执行他的想法。而他作为幕后的内向型领导者，可以独自坐在安静的房间里研究观察。

总之，要面对自己个人性格的"不足"，坦然接受这一切，并努力做出改变。如果确实不能成功地改变自己，那就要另辟蹊径，通过"搭档"的办法，靠集体的力量来补齐短板。

三　承受压力

在企业经营中，要满足员工、客户、投资者及其他利益攸关方的期望或承诺，就意味着领导者要承受各种不同的压力，这是不可避免的。而作为领导者，必须有雄心壮志，甚至有时是靠冒险来推动组织变革的。但是，变革不可能每次都能成功。领导者要面对的最大压力就是对失败的恐惧，因为这会涉及整个组织中的所有人及外部利益攸关者！

成功的领导者要坦然面对失败并迅速从挫折中恢复过来。首先，要保持乐观主义。失败是成功之母，这次不行，下次一定成。其次，失败的原因可能是客观条件，而不是自己。比如说疫情造成的供应链短缺，客户收入减少导致购买力下降，等等。发生错误时，立刻责怪自己、怀疑自己的人，恢复能力差一些，甚至会产生放弃的念头；而恢复能力强的人则会尽快摆脱挫败感，在吸取教训总结经验之后重新出发。华为的任正非、重整广誉远的郭家学莫不如此。

在华为创业艰难期，任正非先后经历爱将背叛、母亲去世、国内市场被"抢食"、国外市场遭遇诉讼、核心骨干流失……他每天工作十几个小时，依旧力不从心。他患有多种疾病，还因癌症动了两次手术，在一封给华为抑郁症员工的公开信中，任正非坦白自己还曾患有严重的忧郁症、焦虑症。但即便如此，这个从小在农村吃苦长大、在部队锤炼多年、外人眼里坚强如铁的商业硬汉依旧呈现给员工充满斗志的状态，提出以奋斗者为本的口号，身在黑暗，心怀光明，梦想不灭，努力前行。

而另一位民营企业家郭家学，在33岁时成为中国最年轻的上市公司董事长。他带领东盛集团疯狂收购、横扫资本市场，最终因担保的陕西两家国有企业破产，资金链断裂，背负了48亿元的巨额债务。他艰难地熬过8年的负债路，二次创业成功，入主老字号中药企业广誉远。如今上市公司广誉远市值超130亿元。

其实在移动互联的时代，很多企业尤其是追求创新的企业，更愿意将失败看成一个不断试错而最后获得成功的必经过程。比如亚马逊的创意孵化模式就遵循了这样的原则：大胆想象，小步试错，快速失败，不断学习。而芬兰的 Supercell 公司的做法则更显"另类"。Supercell 是一家靠手机游戏迅猛发展获得巨大成功的公司。为了释放员工的创造性才能，公司给予员工充足的自由去尝试与众不同的想法，并消除员工因尝试失败而产生的挫败感。当某个游戏的研发未达到预期的效果而被叫停时，研发团队会开一瓶香槟庆祝此次失败，正面肯定团队的艰辛尝试，并与团队成员分享从其他团队中获得的经验教训，所以他们带着乐观的态度去庆祝失败。领导者可以由此得到启发，在面对压力或陷入失败时，学习如何控制自己的情绪，尽快从挫折中恢复。

四　善于学习

好的领导者固然善于从经验中总结学习，但是过去的成功模式不一定能够指导未来的工作。要将组织带到未来的成功路径上，就要时刻保持好奇心，不断地学习探索如何可以变得更好。好的领导者面前总是放着"放大镜"和"望远镜"。因为领导者要从短期和长期两个角度来思考问题，采取行动，洞见未来，把握当下。这就要求领导者不要只看到现状，还要看到未来，了解更多关于外部市场和客户的信息，以及内部（组织中）正在发生的事。

笔者遇到过的成功领导者中，其中一位以好学、学得快、非常愿意尝试新方法而著称。每当公司中来了新的高级管理人员，她都会安排一定的时间与其面谈。她总是不断地提问题，通过这种方式来了解竞争对手的情况，如新产品和服务的推出，新的管理理念的运用等。同时她也非常关注该新来高管所分管专业领域的新技术和理念的运用以及未来的趋势。而且这位优秀的女领导很坚持，这个"提问式"面谈至少会持续半年。她身边的高管戏称她为大功率的"知识榨取机"。21 世纪初，基于大数据的自动化风控体系在以美国为代表的金融机构中得以部署并进入成熟的运行状态。而此时，国内大部分银行的零售风险管理体系还处于一个相对传统和落后的状态："那时（2001 年）中国尚无征信的概念，信用评分也是新名词，信用评分技术更是闻所未闻。"[1] 2005 年前后，在了解到国外行业发展的趋势以及对新技术运用的

---

[1]　林亚臣：《零售金融风险管理概论》，中国金融出版社，2020，第 3 页。

情况之后，她果断地采取了行动，想方设法从美国引入技术带头人，在 First Data 和 Bank One 工作过的副总裁，也就是《零售金融风险管理概论》的作者林亚臣；随后引入技术系统，又从美国运通等机构引入了更多的关键人才加盟。几年之后，她分管的信用卡业务在风险管理和客群评分等方面取得了质的飞跃，在行业中处于领先地位，为企业之后能在风险可控、持续赢利的轨道上高速发展奠定基础。

五　注重自己的品德和操守

你的品德决定了你是什么样的人，因为你信奉的道德标准或者价值观准则指导着你的日常行为。而操守强调的是正直如一，如果领导者正直，其他人就可能会仿效；反之就有可能"上梁不正下梁歪"。如当公司领导人放松（或根本就没有）对品德和操守的要求时，管理者就会采取机会主义，在制定决策时利用自己的职位优势做出有利于自己个人利益的决定而不顾企业相关者的利益。这样的案例并不少。

诚实、正直、道德和伦理是领导力的基础，体现在大大小小的决策和选择中。这一点和中国文化传统中对领导和领导力的理解高度一致。

六　善待自己

《领导力密码》在生理、情感、社交、智力和精神方面给领导者提出了完善自己的指导。也许是该书作者在全球调研的过程中发现了这样一个事实：尽管杰出的企业家能领导拥有成千上万人的企业获得成功，但是，他们不一定能照顾好自己！这看起来多像一个悖论。

企业家作为企业的一把手，经常要面对千头万绪的企业问题，大多数是工作狂，长期高负荷工作。中国不少企业家是这样。强调保持工作生活平衡、生理心理健康，保持和朋友家人的紧密联系，这不仅是善待自己，也是给关注和跟随他们的人做出榜样，向其传递出积极的信号从而对其产生引导或影响，这本身就是领导力的一种体现。

七　保持个人的活力和热情

中华教育艺术研究会理事长、北京华夏管理学院总顾问、共和国演讲家彭清一在 2016 年的一次演讲中，回忆了自己一生的经历，感慨道："生活里不可能都是鲜花、笑脸，一定会遇到困难曲折，困难曲折并不可怕，怕的是丢掉理想、失去信念、忘记初心。"他认为，一个人没有激情和热情，是很难成功的，"激情和热情是什么？激情和热情就是一个人对工作、学习、生活的高度责任感的体现"。[①] 不仅领导要保持自己的活力和热情，大部分企业的招聘官在为企业挑选人才的时候，热情与活力对候选人来讲也是个加分项。至少20 多年来，无论是作为 HR 的负责人还是后来分管业务，热情与活力是笔者对每一个候选人的基本要求。

领导者身上的活力与热情最终要激发组织内的每一个人对于实现共同目标的活力与热情，并将这种活力和热情传递到合作伙伴及利益攸关方。

个人素质（修养）是由内而外的，所以领导者要善待自己，不断地给自己"充电"。这样才更有能力帮助他人、影响他人，领导力才会像有源之水一样连绵不绝、汇聚成渠。

总之，国内外有关领导力的研究尽管在各自的关注点上有所不同，但大体上来讲是一致的，这些研究可以用来指导实践中的领导力塑造和运用。

第三节　领导力在组织战略实施过程中的运用和体现

企业的领导力主要来自高层管理者特别是企业的最高领导（CEO 或总经理），当然还包括董事会成员、中初级管理人员。从通过形成愿景和使命来凝聚员工并为组织指明战略方向，到把战略目标分解到组织里的每一个团队和员工，再到组织协调各种资源推动战略的实施达成目标，领导力贯穿了组织战略实施的整个过程。在战略管理过程中，领导力主要体现在以下几个方面。

一　沟通愿景和战略，达成共识

（一）开展讨论，鼓励参与，集思广益

在勾勒愿景、制定战略时，企业领导首先要组织开展战略讨论，目的是

---

① 彭清一：《没有激情和热情的人很难成功》，讲师网，http://m.jiangshi.org/518807/blog_1474994.html。

集思广益，鼓励参与。战略并不是什么秘而不宣的东西，也不是高管和顾问的专属。要鼓励组织中的每一个员工和组织外人士来共同参与。

对内部员工来讲，这起码是表达了组织对个人的一种尊重，而在知识经济的新时代，这一点越来越显得不可或缺。从心理学的角度来看，员工的参与有利于员工对信息的理解、接受和传播，同时让员工有归属感，有利于员工今后在战略执行过程中发挥主动性和创造性。而这正是领导力发挥其作用的地方，通过恰当的方式激发员工的归属感、主动性和创造性。

比如诺基亚，为了让战略制定的流程尽可能公开透明，公司领导在全球所有业务地区组织大型的非正式会议来聆听员工的意见。再说，员工对企业的了解并不像人们原来以为的那样肤浅，关键在于企业领导是否愿意倾听。

客户的意见和反馈尤其重要，无论企业有什么样的愿景和战略，都得基于市场和客户的需求。客户平时可能不太关心企业的具体管理，但是一定关心企业在新的战略下推出的产品和服务是否满足他们的需求；投资者则急于了解在新的战略下企业的股价和年度分红。组织外的专业人士还可能给企业的战略制定提出有价值的专业意见，环保专家会告诉你在哪些地方建厂房可能会遭到当地环保主义者的反对，劳工专家会告诉你在哪里组织生产可能雇佣成本最低但工会势力特别强大，法律专家会告诉你各国政府不同的监管政策，等等。这些都可能对讨论中的战略产生决定性的影响。

（二）决定战略方向，把握当下，洞见未来

洞悉市场中的变化和发展趋势，做出具有前瞻性的商业判断，这是企业领导者领导力的首要特征。如马蔚华对零售银行业务和创新服务的判断、马云对互联网电子商务的判断、任正非在创业时期对国内通信市场的判断及近年对华为"生态战略"建设的判断等，无一不是具有前瞻性的商业决断力的体现。另一种情形则是要在曾经很强大的组织里预见未来的变化，重新规划战略，推动变革和创新，如当年郭士纳一样，让IBM"这头大象起舞"，推动IBM从计算机的硬件供应商到软件服务提供商的转型。

（三）沟通愿景和战略，赢得理解和支持

无论你领导的是一个小团队还是整个企业，你都需要保证组织内员工明白他们为什么在这里工作，组织外的利益攸关者明白为什么要支持你的企业，特别是企业存在的意义——愿景、实现愿景的计划——战略、最重要的活动——关键的工作计划。

这三点至关重要，因为所有组织最终的绩效都是每个团队成员艰辛工作的加总。当每个人都带着同样的目标朝同一个方向努力时，企业绩效才能得到提高。必须意识到愿景和战略不是一系列简单的企业计划声明或在办公室里展示的横幅，如果要让它们有用的话，那愿景和战略必须要转变成所有职能部门中所有团队的具体行动。为了做到这一点，必须要清晰地与组织内外沟通，说明愿景和战略，赢得大家的理解和支持。沟通听起来很简单也很容易，但不管在哪一个国家，也不管在哪一个企业，似乎永远不嫌多。尽管自己都觉得说得太多了，但对愿景和战略的反复沟通还是不够。为此，你可以制订一个计划，在各种场合定期宣传，如：

— 团队或员工月会、季度会、年会；
— 定期的书面宣传册子；
— 公司内外网站；
— 公司的各种发布会；
— 媒体采访会；
— 一对一互动会议、微信互动提问；
— 公开表彰符合公司愿景和战略的行为。

让员工明白了企业的愿景和战略，以及愿景和战略对自己的将来会产生的影响，他们才会找到自己工作的动力和在此工作的价值（对自己、对他人、对社会），这不是金钱等物质刺激能达到的，而是领导力的生动体现。阿里巴巴"让天下没有难做的生意"这一愿景，成功地激励了组织内的员工，让员工引以为豪，让员工找到了工作的动力和发现了自己的价值；同时，阿里巴巴的成功也成就了其组织内的员工。"让天下没有难做的生意"，作为一种表达整体抱负和雄心壮志的愿景和战略具有无形但巨大的价值，它毫无疑问地赢得了客户（广大中小企业）和其他利益攸关方的支持和认同。这样的例子还有很多，如招商银行的"因您而变"，谷歌的"我们的使命是整合全球信息，供大众使用，使人人受益"，百度的"用科技让复杂的世界更简单"，等等。

大多数企业里的员工会抱怨加班、频繁出差、工作压力大的辛苦，但是一项对自我雇佣者、自我创业者的调查发现，尽管这些人的工作时间更长、工作压力和强度更大，但是他们更享受工作、更少抱怨。为什么？因为他们明白自己的工作对自己的业务产生什么样的影响！这或许从另一个角度解释了为什么中国民营企业领导人不那么会"善待自己"，他们知道自己工作的意义和价值。

战略是实现愿景的计划，让组织内的各部门、各团队、每个人了解战略，他们才会据此将自己的目标和行动计划与企业的战略计划契合，形成合力。在战略管理中，这就是"战略分解"的过程。员工能够了解战略规划的下一步是什么，他们就会帮助企业做出更好的决策，选择合适的目标，并尽力确保目标的实现。

让组织外的利益攸关方了解战略。对客户来讲，他们会明白这样的战略将会给他们提供更好的产品和服务；对投资者来讲，他们会明白这样的战略将会给他们带来更高的投资回报。更重要的是，在新战略实施或转型过程中、在遇到波折时能获得他们的理解、宽容和耐心等待。如投资者会继续持有企业的股票或股份，甚至加大投资，因为原来大家参与讨论并赞同的企业愿景并没有变化，只是战略规划和执行遇上了不可避免的波折而已。

二　确定以客户为导向的组织结构

成功的战略领导者的一个重要特征就是选择正确的战略并将其与适当的组织结构相匹配。作为领导者在确定企业的组织架构时，必须始终坚持客户的需求是第一位的，企业的运作和组织应该由客户的需求来驱动，企业提供的产品和服务应该紧密契合客户的需求。企业的所有工作都应该按照为客户创造价值来设计和组织。企业在不同的发展阶段，或面临不断变化的外部环境挑战时，会采取不同的组织结构，这是组织结构变化的一面。但是不变的一面是，以创造客户价值为中心。之前讨论过美的集团在不同的发展时期采取不同的战略及与之相匹配的组织结构就是一个很好的例子，而华为的组织结构则更加充分地体现了以客户为导向的特点。

三　组建并领导高效的团队

在任何组织中，大部分工作是通过团队来完成的，因为客户的需求和企业的组织结构都非常复杂。游戏和武林传说中的"独行侠"方式是难以奏效的。这就需要组建高效的团队来执行组织的战略计划，把战略和愿景所描绘的蓝图变成现实。这要求在多个方面体现出领导力。

（一）把具备不同能力和技巧且具备合适价值观的人放到组织结构中关键位置上

人才的招、育、留、用是领导始终要关注的领域（前面章节已有专门讨论）。在这里笔者想再一次强调团队的信仰、价值观或者共识。团队每个成员都有自己的看法和意见，甚至每个人在团队内的目标也不尽相同，这些都很正常。领导者的作用就是要找到共识，并用共识凝聚团队成员。有共识的团队和没有共识的团队表现是完全不同的。这样的例子不胜凡举。接下来，我们要进一步讨论的是团队成功的其他一些关键因素：决策、流程和规范等。

（二）设立清晰的决策流程

组织中的任何行动都离不开决策，但领导者不可能大事小事都亲自决策。领导者要么是在别人的帮助下亲自做出少数关键的决策；要么提供指导和协助，让下属做出决策。所以领导者要明确团队中的决策权，这就需要一个清晰流程来推动及时且有针对性的行动而不是让大家去猜测；同时这样也能避免因错失良机而招致的抱怨。

通过明智和及时的决策，领导者为自身和组织塑造了一种积极、果断、以行动为导向的榜样。同时，组织（团队）中成员也明白了自己在团队中可做出贡献的地方和方式以及将承担的责任，从而在不断的学习中取得进步和成功。

（三）辅导和帮助"队员"完成既定的目标

领导者要善于把"队员"的个人需求和目标与团队的需求和目标联系起来，达成共同的目标，激发大家的自主性和创造性，在实现团队目标的同时也满足了"队员"的自我实现。

（四）设定组织的"游戏规则"

让制度、流程和机制发挥作用，不要让"雷锋"和"奋斗者"吃亏，也不要让"浑水摸鱼者"和"投机取巧者"得利。组织的"游戏规则"就是在组织内做事做人的规矩，无规矩不成方圆。成功的领导者就是要在组织内定好"游戏规则"，这包括我们之前讲的定制度、定流程。但有了制度和流程，并不意味着事情就能做好了，关键还要有好的机制。因为制度通常讲的是"应该怎么做，必须怎么做"的问题，是企业价值观、使命、愿景的体现；而流程通常讲的是"应该由谁、哪个部门或岗位来做"的问题，但"事情做得怎么样"是要通过机制发挥作用的。组织战略在实施过程中要达到良好的执行效果，机制的作用就是执行力的助推火箭。

比如问责和激励机制的建立。只有激励没有问责，久而久之调动不起员工的积极性，不做、少做，受不到惩戒，容易让人养成游手好闲的坏毛病。不管是企业还是整个社会的发展，都是矛盾的统一体，不可能只有"正面"而没有"反面"，也不可能只有"反面"而没有"正面"。那么，要想让事物快速向前发展，朝着好的方向发展，就要用问责不断地让"反面"转化为"正面"，用激励防止"正面"发展为"反面"。一言以蔽之，该激励的激励，该惩戒的惩戒，问责再严也别忘了激励的机制。在企业里，领导者就是要将战略转化为可衡量的绩效标准，同时要让员工获得的回报与这些可衡量的绩效标准挂钩。

四 创建与组织匹配的文化

组织文化影响着公司开展业务的方式和员工的行为。无论是建立一种以结果为导向的、充满活力的高绩效文化，还是拥抱变化、引领变革和创新的文化都是企业管理者领导力的重要体现。这有助于战略的实施及目标的达成，同时这也许是组织中最有价值的能力。企业战略容易很快被复制，而组织文化则不然，"文化能把战略当早餐吃了"讲的就是这个道理。

海尔的张瑞敏在1999年财富论坛召开前夕的采访中对媒体记者分析海尔的经验时说："海尔过去的成功是观念和思维方式的成功，企业发展的灵魂是企业文化，而企业文化最核心的内容应该是价值观。"至于他个人在海尔充当的角色，他认为，"第一是设计师，在企业发展中使组织结构不断适应企业发展；第二是牧师，不断地布道，使员工接受企业文化，把员工自身的价值体现和企业目标的实现结合起来"。[①] 由此可见企业领导在企业文化建设中的重

---

① 孙健：《海尔的企业文化》，企业管理出版社，2002，第28页。

要地位，这种领导力主要体现在以下几个方面。

— 文化的定义者、塑造者。组织发动讨论，将组织中大家共同认可的行为模式和价值观提炼出来；如沃尔玛的创始人山姆·沃顿所倡导的核心文化价值观"顾客就是上帝""尊重每一位员工""每天追求卓越"，还有"不要把今天的事拖到明天""永远为顾客提供超值服务"等的服务原则和文化理念，都被世人称为"宝典"，山姆·沃尔顿的非凡创造能力和他所倡导并一手建设的企业文化，就是一个现代版商业神话诞生的源泉。

— 文化的"牧师"和"布道者"。正如张瑞敏所讲的，是牧师不断地布道，使员工接受企业文化；好的领导者总是会用一切机会、各种场合，不厌其烦地宣传、沟通公司的核心文化价值观。

— 文化的榜样和示范者。企业领导者的一言一行在文化建设中起着示范和表率作用。如沃尔玛文化中的一条是追求低成本和节俭的营运实践。沃尔玛创始人山姆·沃顿生活非常节俭。同样，你可以看到沃尔玛所有管理人员的办公室装饰也很简单，管理者保持简洁的作风，并致力于控制成本和提升效率给客户创造价值。榜样的力量是无穷的。

— 文化的捍卫者。绝大多数成功的企业在人才培养上将对"文化价值观"的认同放在首位，具有代表性的企业就是韦尔奇领导下的 GE 公司对人才的评估和选拔。每当组织中出现有违企业核心文化价值观的行为，企业领导人会迅速采取果断的行动。

领导者为企业塑造的文化价值观必须要有利于企业战略的执行。在知识经济和回归人性化管理的时代，"尊重包容"将会成为企业压倒一切的文化价值观。正如 Superscell 这个"小游戏巨头"所倡导的那样："我们大力营造平等相待的工作环境和尊重包容的人际关系。"

五　人才的管理和培养

领导者通过沟通宣传，使人们理解和认同愿景、战略和价值观。但要把它们变成现实，显然只凭数量有限的领导者是办不到的。所以，领导者需要吸引更多的人才加入自己的团队，通过激励和辅导让团队去努力实现愿景和战略。研究发现，在具有卓越领导力的公司中，领导者通常把30%以上的时间花在处理人才问题上，包括认真审核候选人，积极参加培训和人才开发项目的设计与实施，结识有潜力的人并与之建立长期的关系，在董事会和高层管理会议上讨论人才培养的问题。如GE公司的韦尔奇则更是说他把自己50%以上的时间花在公司的人才管理上。不管这是不是有点夸张，但当年他顶住压力花了4600万美元建立了克罗顿人才培训中心，那可是对人才培养实实在在的投资。该中心后来成为为GE公司持续不断输送人才的管道。

在企业内部建立人才培养体系的同时，头脑开放、有远见的领导人凭着自己的人格魅力在引入外部精英人士加盟上扮演着积极的角色，如在创业初期引入蔡崇信，马云在这点上做得特别好。他能吸引那么多人追随他，肯定是有他的人格魅力。

实际上，阿里巴巴起步时马云四处找投资，不知被拒绝了多少次，而在蔡崇信加入后，阿里巴巴的融资就变得非常顺利。蔡崇信可以说是阿里巴巴创业起步最重要的人之一，正是有了他的背书和资本渠道，阿里巴巴才有了起家的资本。有蔡崇信这样的合伙人，是马云的幸运。蔡崇信被称为"马云最感谢的人"，在阿里巴巴创业"十八罗汉"中，蔡崇信算是一个"外来者"。比如彭蕾、蒋芳等人属于马云的生活圈子，大多是朋友、同事和学生等熟人关系，大家都很"草根"。而蔡崇信不一样，他是耶鲁法学院法学博士，认识马云之前是投资机构的副总裁及高级投资经理，属于社会的精英阶层。马云后来就曾笑着说，当年蔡崇信一年的工资就够买下好几个阿里巴巴了。

腾讯的马化腾和他的创始团队拥有计算机科学背景，但他们缺少国际经验并且需要有人来帮助搭建可持续的公司业务战略。这个创始团队的领导们决定邀请当时在高盛集团工作的刘炽平加入，2005年刘炽平的加入有如雪中送炭。他向马化腾要了一个"首席战略投资官"的身份，"我管三件没有人管的事情，一是战略，二是并购，三是投资者关系"。刘炽平很快就证明了自己的价值。

人才具有聚集效应，往往流向人才更多更好的地方而不是相反。这就是所谓的"英雄惜（识）英雄"。领导者依靠自己的魅力将各路精英聚集到自己身边来共事，这些精英又将吸引更多的精英到来，进而形成一个人才群体。这一点我们可以从许多创业团队中看到，如上文提到的马云和马化腾，而在中国历史上更不乏这样的传奇故事，如"三顾茅庐"和"萧何月下追韩信"等。细心的读者可以去统计一下，英国卡文迪许实验室1904~1989 年先后出现了 29 位诺贝尔获奖者，在顶尖时期甚至获誉"世界2/3 的物理学发现来自该实验室"。在一个人才荟萃的群体当中，人才互相交流、互相影响、相互提携，往往会极大促进人才与群体的发展，最终实现个人和组织的目标。群体内个体存在的多样性，更有利于集体和个人的进步，形成人才聚集效应。

　　企业或其他组织里人才济济并不能保证其目标自动实现，而只表明了领导者在辨识和吸引人才方面的领导力，其领导力还需要进一步贯穿渗透到人才管理和培养的各个环节中。虽然通用电气公司在韦尔奇时代的辉煌已经过去，但是韦尔奇在人才管理和培养上体现出来的领导力依然值得借鉴。

案例：韦尔奇与通用电气公司的人才管理

　　据《财富》杂志报道，从美国著名公司——通用电气公司（GE）"毕业"的美国 500 强 CEO 已增至 160 多位。如果包括较小一些的公司，有 GE 背景的 CEO 更是不计其数。而这一切要归功于该公司掌门人、传奇 CEO 杰克·韦尔奇，他创造了 GE 的管理文化，曾成功地使 GE 成为当时世界上业绩最佳、价值最高的公司。他公开表示自己的成功秘诀之一就在于人才管理。

一　关键人才的选拔和使用

　　韦尔奇何以是世界上最"有价值"的企业家？因为他生产"人才"。GE 成功的最重要原因体现在对人才的选拔使用上。与很多CEO 不同，韦尔奇把 50% 的时间用于人才的管理，他认为自己最大的成就是关心和培养人才。韦尔奇至少能叫出 1000 名 GE 高级管理人员的名字，知道他们的职责，知道他们在做什么，这对一名雇员来说是莫大的鼓舞。韦尔奇说："我们能做的是把赌注压在我们所选择的人身上。因此我们的全部工作是选择适当的人。"韦尔奇亲自接见所有申请担任 GE 高级职位的候选人，他坚信只有对他们有足够的了解才能信任他们。他说："我不懂如何制造飞机引擎，我也不知道在 NBC 应播放什么节目。我们在英国有一项有争议的保险业务，我不想做那项业务，但是那个给我提意见的人想干，我相信他，我相信他能干好，就让他去做。"

韦尔奇选拔人才不拘一格、不唯学历和资历，比如在决定一个要管理约 7800 名财务人员的关键职位的候选人问题上，韦尔奇跳过了其他几名更资深的候选人，选择了 39 岁的丹尼斯，丹尼斯当时的职位比该职位低两个级别。他中选的原因在于他处理棘手事务给韦尔奇留下了深刻的印象。韦尔奇坚持认为，关键在于你能做什么。他希望每一名潜在的领导应具有下列特点：精力充沛，善于激励他人，天生富有竞争性和相应的技巧。

韦尔奇对人及其业绩表现的关注在公司每年于 4 月开始一直持续到 5 月的会议上得到了充分的表现。与集团的另外 3 名高级经理一道，韦尔奇前往 GE 的 12 个现场评审公司 3000 名高级经理的工作进展，对最高层的 500 名主管进行更严格的审查。会议评审一般在早上 8：00 开始，在晚上 10：00 结束，业务部门的首席执行官及高级人力资源部经理参加评审。这些紧张的评审逼迫着这些部门的经营者识别出业绩表现好的领导者，制订出所有关键职务的继任计划，决定哪些有潜质的经理应被送到克罗顿培训中心接受领导才能培训。

二 影响广大员工

韦尔奇不仅重视对管理人员的选拔和使用，还擅长通过自己的方式，即非正式沟通方法来影响集团的广大员工。通过这种非正式沟通，韦尔奇不失时机地让人感到他的存在。

1.便签的使用和突然造访

韦尔奇最擅长的非正式沟通方式就是写便签，有给直接负责人的，也有给小时工的，无一不语气亲切且发自内心，蕴涵了无比强大的影响力。每次韦尔奇从董事长文件夹中拿起黑色圆珠笔不一会儿，就有便签通过传真直接传到雇员。两天后，原件会被邮寄到该雇员手中。写这些便签的目的就在于鼓励、激发和要求行动，表明对员工的关怀，使员工感觉到他们之间已经从单纯的上下级关系升华为人与人之间的关系。这种非正式沟通实在是最好的沟通。

韦尔奇比其他人更知晓"意外"两个字的价值。每个星期，他都会不事先通知地造访某些工厂和办公室，临时安排与下属经理人员共进午餐，工作人员还会从传真机上找到韦尔奇手书的便签，上面是他遒劲有力又干净利落的字体。所有这些的用意都在于领导、引导或影响一个机构庞大、运行复杂的公司。

2.群策群力的方法（WORKOUT）

大力推广"无界限行为"的概念。他坚信无论何时何地都会存在有好的想法的人，而当务之急是设法把他们找出来，学习这些好的想法，并以最快的速度付诸行动。"无界限行为"的目的就是"拆毁"所有阻碍沟通、阻碍找出好想法的"高墙"。它是以这些理念本身的价值，而非依照提出这些理念的人所在层级来对其进行评价的。

韦尔奇决心要做的，就是消除所有阻碍沟通的墙壁。一个形象的比喻是墙壁区分了职务，而地板区分了层级，而韦尔奇要将所有的人都聚在一个打通的大房间里。GE一直通过群策群力的方法大规模地消除企业内部的隔阂。这一做法被称为WORKOUT计划。从各个企业、各个层级来的员工济济一堂，发泄他们的不满，提出各种建议，清除一项又一项不具有生产能力的工作，员工不必担心因为发表意见而受批评。群策群力方法开创了GE的企业文化，使之能够接受来自每一个人和每一个地方的创意。

他还具体实施了一种名为"考验"的措施：从公司的各个阶层

选取40~100人，召开一次非正式会议。主持人设定议题后先行离去，与会者则分组讨论，分别针对问题的不同部位找出解决办法。主持人回来后听取他们的反馈，他的态度只有三种：立即接受、立即驳回、要求提供更多的信息资料。如果是最后一种，主持人会再下令组织一个小组，在限时内做出决定。然后，将这种"考验"扩散到整个企业。它的好处是轻易地将各个层级与部门的人员聚集在一个房间里，共同专研一个问题；而且员工会把在工作中的不满及问题都搬到台面上来。

三 人才的评估和激励

韦尔奇说："如果我们不是一直拥有最好的人才——那些永远追求做得最好的人才，光靠我们的技术、我们巨大的规模、我们的影响力和我们的资源是不足以使我们成为世界上最佳的公司。这要求我们有严格的规章去评估公司的每一个人，做到完全公正地对待公司的每一个人。"

在韦尔奇领导下的GE，每一个人都要接受评估。GE做了一张有9个方块的表（后来被人们称为人才考评九宫格），把员工放到这些方块里面去。在每一个评估奖励制度中，GE都把人分成三类：前面最好的20%，中间业绩良好的70%和最后面的10%。最好的20%必须在精神、物质上得到爱惜、培养和奖赏，因为他们是创造奇迹的人。失去这样的人会被看作领导的失误——这是真正的失职。但是，最好的20%和中间的70%并不是一成不变的。人们总是在这两类之间不断地流动。但是，依照经验，最后的那10%往往不会有什么变化。一个把未来寄托在人才身上的公司必须清除最后的10%，而且每年都要清除这些人以不断提高业绩，提高领导的素质。公司员工有的属于最好的10%，有的是次好的15%，或者是中间的50%。而最大的挑战是要说服中间的50%，让他们知道他们很重要，因为他们是公司所需要的人。但是你得保证给最出色的10%管理人员最大的关注，如爱护他们，给他们报酬，给予奖励，培养他们。而最差的10%将什么都拿不到。就是这么回事。每个经理都要平心静气地与下属坐在一起，告诉他们在公司所属的位置。而最大的问题不是最差的10%，而是处于第二等的15%，我们可能要把我们的制度稍微变一变。这些第二等的15%可能以为自己是最顶尖的10%，两者差别很小，而这也可能是我们分得太细了。总而言之，这样做并不残酷，最残酷的是对员工撒谎，不说实话。你得给他们一个机会，拿着GE公司的简历去别的地方试试，让他们有机会成为最出色的10%。而韦尔奇认为管理人员最大的弱点就在于误认为这是对他人的残酷。这其实是公平的。最公平的事就是让每个人都清楚地知道他们所处的位置。

对于GE的领导层，韦尔奇有另一套方法。他告诉外界说，GE多年来用四个"E"和一个"P"来筛选领导。四个"E"，第一是要有应付急剧变化节奏的"精力"（Energy）；第二是能"激发活力"（Energize），就是要有能力使机构兴奋起来，能激励鼓动人们去采取行动；第三是要有"锋芒"（Edge），要有自信去面对棘手问题，要说"是"或"不是"，而不要说"也许"；第四是要"实施"（Execute），这就是GE古老的传统，即永远要兑现承诺，决不让人失望。一个"P"是指"热情"（Passion），没有对事业的热情就不可能成功。

以下四种类型是GE评估和对待现任领导者的方法。第一，对既能遵守GE价值观，又能完成指标的人要提拔重用，他们前途无量；第二，与GE没有共同的价值观，也不能完成指标的敬请走人；第三，有共同的价值观，但完不成指标的则多半再给一两次机会。韦尔奇说，以上三种类型都不难办到，但第四种类型是最棘手的，就是那种与GE没有共同的价值观，但又能完成指标的经理，那种"顺杆爬"的经理，他们能完成指标，但这是建立在损害同事利益的基础之上的，而且还常常欺下媚上。这种人是最难舍弃的，因为公司总是希望能出业绩——这是与生俱来的——而且让完成工作任务的走人，也会显得不自然。但是我们必须认识到，由于第四类人手里掌握着权力，他们会破坏我们赢得今天和明天所需的公开、不拘形式、以信任为基础的文化。韦尔奇说，一旦动手清除第四类的经理，我们的事业就会发生飞跃。

韦尔奇的全方位管理考评制度使领导注重发现和奖励那些表现出这样一种能力的人：他们能够使公司内的每一个人每天都在不断地寻找新创意，寻找更好的方法。同时 GE 提出扩展性目标考核法，韦尔奇认为，年终时，我们所评估的并不是实现目标与否，而是与上一年成绩相比，在排除环境变化因素之外，是否有显著的成长与进步。当员工遭受挫败时，他会以正面的酬赏来鼓舞他们，因为他们至少已经开始改变。若是因为失败而受到处罚，大家就不敢尝试和行动了。

那么，韦尔奇本人如何成功地对如此众多的经理和主管做出睿智的评价呢？这在很大程度上缘于他已经见过他们中的很多人。韦尔奇平均每年直接会面或接触上千名 GE 的雇员。此外，在会议进行阶段，韦尔奇会静心坐下来审读一本汇集了每一名雇员资料的评价简册，包括了对他们优点和缺点、发展需求、长短期目标以及他们上级的分析。同时，雇员的相片随附全部文件之后备查。在一整天里，韦尔奇要开诚布公地对那些即将提交的晋升、任命和继任计划提出自己的看法。韦尔奇说："你选你中意的人，如果我有不同的看法，我会提出来，但是我最终会说，这是你的权力。你要选他？你可以要他，但这是我对他的看法。如果我是对的，他们会采取行动。如果他们是对的，愿上帝保佑他。"韦尔奇不愿意和"傻瓜"打交道，没太多的耐心容忍那些庸庸碌碌者。

四　建立长期的人才培养体系

GE 有一个培训基地叫克罗顿，公司每年要向该基地拨款约 10 亿美元，每年高级经理、普通经理在此接受培训，韦尔奇亲自上课，与他们一起探讨问题。在这里，韦尔奇扮演各种角色——管理学理论家、战略思想家、工商管理学教授、公司的象征。这里不仅培训 GE 自己的管理人员，韦尔奇甚至在克罗顿村培训过很多中国大型国有企业老总。

韦尔奇认为，在全球化、多元化经营中，企业理念需要及时传达给每一名 GE 员工。在世界上第一所大型企业的管理学院——克罗顿管理学院——企业界的"哈佛"，韦尔奇每月至少一次发表演说或回答问题。他十分喜欢这里的气氛，特别是那个洼坑一样的演讲厅。这是个大型的演讲厅，但听众的座位高高在上，他们俯视演说者，演说者需仰头对观众说话。在这里，GE 的各级主管相互辩论，相互质疑，坦诚相见。韦尔奇也与世界各地的经理人员面对面地交流，说服部下认同他的看法，也让他有好的机会了解下属存在的问题。要实现远大的目标，首先要培养一支有远大目标的精良队伍，尊重人、培养人、用好人，并给予相应的回报，正是 GE 成功的关键。

GE 的校友们去到一个新公司，往往从两件事做起：财务控制和人力资源。为了在短期内控制局面，他们通常会继续从 GE 挖人，组成自己的团队。这个团队对 GE 的弱点、风格技巧十分了解，能对其加以灵活运用和改善。但它并不简单地复制 GE 的模式，而是取其概念和精髓。

六 推动变革

维持现状，待在自己的"舒适区"，是人的惯性，由此进一步对变化产生抗拒。这是任何一个领导在任何一个组织都会面临的挑战。人们会说，"这就是我们做事的方式""我们一直都是这样做的"。抗拒、自我防御、自满、担心自己利益受损等，这些反应通常是根深蒂固的。但是，在这个世界上，变化才是唯一不变的东西，而且随着科学技术的变化，世界变得越来越快。最危险的状况莫过于你没有意识到自己的方式方法已经过时，却依旧认为自己实力充足，信心满满，在错误的方向上加足马力，将过时的事情做得很好，就像之前提到的索尼、柯达在新技术时代面前一败涂地一样。这样的企业还不少，如当年的诺基亚、富士胶片，如今的数码相机生产商。

作为领导要走出去，聆听、评估哪些需要变化，怎么样变化，要取得什么结果，员工是否理解和认同，员工是否具备相关的技能，有没有制定相关的流程和制度等来为变革保驾护航。在组织内要推动一项变革，需要从三个方面来准备：

（1）获得公司领导的认同、支持和参与，为推动这件事创造条件和环境；

（2）通过沟通让员工知道这件事，通过培训让员工有能力做这件事；

（3）制定相关的激励表彰政策和机制，让员工有意愿去做这件事。

七　领导个人

领导在很大程度上就像个教练，通过激励和辅导帮助员工获得成功。行为学家保罗·赫塞博士在其《情景领导者》中提出的情景领导理论（Situational Leadership）非常适合应用到对员工个人的领导上。[①]

保罗·赫塞博士提出，领导者应随组织环境及个体变换而改变领导风格及管理方式，国内常见的领导力课程或其他各类培训均对情景领导理论有所介绍。情景领导理论认为，领导者若要实施有效的管理，就必须善于区分和把握被领导者当下的状态。

首先我们要了解"准备度"这个概念。"准备度"是由能力和意愿两个部分组成的。能力是个人或组织在某一项特定的工作或活动中所表现出的知识、经验、技能与才干。意愿是指个人或组织完成某一项特定的工作或活动而表现出的信心、承诺和动机。我们也可以把"准备度"理解为个人的"成熟度"。

经过大量的实证研究，保罗·赫塞博士发现，按能力和意愿的高低程度，同一个人常常表现出四种不同的准备度水平：

— 准备度水平1（R1）：没能力，没意愿；

— 准备度水平2（R2）：没能力，有意愿；

— 准备度水平3（R3）：有能力，没意愿；

— 准备度水平4（R4）：有能力，有意愿。

---

① 〔美〕保罗·赫塞：《情景领导者》，麦肯特企业顾问有限公司译，中国财政经济出版社，2003。

领导风格依据指导性和支持性行为也可以被分成四个类别。指导性行为就是明确地告诉员工，希望他做什么，却很少对自己的决策做出解释，也不会征求他们的意见，类似于电影当中巴顿将军给下属发号施令的独裁形象；支持性行为就是与员工分享信息，交换意见，协助他们自己做出决策并解决问题，类似于电影当中亚瑟王与骑士们围绕大圆桌开会讨论、参与决策的民主形象。

第一种风格（S1）是高指导—低支持，被称为典型的"指导型"风格。在这种方式下，领导将沟通的重点放在如何实现目标上，用较少的时间去关注支持性行为。使用这种方式，领导为下属提供指导，明确要完成什么样的目标以及如何去完成，然后进行严格监督。

第二种风格（S2）是高指导—高支持，被称为"教练型"风格。这种风格的领导，其沟通的重点既是目标的获得又是员工需要的满足。这种风格要求领导通过给予员工支持和接受员工，从而将自己融入员工。但这种方式仍然是S1的延续，领导最终决定完成什么样的任务以及如何去完成。

第三种风格（S3）是高支持—低指导，被称为"支持型"风格。通过这种方式，领导并不仅仅关心目标的完成，而是使用支持性的行为来开发员工完成任务所需要的技能。领导通过这种方式可以使下属对日常的事务有控制权，促进问题的解决。

第四种风格（S4）是低支持—低指导，被称为"授权型"风格。领导通过这种方式使员工有很高的自信和动机来完成任务。授权型领导会较少参与计划制订、细节控制以及任务说明。一旦就所需要完成的任务达成了共识，这类领导会放手让员工独立完成任务，同时也减轻了自己的负担。

这样，针对员工个人不同的准备度水平，领导者可以采用不同的领导风格来领导下属员工，这和俗话讲的"因材施教"是一个道理。通常来讲，R1类员工匹配S1类领导风格，R2类员工匹配S2类领导风格，R3类员工匹配S3类领导风格，R4类员工匹配S4类领导风格。

很多人看过印度"励志神片"《摔跤吧！爸爸》。我们以这个电影故事为例来看看情景领导理论的运用。《摔跤吧！爸爸》讲的是一个印度的摔跤爱好者，把自己的两个女儿培养成世界摔跤冠军的故事。电影非常棒，但你可能没有注意到，这个父亲的成功之处，正在于他无意中应用了情景领导力理论。

（1）指导阶段。一开始，两个女儿都不情愿去学摔跤，但父亲一点都不妥协，他强制性地给女儿剪了短发，换上短裤，每天要求女儿早起跑步，甚至打破家族吃素的传统，每天要求女儿吃鸡蛋和吃鸡肉，补充营养。在这个阶段没有太多激励，也没什么呵护，就是强制性的指令，这就是指导阶段。

（2）教练阶段。过了指导阶段，两个女儿的身体逐渐强壮起来了，对摔跤也越来越有感觉了。父亲替女儿在田间建了一个简易的摔跤训练馆，慢慢教给她们很多技术动作；还会带她们参加各种比赛，一点点地帮她们把技术磨炼得更成熟。这就是在实践中不断帮成员提高技术的教练阶段。

（3）支持阶段。因为父亲指导得非常好，大女儿很快就进入了国家队，由专业的教练来指导。虽然大女儿的技术已经很纯熟，但是她每次离世界冠军都差一步。为什么呢？因为到了这个阶段，人的发展不仅需要技术上的"教练"，更需要精神层面的"支持"，她需要知道为什么要做这件事，她需要理解做这件事背后的意志和想法是什么。而国家队的教练却总是对她说："不要输就好了。"这种保守的打法，完全把大女儿自身的优势给压制住了。连输三年后，她逐渐意识到，如果想再往前迈一步，她需要的是"支持"，她重新回到父亲身边，请父亲"开小灶"，耐心地磨砺每一场打法，最终一步步打进了决赛。

（4）授权阶段。当大女儿终于站在决赛的赛场上，面对她有生以来最强大的对手时，父亲却被国家队教练困在赛场外，没法在现场"支持"她了，她只能一个人面对她有生以来最难打的一场比赛。这时，这位父亲无意中又完成了最后一种领导力——"授权"。当女儿独自面对战场时，她突然想起了父亲过去的种种教诲，在最后关头反败为胜，成为印度第一位女性世界摔跤冠军。

领导在很大程度上就像电影中的"爸爸教练"，通过激励和辅导帮助员工获得成功。为了方便在实际中应用，以下可以用一张图片将情景领导力模型呈现出来（如图8-1所示）。

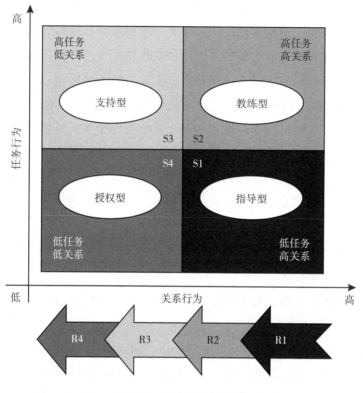

图 8-1　情景领导力模型

八　领导团队

领导者首先是个人，进而是领导由个人组成的团队，确定团队共同的目标，推动事情的进展，最后成功地完成任务。这时候，领导的身份在很大程度上还是像个教练，通过激励和辅导帮助多个员工通过团队集体的努力获得成功。只不过，这比领导个人更复杂，他要面对的是个人、团队和任务。这就要求领导者了解这三者的关系，协调好各方的行动和关切（利益和需求）。这里我们要介绍"三环领导力模型"以帮助领导者理解个人、团队和任务这三者的关系，从而将其运用到实践中去管理团队。

（一）三环领导力模型

虽然人性化管理理论在 20 世纪 80 年代就出现了，然而在企业管理实践中，科学管理理论及其理念似乎依然占据优势，尤其在中国。随着"00

后"开始步入职场，"80后"和"90后"正逐步成为就业中的主力，知识密集经济所占的比重越来越大。科学管理中那种"只要能够向员工提供他们想要的经济刺激，那么他们可以做任何事情的理念"显然不再能满足员工发展的需要。除了物质金钱之外，他们还有要自我实现、自尊以及社交等高层次的需要。同样，那种只侧重于企业利益最大化、单方面实施管控、要求员工完成组织目标而忽视员工个人及其所在团队目标的"硬"办法越来越不受欢迎。正因为如此，领导者必须将管理重心尽快转移到人性化的管理上，使员工同企业之间形成心理契约。对员工而言，心理契约意味着由"要我做"向"我要做"的转变。在人性化管理理念之下，员工能够真正学会对自己的各项工作负责，主动承担企业部分责任，以此不断提高自我约束及管理方面的水平。这实际上就是在管理与经营过程当中实现个人发展与企业发展双赢。

英国管理学大师、全球首位领导学教授约翰·阿代尔更是在其《领导力培训》[1]中提出了著名的三环领导力模型。他认为，在公司和工作团队中有三种彼此重叠的需求：完成一般工作的需求、团队统一的需求和员工个体个性化的需求。他分别用三个环代表这三种需求，三种需求之间的关系就如同三个相互交叠的圆环，相互影响、相互作用。如果三环中有一环发生了积极的变化，就会影响其他两环的需求（见图8-2）。

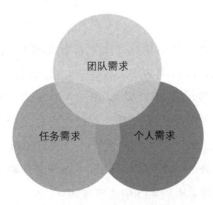

图8-2　相互关联的三种需求

资料来源：John Adair, *Training for Leadership*, London: Macdonald and Company, 1968, p. 18。

---

[1]　John Adair, *Training for Leadership*, London: MacDonald and Company, 1968.

如果用一枚硬币遮住"任务需求"这个环，则其他两个环的一部分也被遮住，这意味着一个工作团队未能完成任务将加剧团队成员的分裂趋势和降低小组成员满意度；用硬币遮住"团队需求"这个环，其他两个环的一部分也被遮住，这表明一个人际关系不和谐、没有凝聚力的团队将不能有效完成团队任务和满足团队成员的个人需求；同样我们能够得出，个人需要得不到满足的团队成员将不能为团队任务和团结做出积极的贡献。相反，团队任务的完成将增强团队的团结和提高个人需求的满意度；一个团结的团队能够很好地完成团队任务，并为个体提供令人满意的气氛；一个在个人需求方面得到承认和满足的个体将在完成团队任务和维护团队团结方面做出自己积极的贡献。企业领导者的工作就是满足这三种需求。

例如，如果完成了小组的任务，小组成员会建立团队意识，也就是有些人口中的"我们大家共同的感觉"。因为小组的成功会拉近人们的心理距离，增强团队的认同和荣誉感，提高士气。而过去的成功和建立起来的团队精神会使这个团队更好地完成将来的工作。当个人的需求被小组认同后，个人会激情四射、全心全意地为工作和团队努力，在工作和团队方面产生更好的结果。相反，任何一个不重视任务的工作团队，都会受到不良工作关系的困扰，同时也会影响团队成员个人能力的发展。如果领导者片面强调任务的完成，虽然可能会在短期内达成目标，但这是以牺牲另外两个方面的平衡为代价的，则该领导者会因其专制的行为而使团队成员丧失发挥的余地，导致人员流失率增高。

三环模型是动态的，而不是静态的，具体哪个环（哪种需求）在领导者的头脑中占主导地位，这完全取决于环境，但领导者需要在更长的时间内使它们保持平衡，通常可以通过以下的领导行动和管理实践来引导员工的努力。

（1）视员工为重要伙伴，建立平等的工作文化氛围。如打破企业中的等级制度，好像联想的杨元庆鼓励大家直呼其名而不是"杨总"，也鼓励同事相互之间不要以职位相称；阿里巴巴的员工间更是以武侠小说中的人物名相称；国外的公司也早就普遍使用诸如"队友""伙伴""同事"等来称呼自己的员工。

（2）提供有竞争力的薪酬、灵活的福利计划，分享公司长期发展成果如股票期权计划等。

（3）乐于培训发展员工，强调内部晋升和承诺职业发展。

（4）尊重员工个性、文化和宗教信仰的多元化。

（5）培养团队精神，激发团队的自豪感，促进团队间合作。

（6）信任员工，实施授权。

（7）通过各种仪式庆祝个人、团队和公司的成功，等等。

总之，在这种平衡的模式下，将员工的个人目标、个人所在团队目标与组织的目标整合起来形成"一体化的目标"，员工才会尽心尽力地投入，团队和组织的目标才能顺利达成。

（二）基于个人—团队—任务的领导力模型

战略实施是一项以行动为导向、促使正确事情发生的任务，这一任务对领导者推动组织变革和再造业务流程、管理和激励员工以及实现绩效目标的能力提出了挑战。而三环领导力模型是一个兼顾及平衡员工个人、员工所在团队和整个组织利益的有效工具。我们可以把"三环领导力"和"情景领导力"的原理结合起来应用到实践，建立起一个"个人—团队—任务的领导力模型"来指导战略执行过程中的实践，从而确保各项战略任务得到有效实施（见图8-3）。

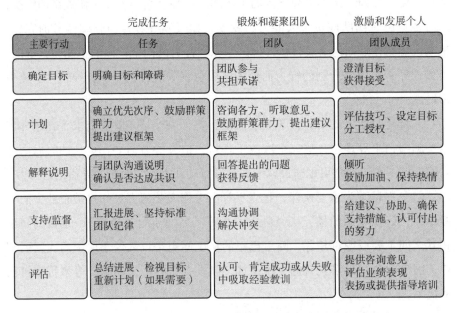

图 8-3 基于个人—团队—任务的领导力模型

资料来源：John Adair, *Training for Leadership*, London: Macdonald and Company, 1968, pp. 22-24。

1. 促进各类任务目标的澄清和共识的达成

高层管理者首先要做的就是确保公司各级主管及全体员工了解并认同公司的战略目标及由此分解出来的各子目标。可以通过各种会议和培训进行宣导、沟通并让员工参与讨论，鼓励他们设定进取型的目标、挑战自己的潜能，激发他们对完成公司目标和自己个人目标的热情。

2. 制订行动计划

确立各个项目的优先次序，分清事情的轻重缓急。发挥群策群力的作用，在听取各方建议后，制订行动计划，把合适的人分派到合适的位置上。塑造以结果为导向的氛围。

3. 听取团队意见

解答团队成员提出的意见，消除他们的疑虑，动员他们全心全意、热情地投入工作、努力完成任务。

4. 监督和评估战略执行的进程

领导者必须要及时全面地掌握各项任务的进展情况，保证战略执行的各个方面展现出卓越性，并且始终与公司的目标一致。在这个过程中可以采用两种有效的办法。一是"走动管理"的办法。亲自到现场了解营运情况，与员工进行交流，提出问题，倾听员工的建议，振奋士气。获得第一手信息评估进展情况：是否需要更多的资源支持？执行过程中出现了什么样的障碍？战略是否需要调整甚至是重新考虑？如何尽快更换表现不佳的管理者？同时还要推动协调沟通，调和冲突，认可阶段性的成果，等等。二是"情景领导力"的运用。管理者要观察评估员工在战略实施过程中表现出来的技能水平和责任心，同时积极调整自己的领导风格，对员工进行及时有效的辅导，因人因事而异，对症下药，与员工为共同完成绩效目标而合作。

5. 评估总结

协助群体和个人对其业绩进行自我评估。认可并表彰取得成功经验和业绩的人，提出发展提升方案或对员工进行培训辅导。

可见，由沟通愿景到达成战略共识，由协同战略到绩效问责，由确定组织结构到塑造组织文化，由领导个人到领导团队，由推动执行到监督管控，每一个过程都离不开领导力。

参考文献

中文文献

[1] 阿梅莉娅·希尔:《"从商业角度很容易理解":快乐官这个角色为何开始流行》,参考消息网,https://www.cankaoxiaoxi.com/science/20220313/2472150.shtml?fr=pc。

[2] 〔美〕艾尔弗雷德·D.钱德勒:《战略与结构》,北京天则经济研究所、北京江南天慧经济研究有限公司选译,云南人民出版社,2002。

[3] 〔美〕埃哈尔·费埃德伯格:《权力与规则——组织行动的动力》,张月等译,格致出版社,2017。

[4] 〔美〕保罗·赫塞:《情景领导者》,麦肯特企业顾问有限公司译,中国财政经济出版社,2003。

[5] 边燕杰等:《社会网络与地位获得》,社会科学文献出版社,2012。

[6] 〔美〕C.I.巴纳德:《经理人员的职能》,孙耀君等译,中国社会科学出版社,1997。

[7] 〔美〕查尔斯·汉迪:《组织的概念》,方海萍等译,中国人民大学出版社,2006。

[8] 陈荣平:《战略管理的鼻祖》,河北大学出版社,2005。

[9] 储小平等:《变革演义三十年:广东民营家族企业组织变革历程》,社会科学文献出版社,2012。

[10] 〔美〕戴维·尤里奇等:《领导力密码》,陶娟译,中国人民大学出版社,2011。

[11] 〔美〕丹尼·A.雷恩:《管理思想的演变》,孙耀君等译,中国社会科学出

版社，1986。

[12] ［美］道格拉斯·麦格雷戈:《企业的人性面》，李宙、章雅倩译，北方妇女儿童出版社，2017。

[13] 《电动车销量未达标，大众：必须更深入了解中国客户》，中国经济网，https://ms.mbd.baidu.com/r/10H46mid0iI?f=cp&u=16945b60ec6550dc。

[14] 丁小悟典:《论语与管理：领导者的魅力来自于哪里》，https://baijiahao.baidu.com/s?id=1695577642318307143&wfr=spider&for=pc。

[15] 樊林芳、杨洋:《生态型组织战略管理研究》，《全国商情理论研究》2019年第 22 期。

[16] 方振邦、徐东华编著《战略性人力资源管理》，中国人民大学出版社，2010。

[17] ［美］佛里蒙特·E.卡斯特、詹姆斯·E.罗森茨韦克:《组织与管理：系统方法与权变方法》，李柱流等译，中国社会科学出版社，1985。

[18] ［美］弗雷德里克·泰勒:《科学管理原理》，马风才译，机械工业出版社，2007。

[19] 合益（Hay）集团企业战略共识的调研结果，2013。

[20] ［美］赫伯特·A.西蒙:《管理决策新科学》，李柱流、汤俊澄译，中国社会科学出版社，1982。

[21] 胡伟等:《华为流程变革：责权利梳理与流程体系建设》，电子工业出版社，2018。

[22] 胡泳:《张瑞敏谈管理》，浙江人民出版社，2007。

[23] ［美］洁尔里·A.拉姆勒、艾伦·P.布拉奇:《流程圣经：让流程自动管理绩效》，王翔、杜颖译，东方出版社，2014。

[24] 《京东商城宣布组织架构调整，划分前中后台》，《新京报》2018 年 12 月 21 日。

[25] ［美］凯茨·大卫斯:《组织行为学》上册，欧阳大丰译，经济科学出版社，1989。

[26] ［美］肯尼斯·阿罗:《组织的极限》，万谦译，华夏出版社，2006。

[27] ［美］拉斯洛·博克:《重新定义团队》，宋伟译，中信出版社，2015。

[28] ［美］理查德·L.达夫特:《组织理论与设计》，王峰彬等译，清华大学出

版社，2017。

[29] 〔美〕林南:《社会资本——关于社会结构与行动的理论》，张磊译，上海
人民出版社，2005。

[30] 林亚臣:《零售金融风险管理概论》，中国金融出版社，2020。

[31] 〔美〕罗纳德·S.伯特:《结构洞:竞争的社会结构》，任敏等译，格致出
版社，2008。

[32] 〔美〕马克·格兰诺维特:《镶嵌:社会网与经济行动》，罗家德译，社会
科学文献出版社，2015。

[33] 〔美〕迈克尔·A.希特等:《战略管理:概念与案例》，刘刚等译，中国人
民大学出版社，2012。

[34] 〔美〕迈克尔·波特:《竞争论》，刘宁等译，中信出版社，2009。

[35] 〔美〕迈克尔·波特:《竞争战略》，陈小悦译，华夏出版社，2005。

[36] 〔美〕迈克尔·哈默:《超越再造》，沈志彦译，上海译文出版社，2007。

[37] 〔美〕迈克尔·哈默、丽莎·郝什曼:《端到端流程:为客户创造真正的
价值》，方也可译，机械工业出版社，2019。

[38] 〔美〕迈克尔·汉南、约翰·弗里曼:《组织生态学》，彭璧玉、李熙译，
科学出版社，2015。

[39] 〔法〕米歇尔·克罗齐耶:《科层现象》，刘汉全译，上海人民出版社，
2002。

[40] 〔法〕米歇尔·克罗齐耶、埃哈尔·费埃德伯格:《行动者与系统——集
体行动的政治学》，张月等译，格致出版社，2007。

[41] 穆胜:《重塑海尔:可复制的组织进化路径》，人民邮电出版社，2018。

[42] 彭清一:《没有激情和热情的人很难成功》，讲师网，http://m.jiangshi.
org/518807/blog_1474994.html。

[43] 〔德〕齐美尔:《社会学:关于社会化形式的研究》，林荣远译，华夏出版
社，2002。

[44] 〔美〕乔治·T.米尔科维奇、杰里·M.纽曼:《薪酬管理》，中国人民大
学出版社，2008。

[45] 〔美〕乔治·阿克洛夫:《柠檬市场:质量的不确定性和市场机制》，载谢
康、鸟家培编《阿克洛夫、斯彭斯和斯蒂格利茨论文精选》，商务印书

馆，2010。

[46]〔美〕乔治·梅奥:《工业文明的人类问题》，陆小斌译，电子工业出版社，2013。

[47] 施炜:《管理架构师》，中国人民大学出版社，2019。

[48]〔美〕斯蒂芬·P.罗宾斯:《组织行为学》，孙健敏、李原译，中国人民大学出版社，2005。

[49] 孙波:《最佳实践萃取》，江苏人民出版社，2017。

[50] 孙健:《海尔的企业文化》，企业管理出版社，2002。

[51]〔美〕泰伦斯·迪尔、艾伦·肯尼迪:《企业文化：企业生活中的礼仪和仪式》，李原、孙健敏译，中国人民大学出版社，2008。

[52]《腾讯云专访滴滴 CTO 张博：生死战役，大数据、云服务助跑》，通信世界 网，http://www.cww.net.cn/article?from=timeline&id=3412548&isappinstalled=0。

[53]〔日〕天外伺朗:《绩效主义毁了索尼》，《文艺春秋》2007 年 1 月刊。

[54]〔美〕W.理查德·斯科特、杰拉尔德·F.戴维斯:《组织理论：理性、自然与开放的视角》，李俊山译，中国人民大学出版社，2011。

[55] 王术军、张蕾婷:《广发卡四步培育人才发展树》，《培训》2012 年第 2 期。

[56] 王玉荣编著《流程管理》，机械工业出版社，2002。

[57] 王钺:《战略三环：规划、解码、执行》，机械工业出版社，2020。

[58] 王紫上、孙健、蒋涛:《链组织》，清华大学出版社，2020。

[59] 翁杰:《组织能力建设的逻辑：为企业持续成长提供动力》，中国财政经济出版社，2021。

[60] 夏惊鸣:《二次创业阶段是组织能力建设的关键期》，https://www.sohu.com/a/462147175 761946。

[61] 辛鹏、荣浩:《流程的永恒之道》，人民邮电出版社，2014。

[62] 薛云奎、齐大庆、韦华宁:《中国企业战略执行现状及执行力决定因素分析》，《管理世界》2005 年第 9 期。

[63]〔美〕亚伯拉罕·马斯洛:《动机与人格》，陈海滨译，江西美术出版社，2021。

[64]〔加〕亚历克斯·唐塔普斯科特:《区块链革命：比特币底层技术如何改

变货币、商业和世界》，凯尔等译，中信出版社，2016。

[65] 严正、卜安康编《胜任素质模型构建与应用》，机械工业出版社，2011。

[66] 杨国安：《组织能力的"杨三角"：企业持续成功的秘诀》，机械工业出版社，2010。

[67] 杨国安、〔美〕戴维·尤里奇：《组织革新》，袁品涵译，中信出版社，2019。

[68] 杨国安、李晓红：《变革的基因：移动互联时代的组织能力创新》，中信出版社，2016。

[69] 〔美〕伊戈尔·安索夫：《从战略规划到战略管理》，许是祥译，台北：前程企业管理公司，1981。

[70] 〔美〕伊戈尔·安索夫：《战略管理》，邵冲译，机械工业出版社，2015。

[71] 尹淑凡：《"汽车大王"和神奇的流水线——亨利·福特与"福特制"》，《汽车运用》1998 年第 4 期。

[72] 于显洋：《组织社会学》，中国人民大学出版社，2020。

[73] 〔美〕詹姆斯·G.马奇、赫伯特·A.西蒙：《组织》，邵冲译，机械工业出版社，2021。

[74] 〔美〕詹姆斯·S.科尔曼：《社会理论的基础》，邓方译，社会科学文献出版社，1990。

[75] 张永宏主编《组织社会学的新制度主义学派》，上海人民出版社，2007。

[76] 《中外管理学大师杨国安 VS 大卫·尤里奇联合给出一份组织革新路线图》，《经济观察报》2019 年 11 月 1 日。

[77] 周雪光：《组织社会学十讲》，社会科学文献出版社，2003。

英文文献

[1] APQC Website：https://www.apqc.org/pcf.

[2] Curt Coffman and Kathie Sorenson, *Culture Eats Strategy for Lunch*, Liang Addison Press, 2013.

[3] D. Ulrich, D.Lake, "Organizational Capability: Creating Competitive

Advantage", *Academy of Management Executive*, 1991, 5(1).

[4] D. Ulrich, N. Smallwood, "Capitalizing on Capabilities", *Harvard Business Review*, June 2004.

[5] Dave Ulrich, Norm Smallwood and Kate Sweetman, *The Leadership Code: Five Rules to Lead By*, Harvard Business School Publishing Corporation, 2019.

[6] David C. McClelland, "Testing for Competence rather than for 'Intelligence'", *American Psychologist*, 1973, 28(1): 1–14.

[7] Frederick Herzberg, Bernard Mauser, Barbara B. Snyderman, *The Motivation to Work*, New York: John Wiley&Sons, 1959.

[8] Frederick Herzberg, "One More Time: How do You Motivate Employees", *Harvard Business Review*, January–February 1968.

[9] H. I. Ansoff, E. J. McDonnell, *Implanting Strategic Management*, Cambridge: Prentice Hall, 1990.

[10] *Harvard Business Review On Leadership*, Boston: Harvard Business School Publishing, 1998.

[11] Herbert A. Simon, *Administrative Behavior*, New York: Free Press, 1957.

[12] John Adair, *Training for Leadership*, London: MacDonald and Company, 1968.

[13] John W. Meyer, Brian Rowan, "Notes on the Structure of Educational Organizations", Paper presented at annual meeting of the American Sociological Association, San Francisco, 1975.

[14] M. Hammar, S. Stanton, "How Process Enterprises Really Work", *Harvard Business Review*, November/December 1999.

[15] M. Hammar, "Reengineering Work: Don't Automate, Obliterate", *Harvard Business Review*, July/August 1990.

[16] M. Hammer, J. Champy, *Reengineering the Corporation: A Manifesto for Business Revolution*, London: Nicholas Brealey Publishing, 1993.

[17] M. T. Hannan, J. Freeman, "The Population Ecology of Organizations", *The Annual American Journal of Sociology*, 1977, 82: 929–964.

[18] Nicholas G. Carr, "IT doesn't Matter", *Harvard Business Review*, May 2003.

[19] Oliver E. Williamson, *Markets and Hierarchies*, New York: Free Press, 1975.

[20] Oliver E. Williamson, *The Economic Institution of Capitalism*, New York: Free Press, 1985.

[21] Paul Osterman, *The Truth about Middle Managers*, Harvard Business Press, 2008.

[22] Paul R. Lawrence and Jay W. Lorsch, *Organization and Environment: Managing Differentiation and Integration*, Boston: Graduation School of Business Administration, Harvard University, 1967.

[23] Peter R. Drucker, *Managing for Results*, New York: Harper Collins, 1993.

[24] Philip Selznick, *TVA and the Grass Roots: A Study in the Sociology of Formal Organization,* Berkeley, CA: University of California Press, 1949.

[25] Robert White, "Motivation Reconsidered: The Concept of Competence", *American Journal of Applied Psychology*, 2017, 5(1): 7-11.

图书在版编目（CIP）数据

有效执行：VUCA时代企业组织能力建设的五星模型 /
王术军，陈海锋，刘常青著. --北京：社会科学文献出
版社，2023.7

ISBN 978-7-5228-1966-2

Ⅰ.①有⋯　Ⅱ.①王⋯　②陈⋯　③刘⋯　Ⅲ.①企业管
理-组织管理-研究　Ⅳ.①F272.9

中国国家版本馆CIP数据核字（2023）第106236号

有效执行：VUCA时代企业组织能力建设的五星模型

著　　者 / 王术军　陈海锋　刘常青

出 版 人 / 王利民
组稿编辑 / 祝得彬
责任编辑 / 仇　扬
责任印制 / 王京美

出　　版 / 社会科学文献出版社·当代世界出版分社（010）59367004
地址：北京市北三环中路甲29号院华龙大厦　邮编：100029
网址：www.ssap.com.cn
发　　行 / 社会科学文献出版社（010）59367028
印　　装 / 三河市东方印刷有限公司

规　　格 / 开　本：787mm×1092mm 1/16
印　张：18.5　字　数：292千字
版　　次 / 2023年7月第1版　2023年7月第1次印刷
书　　号 / ISBN 978-7-5228-1966-2
定　　价 / 88.00元

读者服务电话：4008918866